W2

DIE SPEKTAKULÄRSTEN EISENBAHNREISEN DER WELT

DIE SPEKTAKULÄRSTEN EISENBAHNREISEN DER WELT

Autorisierte deutsche Ausgabe, veröffentlicht von NATIONAL GEOGRAPHIC DEUTSCHLAND
(NG Malik Buchgesellschaft mbH), Hamburg 2015.

Titel der englischen Originalausgabe: Great Railway Journeys of the World

Mitarbeiter der deutschen Ausgabe:
Übersetzung: Meike Grow
Lektorat und Satz: Juliane von Laffert
Titelgestaltung: www.anjagrimmgestaltung.de (Gestaltung),
www.stephanengelke.de (Beratung)

Printed in Hongkong
ISBN 978-3-86690-447-7

Die National Geographic Society, eine der größten gemeinnützigen wissenschaftlichen Vereinigungen der Welt, wurde 1888 gegründet, um »die geographischen Kenntnisse zu mehren und zu verbreiten«. Sie unterstützt die Erforschung und Erhaltung von Lebensräumen sowie Forschungs- und Bildungsprogramme. Ihre weltweit mehr als neun Millionen Mitglieder erhalten monatlich das NATIONAL GEOGRAPHIC-Magazin, in dem die besten Fotografen ihre Bilder veröffentlichen sowie renommierte Autoren aus nahezu allen Wissensgebieten der Welt berichten. Ihr Ziel: *inspiring people to care about the planet,* Menschen zu inspirieren, sich für ihren Planeten einzusetzen.

Die NGS informiert nicht nur durch das Magazin, sondern auch durch Bücher, Fernsehprogramme und DVDs. Falls Sie mehr über NATIONAL GEOGRAPHIC wissen wollen, besuchen Sie unsere Website unter www.nationalgeographic.de.

DIE SPEKTAKULÄRSTEN EISENBAHNREISEN DER WELT

JULIAN HOLLAND

NATIONAL GEOGRAPHIC

White Pass & Yukon Railroad
Über die Kanadischen Rocky Mountains
»Empire Builder«
Durango & Silverton Railroad
Cumbres & Toltec Railroad
Zuckerrohrdampf auf Kuba
Guayaquil & Quito Railway
Ferrocarril Central Andino
Ferrocarril del Sur
La Trochita
Settle-Carlisle Line
West Highland Line
Isle of Man
Welsh Highland Railway
Von Dublin nach Rosslare Harbour
Die Jungfraubahn
Le Petit Train Jaune
Das Douro-Tal
Ferrocarril de Sóller
Von Oslo nach Bergen
Die Flåmbahn
Harzer Schmalspurbahnen
Von Wolsztyn nach Poznań und Leszno
Thüringer Wald
Albulabahn
Chemins de Fer de la Corse
Trenino Verde
Hedschasbahn
Die Eisenbahn im Sudan
Von Massaua nach Asmara
Von Swakopmund nach Windhoek
Von Kapstadt nach Kimberley
Die Eisenbahnen von Madagaskar
Chaiber-Pass-Bahnlinie
Die Kalka-Shimla-Bahn
Nilgiri Mountain Railway
Qinghai-Tibet-Bahn
Dampfbetrieb im Nordosten Chinas
Changbai-Gebirgsregion
Jitong-Bahn
»Seven Stars« in Kyūshū
Janakpur Railway
Darjeeling Himalayan Railway
Von Rangun nach Mandalay
Dampfbetrieb auf Java
The Ghan
Transaustralische Eisenbahn

INHALT

EINLEITUNG

Als junger britischer Eisenbahnfan lieh ich mir 1959 aus unserer örtlichen Bibliothek ein Buch aus. Es hieß *Far Wheels* und stammte von C. S. Small. Sein Job in der amerikanischen Ölindustrie hatte ihn in alle Teile der Welt geführt – von Japan bis Mosambik, vom Sudan bis Peru. Und wo immer er auch hinkam, reiste er per Zug. Den Inhalt seines wunderbaren Buches fasst der Klappentext zusammen: »Unterhaltsam und sehr kenntnisreich beschreibt der Autor die Bahnlinien und erzählt ihre zum Teil absurden Geschichten. Diesem ungewöhnlichen Reisebuch ist ein fester Platz in der Eisenbahnliteratur der Welt sicher und wird viele Menschen begeistern.« Ich war hingerissen, und ein seltenes Exemplar des Buches prangt heute in meinem Bücherregal direkt neben meinem jüngsten Werk *Die spektakulärsten Eisenbahnreisen der Welt*.

In meinem neuen Buch lasse ich mein Heimatland hinter mir und entdecke nicht nur einige der entlegensten Bahnlinien der Welt, die sich ihren Weg durch unwegsamstes Gelände bahnen, sondern auch wenig bekannte, außergewöhnliche Linien, um deren Überleben sich Eisenbahnliebhaber, Dampflokenthusiasten, Touristen und Regierungen bemühen.

Am Horn von Afrika etwa gelobte die Regierung Eritreas kurz nach der Unabhängigkeit des Landes 1993, die Schmalspurbahnlinie zwischen dem Rotmeerhafen Massaua und der Hauptstadt Asmara wiederzueröffnen. Die von den italienischen Kolonialherren gebaute Strecke war während des Unabhängigkeitskriegs zerstört worden. Lokale Fachkräfte und erfahrene Bahnarbeiter reparierten die Gleise, bauten Werkstätten und Bahnhöfe wieder auf und setzten das bunte Sammelsurium italienischer Triebwagen und Lokomotiven sowie das restliche Rollmaterial instand. 2003 konnte die landschaftlich wunderschöne, 117 Kilometer lange Route durch die Berge nach Asmara wiedereröffnet werden.

Das Schmalspurliniennetz auf der italienischen Insel Sardinien wurde 1995 durch ein EU-Projekt vor der Stilllegung gerettet. Ein Großteil des regulären Personenverkehrs wurde dabei durch saisonalen Ausflugsverkehr ersetzt. Auf den als »Trenino Verde« bekannten Linien verkehrten immerhin bis Ende 2014 restaurierte Dieseltriebwagen und Dampflokomotiven.

In Südamerika war die Schmalspurbahnstrecke von Guayaquil nach Quito Ende des 20. Jahrhunderts durch Überschwemmungen und Erdrutsche fast komplett zerstört worden. Seit sie 2013 von der ecuadorianischen Regierung wiedereröffnet wurde, gehört sie zu den spektakulärsten Bahnlinien der Welt.

Vorige Seite: *Gezogen von einer Diesellok der TransNamib durchquert der »Desert Express« die karge namibische Landschaft zwischen Swakopmund und Windhoek.*

Auf der wiedereröffneten Schmalspurstrecke zwischen Massaua und Asmara stampfen bei Shegerini zwei in Italien hergestellte Mallet-Lokomotiven B'Bt durch die Berge Eritreas.

Vor der prachtvollen Kulisse des Himalaya zieht die Lokomotive Nr. 88B der Darjeeling-Bahn einen Zug auf dem Weg von Kurseong nach Darjeeling durch die Batasia-Kehrschleife. Zusammen mit zwei anderen indischen Gebirgsbahnen wurde diese Route in das Unesco-Welterbe aufgenommen.

Selbst die Unesco engagierte sich für den Erhalt besonderer Bahnen und nahm die Schmalspurbergbahnen Indiens in die Liste der Weltkulturerbestätten auf.

Viele der im Buch beschriebenen Bahnstrecken befinden sich in unwirtlichen und unzugänglichen Gegenden und verdanken ihre Existenz ungeheuren menschlichen Anstrengungen. Wie schimmernde Bänder durchzogen Stahlschienen zu Beginn des 20. Jahrhunderts bereits ganze Kontinente, unberührte Gebirgsketten, Regenwälder, Hochebenen, Wüsten und selbst die eisige Tundra. Andere dienten abgelegenen Dörfern als Lebensader und Verbindung zur Außenwelt.

Die Geschichte der Erschließung abgeschiedener Regionen durch die Eisenbahn begann im ausgehenden 19. Jahrhundert, als europäische und amerikanische Unternehmer und Visionäre wie Cecil Rhodes oder Henry Meiggs die Grenzen des Schienenverkehrs ausdehnten, um in fernen Ländern Macht und Einfluss zu erlangen. Im frühen 20. Jahrhundert gab es rund um den Globus fast keinen unerschlossenen Flecken mehr – von den mächtigen Anden und Rocky Mountains über die Wüsten des Nahen Ostens, die afrikanische Wildnis und das australische Outback bis hin zu den Urwäldern von Birma, den Bergkurorten von Indien und den schottischen Highlands. Diese frühen Bahnlinien gewährten Zugang zu kostbaren Mineralien und anderen Rohstoffen, banden das Hinterland an die Häfen an und sorgten dafür, dass Menschen sich frei bewegen konnten – in Ländern, wo es zuvor keine verlässliche Verkehrsinfrastruktur gegeben hatte.

Direkt vor ihrer Haustür hatten europäische Eisenbahnbauer die Alpen erobert und förderten damit den immer stärker werdenden Tourismus.

Noch heute erschließen Eisenbahningenieure unberührte Landstriche – inzwischen mithilfe modernster Technologie. Die Fertigstellung der 1956 Kilometer langen Qinghai-Tibet-Bahn nach Lhasa durch die eisige Tundra des Hochlands von Tibet im Jahr 2006 gilt als Meilenstein der Eisenbahngeschichte. Allein die Zahlen sind überwältigend: 675 Brücken, 547 Kilometer Gleise auf Dauerfrostboden, der höchste Tunnel der Welt namens Fenghuoshan in 4905 Metern Höhe, die höchste Bahnlinie der Welt am Tanggula-Pass in 5072 Metern Höhe und die höchste Bahnstation der Welt, Tanggula, in 5068 Metern Höhe. Natürlich ist in sämtlichen Personenzügen ein Arzt an Bord und die Sauerstoffversorgung aller Reisenden ist gesichert!

Die spektakulärsten Eisenbahnreisen der Welt präsentiert 50 der faszinierendsten Bahnstrecken auf sechs Kontinenten. Manche von ihnen dürften weitgereisten Bahnliebhabern gut bekannt sein, andere sind nicht so berühmt, aber dennoch wunderschön. Wir begegnen zum einen Relikten aus längst vergangenen Zeiten wie der Durango & Silverton Railroad oder der Cumbres & Toltec Railroad in den USA. Dort ziehen noch immer alte

Dampflokomotiven Personenzüge über gewundene Schmalspurgleise durch erhabene Gebirgswelten. Zum anderen sehen wir die Transaustralische Eisenbahn und die Qinghai-Tibet-Bahn, deren lange, hochmoderne und klimatisierte Züge von leistungsstarken dieselelektrischen Lokomotiven bewegt werden. Sie legen gewaltige Strecken durch unberührte und karge Landschaften zurück. Aber auch Elektroloks kommen vor. So windet sich zum Beispiel der urige »Petit Train Jaune« mit Stromkraft die französischen Pyrenäen hinauf. Und auch die Nostalgiezüge des Ferrocarril de Sóller in den mallorquinischen Bergen und die steile Flåmbahn in Norwegen fahren elektrisch.

Die Zukunft der allermeisten Bahnstrecken, die im vorliegenden Band beschrieben werden, sieht positiv aus. Das gilt aber nicht für alle von ihnen. In Syrien etwa hat der blutige Bürgerkrieg dem Betrieb der traditionsreichen Hedschasbahn ein Ende gesetzt. Und auch im Sudan haben die Jahre des Bürgerkriegs, die US-Wirtschaftssanktionen, Streiks und mangelnde Wartung sowie fehlende Investitionen den Eisenbahnverkehr zum Erliegen gebracht. Die dampfbetriebene Chaiber-Pass-Bahnlinie an der Grenze zwischen Pakistan und Afghanistan wurde 2006 wegen starker Überschwemmungen stillgelegt. Auf ihre Wiedereröffnung wird man in dieser instabilen Region wohl noch ein paar Jahre warten müssen. Niemand weiß, ob und wie es mit diesen Linien weitergeht, doch es bleibt die Hoffnung, dass sie eines Tages wieder in Betrieb genommen werden.

Ein Buch über Eisenbahnstrecken der ganzen Welt wäre nicht vollständig, würde man nicht eine Gedenkminute einlegen für einen der Hauptrepräsentanten des Dampfzeitalters, das gegen Ende 2005 in China endete. Zwar fährt die Jitong-Bahn noch immer durch die Weiten der Inneren Mongolei, inzwischen mit Dieselantrieb, aber in diesem Buch soll den Dampfgiganten der Baureihe QJ 1'E1' ein Denkmal gesetzt werden. In Doppeltraktion zogen sie bis ins 21. Jahrhundert hinein 3000-Tonnen-Kohlezüge bei Minustemperaturen durch die Berge und faszinierten mit ihrer Kraft im Kampf gegen die Elemente.

Die spektakulärsten Eisenbahnreisen der Welt vermittelt einen detaillierten Überblick über die Geschichte von 50 Bahnlinien und liefert detaillierte Streckenkarten sowie aktuelle Informationen über Zugreisen heute. Wer lieber mit dem Finger auf der Landkarte reist, kann sich an den umwerfenden Farbfotografien von einigen der weltbesten Eisenbahnfotografen erfreuen.

Machen Sie es sich mit dem Buch auf dem Sofa gemütlich oder folgen Sie dem Lockruf dieser hinreißenden Reiseziele abseits der ausgetretenen Touristenpfade.

Die Settle-Carlisle Line in Nordengland ist ein Meisterwerk viktorianischer Ingenieurskunst. Beleuchtet von Abendsonne fährt ein dampfbetriebener Sonderzug durch das Tal von Mallerstang, nördlich von Garsdale, in Richtung Süden.

Links: *Ein glorreicher Abgesang auf die Dampflok-Ära der Jitong-Bahn – mit dem Viadukt Siming Yi im Hintergrund plagen sich im April 2004 zwei chinesische Dampfloks der Baureihe QJ 1'E1' mit einem schweren Kohlenzug im Schlepptau bergauf nach Reshui.*

EUROPA

HARZER SCHMALSPURBAHNEN

DEUTSCHLAND

SPURWEITE: 1000 MILLIMETER • **LÄNGE:** 140 KILOMETER •
ROUTEN:
1. HARZQUERBAHN – VON WERNIGERODE NACH NORDHAUSEN
2. BROCKENBAHN – VON DREI ANNEN HOHNE ZUM BROCKEN
3. SELKETALBAHN – VON QUEDLINBURG ZUM BAHNHOF EISFELDER TALMÜHLE

Im höchsten Gebirge Norddeutschlands durchqueren die Harzer Schmalspurbahnen eine malerische Landschaft, die zur Zeit der deutschen Teilung Grenzgebiet war. Noch heute verkehren auf den drei Routen mächtige Dampfloks, die sogar den steilen Anstieg zum Gipfel des Brockens bewältigen.

Großburgwedel (Burgwedel)
Aue
Uetze
Meinersen
Gifhorn
Isernhagen
Langenhagen
Burgdorf
Oker
Isenbüttel
Wolfsburg
Oebisfelde
Friedrichskanal
Tangerhütte
Hannover
Lehrte
Edemissen
Meine
Elbe-Havel-Kanal
Ohre
Laatzen
Sehnde
Groß Schwülper (Schwülper)
Peine
Wendeburg
Lehre
Haldensleben
Elbe
Hohenhameln
Braunschweig
Königslutter am Elm
Wolmirstedt
Sarstedt
Algermissen
Ilsede
Vechelde
Cremlingen
Helmstedt
Harsum
309
Lengede
Groß Giesen
Schellerten
Söhlde
Salzgitter
Wolfenbüttel
Gerwisch
Schöppenstedt
Schöningen
Hildesheim
Elze
Diekholzen
Magdeburg
Gronau (Leine)
Leine
317
Holle
Gommern
Bad Salzdetfurth
Oschersleben (Bode)
Wanzleben
Bockenem
Liebenburg
Schladen
Bode
Schönebeck (Elbe)
Alfeld (Leine)
Ilse
Vienenburg
Langelsheim
Goslar
Calbe (Saale)
Delligsen
Hils
Seesen
Halberstadt
Lausehügel
209
Staßfurt
Saale
Kreiensen
Bad Harzburg
Heidberg
212
Nienburg (Saale)
762
Ilsenburg (Harz)
Wernigerode
Bad Gandersheim
Clausthal-Zellerfeld
Brocken
1142
Quedlinburg
Einbeck
Kalefeld
2
1
Blankenburg (Harz)
Bernburg (Saale)
Harz
Hochharz
Aschersleben
H
Thale (Harz)
Northeim
Braunlage
Bode
Ballenstedt
Moringen
Osterode am Harz
Eine
Viktorshöhe
582
Katlenburg-Lindau
Herzberg am Harz
687
Hardegsen
1
Hettstedt
Harzgerode
a
Selke
Oder
Nörten-Hardenberg
Bad Sachsa
Bad Lauterberg im Harz
r
Poppenberg
601
3
Bovenden
Ellrich
z
Göttingen
Eisleben Lutherstadt
1
Duderstadt
Helme
Nordhausen
Rosdorf
Born-Berge
535
Sangerhausen
Worbis
Bleicherode
Friedland
Teutschenthal
Hainleite
Sondershausen
Bad Frankenhausen (Kyffhäuser)
Querfurt
Helme
Heilbad Heiligenstadt
515
Leinefelde
Wipper
Werra
Artern (Unstrut)
Dingelstädt
Dün
DEUTSCHLAND
Roßleben
Künzels-Berg
380
Mücheln (Geiseltal)
Bad Sooden-Allendorf
754
Finne
Unstrut
Mühlhausen (Thüringen)
Thüringer
Kölleda
Eschwege
Unstrut
Eisberg
573
Reichensachsen (Wehretal)
Treffurt
Sömmerda
Becken
Lossa
Bad Kösen
Hainich
Bad Langensalza
Sontra
Ilm
Apolda
Nesse
Weimar
Eisenach
Hörsel
Bebra
Schloss Wartburg
Gotha
Erfurt
Hörsel
Saale
Jena
Heringen (Werra)
Waltershausen
Bad Berka
Ruhla
Thüringer Wald
Friedrichroda
Stadtroda
Bad Salzungen
Ilm
Ohrdruf
Arnstadt
Soisberg
630
605
Stadtilm
Kahla

Einst geteilt durch die innerdeutsche Grenze, liegt der Harz heute in der Mitte des Landes, verteilt auf die drei Bundesländer Sachsen-Anhalt, Thüringen und Niedersachsen. Die höchste Erhebung ist mit 1141 Metern über dem Meeresspiegel der Brocken, wo sich zur Zeit der Teilung Abhöranlagen der Stasi und des sowjetischen Geheimdienstes befanden. Heute gehört er wieder ganz den zivilen Besuchern. In der Region gibt es viele Flüsse, von denen zwölf in den 1920er und 30er Jahren gestaut wurden, um Trinkwasser und Energie zu gewinnen.

Die erste Schmalspurbahn im Harz fuhr auf Meterspurgleisen von Gernrode nach Mägdesprung. 1887 von der Gernrode-Harzgeroder Eisenbahngesellschaft eröffnet, wurde sie von den Gemeinden des Selketals sowie von der örtlichen Bergbauindustrie genutzt. Gernrode war bereits seit 1885 an das Regelspurnetz angeschlossen. In den darauffolgenden Jahren wurde das Schmalspurnetz des Tals Richtung Westen bis nach Stiege erweitert, wo es sich nach Hasselfelde im Norden verzweigte. 1905 wurde diese Nebenlinie bis zur Eisfelder Talmühle ausgebaut. Als sich der Verkehr zunehmend auf die Straße verlagerte, setzte das Unternehmen 1925 eigene Zubringerbusse ein und in den 1930er Jahren Dieseltriebwagen.

Nach 1945 wurde der Bahnbetrieb eingestellt. Die Anlagen wurden weitgehend demontiert und als Reparationsgüter in die damalige Sowjetunion verschickt. Man begann jedoch sofort mit dem Wiederaufbau, der 1950 abgeschlossen war. Wie alle anderen Bahnlinien in der sowjetischen Besatzungszone wurde die Selketalbahn bereits 1949 unter dem Dach der Deutschen Reichsbahn verstaatlicht.

Die zweite Harzer Bahnlinie war ebenfalls eine Meterspurstrecke, eröffnet 1896 von der Nordhausen-Wernigeroder Eisenbahn-Gesellschaft. Sie verkehrte zwischen Wernigerode und Drei Annen Hohne. Zwei Jahre später weihte man die knapp 19 Kilometer lange Brockenbahn ein, die von Drei Annen Hohne bis zum Gipfel des Brockens fuhr. 1899 folgte die Erweiterung der Hauptlinie in südlicher Richtung von Drei Annen Hohne über Benneckenstein und die Eisfelder Talmühle nach Nordhausen. An ihren Endstationen traf die Bahn auf die Normalspurbahnen der Preußischen Staatsbahnen, in Sorge auf die meterspurige Südharzbahn (nicht mehr in Betrieb) und am Bahnhof Eisfelder Talmühle auf die meterspurige Linie der Gernrode-Harzgeroder Eisenbahn. Auch sie begann Mitte der 1920er Jahre damit, Zubringerbuslinien einzurichten, und wurde 1949 in die Deutsche Reichsbahn (DR) eingegliedert.

Vorige Seite: Die HSB-Lok 1'E1't Nr. 99 7236 auf ihrem Weg nach Drei Annen Hohne unweit des Thumkuhlenkopf-Tunnels.

Unter Führung der Deutschen Reichsbahn gaben beide Bahnen 17 der gewaltigen Lokomotiven der DR-Baureihe 99.23 1'E1't in Auftrag, um die tonnenschweren, mit Mineralien beladenen Züge auf diesen ebenso steilen wie malerischen Strecken zu befördern. Geliefert wurden sie zwischen 1954 und 1956 vom VEB Lokomotivbau »Karl Marx« in Babelsberg. Es waren die leistungsstärksten deutschen Schmalspurlokomotiven aller Zeiten, die speziell dafür konstruiert worden waren, enge Kurven zu bewältigen, von denen es auf diesen Strecken nur so wimmelt. Die meisten sind noch immer im Einsatz.

Nach der deutschen Wiedervereinigung im Jahr 1990 wurden die Harzer Schmalspurbahnen von einer neu gegründeten privaten Eisenbahngesellschaft übernommen, der Harzer Schmalspurbahnen GmbH (HSB).

Seit dem Jahr 1993 betreibt die HSB drei miteinander verbundene Linien:

1. **die Harzquerbahn** zwischen Wernigerode und Nordhausen

2. **die Brockenbahn** zwischen Drei Annen Hohne und dem Gipfel des Brockens

3. **die Selketalbahn** von Gernrode zur Eisfelder Talmühle mit Zweigstrecken nach Hasselfelde und Harzgerode

2006 wurde die Selketalbahn nach Norden um acht Kilometer im Gleisbett der ehemaligen Normalspurstrecke nach Quedlinburg verlängert, wo die Züge Anschluss an den standardspurigen »Harz-Elbe-Express« nach Halberstadt haben.

Auf insgesamt 140 Streckenkilometern verkehren noch immer einige dampfbetriebene Regelzüge. Die Schmalspurbahnen, deren Zentrale und Hauptwerkstätten sich in Wernigerode befinden, fahren 48 Bahnhöfe und Haltepunkte an. Neben dem regulären Personenverkehr betreiben sie auch Güterverkehr mit Waggons der Regelspurbauart, welche zuvor in Nordhausen auf rollende Untergestelle der Schmalspur aufgebockt werden.

DIE HARZQUERBAHN

Reisende von Nordhausen nach Wernigerode müssen normalerweise am Bahnhof Eisfelder Talmühle oder in Drei Annen Hohne umsteigen. Im Sommer fahren in der Regel vier Züge täglich in beide Richtungen, zwei von ihnen ganz oder teilweise dampfbetrieben, die anderen mit Dieseltriebwagen. Die 60 Kilometer lange Reise in Richtung Norden beginnt am Bahnhof Nordhausen Nord, wo Anschluss an die städtische Straßenbahn besteht. Richtung Norden klettert die Bahn über das Dörfchen Ilfeld hinauf in den Harz bis zur Station Eisfelder Talmühle, dem Umsteigebahnhof zur Selketalbahn.

Von dort geht es in gleicher Richtung weiter bergauf durch den Wald bis zum Bahnhof Benneckenstein in 530 Metern Höhe. Nachdem dieser erste Scheitelpunkt erreicht ist, fällt die Strecke kurz ab ins Tal der Warmen Bode und nimmt dann Anlauf zu ihrem höchsten Punkt (556 Meter) zwischen den Dörfern Sorge und Elend. Am Bahnhof Drei Annen Hohne kreuzt sie die Brockenbahn, bevor es weiter abwärts geht bis zum Thumkuhlenkopf-Tunnel, dem einzigen im gesamten Harzer Streckennetz. Noch immer auf dem Weg nach Norden, schlängelt sich der Zug zwischen den Bahnhöfen Steinerne Renne und Wernigerode-Hasserode durch zahlreiche Kurven. Die Reise endet in Wernigerode, einer beschaulichen Stadt, die für ihren gut erhaltenen mittelalterlichen Stadtkern und ihr Schloss berühmt ist. Hier besteht Anschluss an die Regelspurstrecke zwischen Halle und Hannover.

Bei einer der berühmten »Doppelausfahrten« aus Alexisbad startet links die Lok Ct Nr. 99.6001-4 mit einem regulären Zug zum Bahnhof Eisfelder Talmühle und rechts die Nr. 99.5906-5 mit einem Sonderzug nach Harzgerode.

DIE BROCKENBAHN

Die Brockenbahn durchquert auf ihrer Fahrt vom Bahnhof Drei Annen Hohne an der Harzquerbahn zum Gipfel des Brockens den malerischen Nationalpark Harz. Auf etwa 19 Streckenkilometern überwindet sie einen Höhenunterschied von ca. 600 Metern mit Steigungen von bis zu 1:30. Von Drei Annen Hohne beginnen die von kraftvollen Lokomotiven der DR-Baureihe 99.23 1'E1't gezogenen Züge den Anstieg nach Schierke. Der Ort ist der einzige Zwischenhalt auf der Route, bevor es weiter steil bergauf geht durch das waldreiche Tal der Kalten Bode. Auf ihrer letzten, spektakulären Etappe zum Brockenbahnhof umrundet die Bahn den Berggipfel spiralartig. Von 1961 bis 1989, als auf dem Brocken in unmittelbarer Nähe zur innerdeutschen Grenze eine sowjetische Abhörstation installiert war, war die Linie für die Öffentlichkeit gesperrt.

DIE SELKETALBAHN

Die Linie zwischen Quedlinburg und Eisfelder Talmühle ist die am wenigsten bekannte und genutzte der drei HSB-Routen. Von ihr gehen zwei Abzweigungen ab: von Alexisbad nach Harzgerode und von Stiege nach Hasselfelde. Der Dampfbetrieb auf dieser Route beschränkt sich im Sommer auf einen Zug an Werktagen und zwei Züge an den Wochenenden. Zwischen Stiege und Eisfelder Talmühle verkehren gar keine Dampfloks. Die von einer Lokomotive der Bauserie Krupp Ct Nr. 99 6001-4 aus dem Jahr 1939 gezogenen Bahnen starten in Quedlinburg, dessen Altstadt und Schloss auf der Liste der Unesco-Welterbestätten stehen. Auf ihrem Weg Richtung Süden durch das Selketal halten die Züge in dem mittelalterlichen Städtchen Gernrode, im Dorf Mägdesprung, in dem es früher eine Eisenhütte gab, und im Kurort Alexisbad, wo die Zweigstrecke in das alte Städtchen Harzgerode beginnt.

Von Alexisbad nimmt die Bahn weiter südlichen Kurs in den Harz hinein, wobei es immer wieder Steigungen von bis zu 1:25 zu erklimmen gilt. Nach ihrem Halt in Straßberg, dem einstigen Zentrum des Flussspat- und Silberbergbaus, und in Stiege, dem Umsteigebahnhof zur Harzquerbahn, endet sie in der Kleinstadt Hasselfelde. Bekannt ist die enge Kehrschleife bei Stiege, wo ganze Züge wenden können.

***Folgende Seiten:** Für ein paar Minuten reißt die Wolkendecke über dem Brocken auf, als der Zug Nr. 8927, der um 13.39 Uhr in Drei Annen Hohne gestartet ist, den letzten Abschnitt zum Gipfelbahnhof auf 1125 Metern Höhe in Angriff nimmt. Er wird gezogen von der 1'E1't Nr. 99 7241.*

THÜRINGER WALD

DEUTSCHLAND

SPURWEITE: 1435 MILLIMETER • **LÄNGE:** 185 KILOMETER • **ROUTE:** EISENACH–MEININGEN–ARNSTADT–KATZHÜTTE

Das landschaftlich reizvolle Normalspurstreckennetz durch die Mittelgebirgslandschaft des Thüringer Waldes gehört zu den fast vergessenen Eisenbahnschätzen Europas. Auf einigen Routen werden alljährlich zu besonderen Ereignissen Dampfregelzüge eingesetzt.

DEUTSCHLAND
Holzminden
Kreiensen
Bad Gandersheim
Einbeck
Dassel
Kalefeld
Solling
Uslar
Moringen
Northeim
Hardegsen
Katlenburg-Lindau
Nörten-Hardenberg
Adelebsen
Bovenden
Göttingen
Rosdorf
Friedland
478
Grebenstein
Immenhausen
Hannoversch Münden
Fulda
Weimar (Ahnatal)
Rothwesten (Fuldatal)
Vellmar
Kassel
Sandershausen (Niestetal)
Witzenhausen
Werra
Bielstein 642
Kaufungen
Lohfelden
Großalmerode
754
Guxhagen
Hessisch Lichtenau
Eisberg 573
Melsungen
Spangenberg
Homberg (Efze)
Heinebach (Alheim)
Rengshausen (Knüllwald)
Rotenburg an der Fulda
Bebra
634
Bad Hersfeld
Niederaula
Eiterfeld
Soisberg 630
Schlitz
Burghaun
Hünfeld
Lautersbach (Hessen)
Großenlüder
Hofbieber
Fulda
Petersberg
Künzell
Eichenzell
Wasserkuppe 950
Neuhof
Flieden
Gersfeld (Rhön)
928
Schlüchtern
Steinau an der Straße
Bad Brückenau
Dreistelzberge 660
Burkardroth
Sinn
Thulba
Kinzig
Spessart
Rhön
Hohe Rhön
Harz
Clausthal-Zellerfeld
762
Osterode am Harz
Herzberg am Harz
687
Bad Lauterberg im Harz
Oder
Braunlage
Ilsenburg (Harz)
Wernigerode
Brocken 1142
Hochharz
Blankenburg (Harz)
Quedlinburg
Heidberg 212
Aschersleben
Bode
Thale (Harz)
Ballenstedt
582 Viktorshöhe
Eine
Selke
Harzgerode
Poppenberg 601
Bad Sachsa
Ellrich
Helme
Nordhausen
GOLDENE AUE
Duderstadt
Born-Berge 535
Bleicherode
EICHSFELD
Worbis
Leinefelde
Heilbad Heiligenstadt
515
Dingelstädt
Bad Sooden-Allendorf
Eschwege
Reichensachsen (Wehretal)
Treffurt
Sontra
Mühlhausen (Thüringen)
Dün
Hainleite
Sondershausen
Bad Frankenhausen (Kyffhäuser)
Wipper
Artern (Unstrut)
Roßleben
Kinzelsberg 380
Finne
Kölleda
Thüringer Becken
Sömmerda
Lossa
Hainich
Unstrut
Bad Langensalza
Nesse
Hörsel
Eisenach
Schloss Wartburg
Gotha
Erfurt
Weimar
Heringen (Werra)
Ruhla
Waltershausen
Friedrichroda
Thüringer Wald
Bad Salzungen
Ohrdruf
Arnstadt
Bad Berka
Ilm
605
Stadtilm
Breitungen
Kurort Schmalkalden
Pleß 644
Felda
Kurort Steinbach-Hallenberg
Ilmenau
Rudolstadt
Saale
Bad Blankenburg
982
Großer Beerberg
Zella-Mehlis
Dolmar 739
Suhl
Königsee
808
Saalfeld
Meiningen
Schwarza
Katzhütte
Streu
Hasenkopf 514
Schleusingen
Neuhaus am Rennweg
Werra
Hildburghausen
Steinach
Mellrichstadt
Großer Gleichberg 679
Sonneberg
Rodach bei Coburg
Neustadt bei Coburg
Grabfeld
Bad Neustadt an der Saale
Fränkische Saale
Bad Königshofen im Grabfeld
Haßberge
Stockheim
Coburg
Rödental
Rodach
Münnerstadt
Großer Breitenberg 497
Baunach
Sonnefeld
Kronach
Bad Kissingen
Lauer
Ebersdorf bei Coburg
Michelau in Oberfranken
Küps
Itz
Lichtenfels
Hofheim in Unterfranken
Burgkunstadt

Thüringen wird gern als »Dampfbahnland« bezeichnet. Sowohl die Deutsche-Bahn-Tochter DB Regio, die Nahverkehrsservicegesellschaft Thüringen als auch verschiedene Museumsbahnen der Region verwenden diesen Namen, um auf ihre Angebote aufmerksam zu machen. Es gibt in der Region vier Bahnlinien, die es hervorzuheben lohnt. Auf drei von ihnen verkehren regelmäßig historische Züge, während die vierte eine Verbindungsstrecke durch die malerische Landschaft des Thüringer Waldes ist. Es ist ein engmaschiges Netz aus nationalen Haupt- und Nebenstrecken, die allesamt herrliche Aussichten gewähren. Zu den touristischen Highlights der Gegend gehören neben den Städten Eisenach, Arnstadt und Meiningen der Ibengarten bei Dermbach, die Sandstein- und Märchenhöhle Walldorf, der dritttiefste Einsturzsee Deutschlands bei Bernshausen und die Krayenburg in Tiefenort. Letztere ist eine Burgruine, die bis ins Jahr 786 zurückgeht und von deren Turm sich sensationelle Aussichten über das Werratal eröffnen.

Als Ausgangspunkt für eine Bahnreise durch die Region eignet sich am besten Eisenach. Die Stadt liegt an der 210 Kilometer langen Regelspurstrecke von Halle (Saale) über Erfurt und Gerstungen nach Bebra, die größtenteils durch den Thüringer Wald verläuft. Die zwischen 1846 und 1849 angelegte Route zwischen Halle und Gerstungen gehörte früher zur Thüringer

***Vorige Seite:** Die Pacific Nr. 03 1010-2 aus der Baureihe 03.10 der Deutschen Reichsbahn kommt auf ihrer Fahrt von Eisenach nach Meiningen an Schwallungen im Werratal vorbei.*

Die T16 E Nr. 94 1538 der Preußischen Staatsbahnen unternimmt eine Sonderfahrt mit der Schwarzatalbahn von Rottenbach nach Katzhütte.

Eisenbahn-Gesellschaft. Der Abschnitt zwischen Gerstungen und Bebra war Teil der Friedrich-Wilhelms-Nordbahn, benannt nach dem späteren Kurfürsten von Hessen, Friedrich Wilhelm I. Eisenach – Geburtsort Johann Sebastian Bachs und einstiges Zentrum der ostdeutschen Autoindustrie – liegt am nordwestlichen Rand des Thüringer Waldes, wo sich Thüringer Bahn und Werrabahn kreuzen. Berühmt ist die Stadt für die Wartburg, wo Martin Luther 1521/22 das Neue Testament übersetzte, sowie für ihre Fachwerkhäuser rund um den Marktplatz.

Die Werrabahn beginnt in Eisenach. Früher war sie die wichtigste Verbindung zwischen Nord- und Süddeutschland. Über Meiningen und Eisfeld verband sie Thüringen mit Bayern. Infolge der deutschen Teilung wurde sie jedoch zur einspurigen Sekundärbahn degradiert. Die 1858 eingeweihte Strecke gehört zu den ältesten Deutschlands. Sie folgt weitgehend dem Flusslauf der Werra und hat mehrere Abzweigungen. Die Erbauergesellschaft richtete ihren Hauptsitz in Meiningen ein, wo nach der Verstaatlichung der Bahn auch die Hauptwerkstatt der Preußischen Staatsbahnen entstand. Die altehrwürdige Stadt gilt als Kultur-, Gerichts- und Finanzzentrum von Südthüringen. Stattliche Prestigebauten, breite Alleen und ausgedehnte Parkanlagen verleihen dem früheren Sitz der Herzöge von Sachsen-Meiningen sein besonderes Flair. Die fränkisch beeinflussten Fachwerkhäuser, die »Bleichgräben« und die Reste der alten Stadtmauern erinnern an die Blütezeit der Stadt im Spätmittelalter. Doch auch der Englische Garten mit seinen Brunnen, Brücken und Statuen, die Museen und das Schloss Elisabethenburg zeugen vom reichen kulturellen Erbe. Das Dampflokwerk Meiningen ist seit 1990 auf die Wartung historischer Eisenbahnen aus ganz Europa spezialisiert. Und auch der leistungsstarke Stahlkessel für die 2008 gebaute britische Dampflokomotive A1 Peppercorn Nr. 60163 »Tornado« stammte aus Meiningen. Er war das einzige Bauteil, das nicht in Großbritannien hergestellt wurde. Jeden ersten und dritten Samstag im Monat um 10 Uhr bietet das Werk Führungen an. Eine Tour dauert etwa 90 Minuten, Reservierungen sind nicht erforderlich. Seit 1995 finden jedes Jahr am ersten Septemberwochenende die Meininger Dampfloktage statt. Zu diesem Anlass kommen zahlreiche Dampflokomotiven nicht nur aus Deutschland in die Stadt.

Wer in Meiningen in die Linie Ritschenhausen-Neudietendorf umsteigt, gelangt über eine ausgesprochen malerische Route, die 1884 von der Preußischen Staatseisenbahn freigegeben wurde, nach Arnstadt. Sie legt besonders steile Passagen durch den Thüringer Wald zurück und durchfährt den 3039 Meter langen Brandleitetunnel, der in weniger als drei Jahren fertiggestellt wurde. Arnstadt liegt am Flüsschen Gera an den nördlichen Ausläufern des Thüringer Waldes und gehört zu den ältesten Städten Thüringens. Bach wirkte hier von 1703 bis 1707 als Organist. Vor über 15 Jahren wurde im ehemaligen Bahnbetriebswerk der Stadt ein Eisenbahnmuseum eingerichtet. Es beherbergt eine Sammlung von Lokomotiven, die seit 40 Jahren auf besondere Weise mit Thüringen verbunden sind. Dabei ist es nicht nur ein Museum, sondern auch ein voll funktionstüchtiges Depot, wo Lokomotiven gewartet werden, die bei Sonderfahrten auf Hauptbahnstrecken zum Einsatz kommen. Dazu zählen auch der dampfbetriebene »Rodelblitz«, der alljährlich eisenbahnbegeisterte Wintersportler transportiert, sowie Dampfzüge der Schwarzatalbahn.

1895 erhielt die Preußische Eisenbahn-Verwaltung die Genehmigung zum Bau der Schwarzatalbahn. Und bereits 1900 wurde auf der knapp 30 Kilometer langen Strecke der Betrieb aufgenommen. Seither durchquert sie die thüringische Wald- und Berglandschaft vom Rinnetal durch das romantische Tal der Schwarza bis zum Endbahnhof Katzhütte. Auf halber Strecke bei Rottenbach befindet sich die Talstation der Oberweißbacher Bergbahn, die ihre Fahrgäste mit umwerfenden Aussichten über den Naturpark Thüringer Wald belohnt. Die 1923 eröffnete, heute denkmalgeschützte Bahn besteht aus einem rund 1,4 Kilometer langen, durchgehenden Seilbahnsystem. Deutschlands einzige breitspurige Seilbahn bewältigt mithilfe des Schweizer Zahnstangensystems »Abt« eine konstante 45-Grad-Steigung.

Die elektrifizierte Hauptlinie zwischen Erfurt und Bebra über Eisenach wird von DB Netze betrieben. Fast alle Zugtypen fahren auf dieser Route, darunter der InterCity-Express, der vier der sechs größten thüringischen Städte anfährt und dort Anschluss nach Berlin und Frankfurt am Main hat.

Diesel-Triebzüge der Süd-Thüringen-Bahn verkehren stündlich von Eisenach entlang der Werrabahn nach Meiningen. Fast jedes Jahr findet das Plandampf-Event »Der Klassiker« statt, bei dem alte Dampflokomotiven der Deutschen Reichsbahn vor einige reguläre Personen- und Güterzüge gespannt werden, sogar schwere Holz- und Kieszüge aus Walldorf und Immelborn. Veranstaltet wird das Ereignis von der IGE »Werrabahn Eisenach«, einem Verein für historische Eisenbahnen mit eigenen Lokomotiven und Rollmaterial, der auch andere Sonderfahrten mit Dampfloks organisiert. Auch der beliebte »Rodelblitz« verkehrt seit nunmehr 16 Jahren zwischen Eisenach und Arnstadt. An den Februarwochenenden nimmt er die steile und landschaftlich wunderschöne Route über Wernshausen und den beliebten Wintersportort Oberhof. Normalerweise werden die Züge von der Lok Nr. 41 1144-9 der ehemaligen DR-Baureihe 41 1'D1' von 1939 gezogen, die ursprünglich als Mehrzwecklokomotive mit einer Höchstgeschwindigkeit von 90 Stundenkilometern gebaut wurde. Nach ihrer Generalüberholung von 2001 bis 2003 in den Meininger Werkstätten ist sie heute die meisteingesetzte Lokomotive im ganzjährigen Ausflugsprogramm von DB Regio und der Nahverkehrsservicegesellschaft Thüringen. Für diese Touren stehen bis zu acht Waggons aus den Zeiten der Deutschen Reichsbahn zur Verfügung. Sie wurden in den 1960er Jahren für Langstreckenfahrten genutzt und kamen später bei der Deutschen Bahn als Vorortzüge zum Einsatz.

Zwischen Meiningen und Arnstadt bieten die Deutsche Bahn und die Süd-Thüringen-Bahn stündliche Fahrten an. Von Arnstadt nach Katzhütte fahren ebenfalls im Stundentakt Triebwagen der Baureihe 641 auf der Schwarzatalbahn-Route. Zusätzlich fährt der »Schwarzatalexpress« von Leipzig einmal täglich samstags, sonn- und feiertags von Mai bis Oktober die schönsten Ausflugsziele der Region an. Zu Sonderfahrten wird die Nr. 94 1538, eine 1922 gebaute T16E der Preußischen Staatsbahnen, aus dem Lokschuppen geholt. Dieser Loktyp war von den 1920er bis in die 60er Jahre vor allem auf den steilen Streckenabschnitten des Thüringer Waldes ein gewohntes Bild. Auch die historischen Dieseltriebwagen Nr. 772 140-0 und Nr. 772 141-8 der Oberweißbacher Berg- und Schwarzatalbahn (OBS), genannt »Ferkeltaxis«, wurden liebevoll restauriert und sind nun in ihrem Zustand von 1969 wieder auf der Schwarzatalbahn unterwegs.

Die Jumbo 1'E Nr. 44 2546 aus der Baureihe 44 der Deutschen Reichsbahn zieht bei Breitungen im Werratal einen mit Holz beladenen Zug.

VON WOLSZTYN NACH POZNAŃ UND LESZNO

POLEN

SPURWEITE: 1435 MILLIMETER • **LÄNGE:** 122 KILOMETER •
ROUTEN:
1. VON WOLSZTYN NACH POZNAŃ
2. VON WOLSZTYN NACH LESZNO

Im polnischen Wielkopolski-Nationalpark verkehrten bis Ende 2013 auf beiden Routen regelmäßig dampfbetriebene Personenzüge. Der tägliche Dampfbetrieb auf der Strecke Wolsztyn-Leszno wurde Ende März 2014 endgültig eingestellt.

Choszczno
Pyrzyce
Piła
Wyrzysk
Nakło nad Notecią
Kanał Bydgoski
Drawieński Park Narodowy
Trzcianka
Noteć
Szubin
Barlinek
Chodzież
Strzelce Krajeńskie
Krzyż Wielkopolski
Wieleń
Czarnków
Barcin
Żnin
Drezdenko
Wągrowiec
Dębno
Gorzów Wielkopolski
Puszcza Notecka
Rogoźno
Witnica
Mogilno
Sieraków
Wronki
Oborniki
Warta
Skwierzyna
Międzychód
Szamotuły
Murowana Goślina
Gniezno
Trzemeszno
Pniewy
Sulęcin
Bukowiec
Międzyrzecz
Poznań
Swarzędz
Pobiedziska
Witkowo
Kostrzyn
Ilanka
POJEZIERZE WIELKOPOLSKIE
Nowy Tomyśl
Buk
Luboń
Opalenica
Wielkopolski Park Narodowy
Września
Słupca
Zbąszynek
Zbąszyń
Ruszczykowo
Kórnik
Środa Wielkopolska
Świebodzin
Grodzisk Wielkopolski
Mosina
Pliszka
Krosno Odrzańskie
Wolsztyn
Kościan
Śrem
Odra
Sulechów
Śmigiel
Kanał Obry
Prosna
NIZINA WIELKOPOLSKA
Jarocin
Zielona Góra
Gostyń
Pleszew
Lubsko
Nowa Sól
Wschowa
Leszno
Koźmin Wielkopolski
Kożuchów
POLEN
Krotoszyn
Żary
Żagań
Głogów
Góra
Ostrów Wielkopolski
Rawicz
Szprotawa
Przemków
Milicz
Polkowice
Żmigród
Chocianów
Ostrzeszów
Lubin
Ścinawa
Twardogóra
Wołów
Oborniki Śląskie
Trzebnica
Syców
Niesky
Brzeg Dolny
Pieńsk
Bolesławiec
Chojnów
Oleśnica
Görlitz
Zgorzelec
Legnica
Lwówek Śląski
Bierutów
Lubań
Złotoryja
Środa Śląska
Wrocław
Jawor
Jelcz-Laskowice
Namysłów
Gryfów Śląski
Kąty Wrocławskie
NIZINA ŚLĄSKA
Frýdlant
Strzegom
Oława
Świeradów-Zdrój
Bogatynia
Jaworzyna Śląska
Żarów
Sobótka
Brzeg
Hrádek nad Nisou
Szklarska Poręba
Piechowice
Jelenia Góra
Bolków
Świebodzice
Chrastava
Jizerské hory
Karkonoski Park Narodowy
Kowary
Kamienna Góra
Świdnica
Strzelin
Liberec
Karpacz
Szczawno-Zdrój
Wałbrzych
Krkonoše
Boguszów-Gorce
Dzierżoniów
Lewin Brzeski
Opole
Jablonec nad Nisou
Tanvald
Lubawka
Jedlina-Zdrój
Pieszyce
Piława Górna
Grodków
TSCHECH. REPUBLIK
Krkonošský národní park
Mieroszów
Głuszyca
Bielawa
Niemodlin
Turnov
Semily
Jilemnice
Vrchlabí
Broumov
Ząbkowice Śląskie
Ziębice

Beflügelt vom wirtschaftlichen Aufschwung der Gründerjahre erließ der Preußische Landtag 1880 ein Gesetz, in dem der Ausbau von Nebenlinien in der Provinz Poznań festgelegt wurde. Diese sollten die bereits vorhandenen Hauptstrecken verstärken. So entstanden in staatlichem Auftrag die sogenannten Lokalbahnen nach Wolsztyn, die in erster Linie landwirtschaftliche Erzeugnisse aus den ländlichen Gebieten der Region transportierten. Die Nebenlinie von Wolsztyn nach Leszno nahm 1896 ihren Betrieb auf und die von Wolsztyn nach Grodzisk Wielkopolski (mit Anschluss nach Poznań über Opalenica) 1898. Beide hatten eine Anbindung an die Route von Zbąszynek nach Wolsztyn von 1886. Nach dem Ersten Weltkrieg und dem Posener Aufstand von 1918/19 wurde durch Beschluss des Versailler Vertrags die Grenze zwischen Deutschland und Polen nur etwa zehn Kilometer von Wolsztyn entfernt gezogen. Das traf den dortigen Eisenbahnverkehr empfindlich und leitete seinen Niedergang ein. Denn die Strecken wurden auf kurze lokale Abschnitte verkürzt.

Nach Ausbruch des Zweiten Weltkriegs im September 1939 wurde auf Befehl des Oberkommandos der polnischen Streitkräfte der Wolsztyner Bahnhof in Brand gesetzt und zerstört. Von da an musste der Bahnbetrieb mithilfe einer Holzbaracke auf dem Bahnsteig, die bis heute dort steht, und einem Lokschuppen aufrechterhalten werden. Einen Großteil der Eisenbahninfrastruktur in der Region zerstörte man, um den Vormarsch der deutschen Truppen zu erschweren. Nach dem deutschen Einmarsch wurde die Wolsztyner Eisenbahninfrastruktur vollständig wiederaufgebaut – mit einem neuen Bahnhof, einem erweiterten Lokschuppen, Wartungs- und Signalanlagen. Schließlich galt die Stadt als strategischer Knotenpunkt des regionalen Bahnnetzes. Um die 30 Lokomotiven waren dort stationiert und 300 Bahnmitarbeiter, Lokführer und Techniker bedienten die regionalen Bahnverbindungen und die überregionalen zur sowjetischen Grenze.

Auch nach dem Zweiten Weltkrieg blieb Wolsztyn ein bedeutendes Eisenbahnzentrum in der Region Wielkopolska. Die gesamte von den Deutschen aufgebaute Infrastruktur wurde weiterbenutzt und wird es bis zum heutigen Tag. Bis in die frühen 1990er Jahre hinein war Wolsztyn auch ein strategisches Zentrum für Transporte von Militärgerät, Versorgungsgütern und Truppen zwischen der Sowjetunion und der DDR. Dabei kamen vornehmlich die »Kriegslok« der Baureihe Ty2 1'E und die polnische Variante der »Kriegslok« aus den Baureihen Ty43 und Ty45 zum Einsatz. Und obwohl der Güterverkehr in den vergangenen 20 Jahren zurückging, vor allem auf den kleineren Routen von Wolsztyn und Grodzisk Wielkopolski, blieb die Stadt ein bedeutender Eisenbahnknotenpunkt. Sie unterhält nach wie vor Bahnverbindungen nach Poznań, Leszno und Zbąszynek. Zum Teil werden sogar im Regelverkehr Dampflokomotiven eingesetzt, die im historischen halbkreisförmigen Lokschuppen gewartet werden.

Wolsztyn, deutsch Wollstein, geht auf eine Klostergründung der Zisterzienser im Jahr 1285 zurück und entwickelte sich vom 15. Jahrhundert an zum Handwerks- und Handelszentrum, berühmt für seine Tuchindustrie und Wollmärkte. 1793 wurde es in die preußische Provinz Ostbrandenburg eingegliedert. Von 1807 bis 1813 gehörte es zum napoleonischen Herzogtum Warschau, fiel aber infolge der europäischen Neuordnung auf dem Wiener Kongress 1814/15 wieder an Preußen und gehörte nach der Reichsgründung 1871 zum Deutschen Nationalstaat. Im Zuge des Posener oder Großpolnischen Aufstands besetzten polnische Truppen die Stadt im Januar 1919. Noch im Juni desselben Jahres wurde sie offiziell Polen zugeschlagen. In der Folgezeit bis zum Ausbruch des Zweiten Weltkriegs erlebte sie einen wirtschaftlichen Aufschwung. 1999 wurden die historischen Verwaltungsgrenzen wieder eingeführt, und Wolsztyn

Die Lok Nr. 111 der PKP-Baureihe OI49 1'C1' zieht einen Zug der Linie Wolsztyn-Poznań aus Steszew.

***Vorige Seite:** Vor der Abfahrt spricht der Zugbegleiter des 6.07-Uhr-Zugs von Wolsztyn nach Leszno noch ein paar Worte mit dem Lokführer der Lok Nr. 59 aus der Serie OI49 1'C1'.*

entwickelte sich rasch zu einer aufstrebenden Stadt in der Woiwodschaft Großpolen.

Obgleich Wolsztyn das wichtigste Drehkreuz beider Linien darstellt, eignet sich die Stadt Poznań (deutsch Posen) besser als Ausgangspunkt für Ausflüge in die Region. Nach Posen kommt man bequem mit dem EuroCity. Die Fahrt von Berlin dauert beispielsweise nur drei Stunden.

Poznań an der Warthe gehört zu den ältesten Städten Polens und zieht zahlreiche Besucher aus aller Welt an. Sein imposanter Dom, die älteste Kirche des Landes, beherbergt die Gräber der ersten polnischen Herrscher. Heute ist die fünftgrößte Stadt Polens ein pulsierendes Handels-, Industrie- und Bildungszentrum.

Die modernen Dieseltriebzüge der Eisenbahngesellschaft Koleje Wielkopolskie (Großpolnische Eisenbahn) bilden heute den Kern des Personenverkehrs zwischen Poznań und Wolsztyn (mit 16 Zwischenhalten) sowie Wolsztyn und Leszno (mit elf Zwischenstopps). Zusätzlich betreibt das Unternehmen die weltweit einzigen regulären Dampfpersonenzüge; sie werden im historischen Lokomotivdepot und -museum von Wolsztyn gewartet. Zu den letzten Güterzügen, die heute auf den beiden Strecken verkehren, gehören ein wöchentlicher Zementzug zu den Zementwerken nach Powodowo westlich von Wolsztyn und die Kohlelieferungen für das Lokdepot. Letztere werden in der Regel von einer dieselelektrischen Lokomotive der Baureihe Cargo SU46 der Polnischen Staatsbahn (PKP) gezogen, die in dem größten Lokomotivdepot der Region in Leszno untergestellt ist, wo auch heute noch Dampfloks repariert werden.

Bis Dezember 2013 fuhren wochentags zwei fahrplanmäßige Dampfzüge (hin und zurück) auf der Strecke Wolsztyn-Poznań. Und auch der Dampfbetrieb auf der Linie Wolsztyn-Leszno, der mit zwei Zügen täglich die Dieseltriebzüge ergänzte, wurde im März 2014 eingestellt. Seit April 2015 werden jedoch im Rahmen des Tourismusprogramms Woltur mehrmals im Monat dampfbetriebene Sonderfahrten angeboten. Drei Dampfloks sind im Einsatz: zwei der 115 Mehrzwecklokomotiven aus der Baureihe OI49 1'C1' (Nr. OI49-59 und Nr. OI49-69), die Mitte der 1950er Jahre im Lokomotivwerk Chrzanów gefertigt wurden, und die Schnellzug-Lok Nr. Pt47-65 aus der Baureihe Pt47 1'D1' von 1949, ebenfalls aus Chrzanów. Darüber hinaus stehen Lokomotiven verschiedener Klassen, die aus dem Verkehr gezogen bzw. zur Besichtigung ausgestellt sind, im benachbarten Güterbahnhof und im Lokdepot. Das Depot besteht aus einem halbkreisförmigen Lokschuppen und einer Drehscheibe. 1907 als vierständiger Schuppen gebaut, wurde er 1909 auf acht Stellplätze erweitert. Gegen Zahlung einer geringen Gebühr im Büro des Wagenmeisters sind Besichtigungen möglich. Mit etwas Glück kann man miterleben, wie die Loks auf traditionelle Art gewartet, bekohlt und bewässert und auf der Drehscheibe des Lokschuppens gedreht werden.

Wolsztyn richtet eine der zwei jährlichen Dampfparaden auf den Hauptbahnstrecken in Polen aus. Meist findet sie am letzten Sonntag im April oder am ersten Samstag im Mai statt. Dann stehen zwölf und mehr Loks unter Dampf, manche eigens angereist mit historischen Sonderzügen aus Poznań, Wrocław, Berlin und Cottbus. Auch Gastlokomotiven aus allen Ecken Polens sowie aus der Tschechischen Republik und aus Deutschland sind zu sehen. Alljährlich zieht das Ereignis Tausende Besucher aus den umliegenden Regionen und auch aus weiterer Ferne an.

Der tägliche Dampfbetrieb aus dem Depot in Wolsztyn wäre nicht möglich gewesen ohne die finanzielle Unterstützung durch die Partnerschaftsgesellschaft The Wolsztyn Experience, die von britischen Dampflokfreunden gegründet wurde. Sie unterstützt nun auch den eingeschränkten Betrieb und bietet wie in den vergangenen 16 Jahren Lokführerkurse an, die bei Dampfbegeisterten aus aller Welt großen Anklang finden.

Beide Strecken, nach Poznań und nach Leszno, werden von kleinen, architektonisch reizvollen Bahnhöfen im preußischen Stil gesäumt. Die Brücken und Viadukte am Weg, die Flügelsignale, Wasserkräne und Stellwerke, die alle mehrere Jahrzehnte alt sind, verleihen ihnen einen ganz besonderen Charakter und versprechen ein unvergessliches Reiseerlebnis. Die Bahnhofsbauten und Stellwerke von Wolsztyn gehen bis auf das Jahr 1895 zurück, und noch immer sind viele Originalgeräte funktionstüchtig. Obgleich die Strecke Wolsztyn–Poznań unlängst modernisiert und mit neuen Bahnsteigen und Bahnhofsbeleuchtungsanlagen versehen wurde, blieben die alten Bahnhofsgebäude und Kontrollräume erhalten. Einige der Gebäude an der Strecke werden heute als private Wohnhäuser genutzt. Beide Linien führen durch den Wielkopolski-Nationalpark, der mit seinen vielen Seen, bewaldeten Ebenen und Moränenhügeln ein beliebtes Urlaubsziel im Gebiet der großpolnischen Seenplatte ist.

Folgende Seiten: *Der Zug um 8.45 Uhr von Poznań nach Wolsztyn ist für diese Strecke äußerst lang. Mit Doppelstockwagen und Schienenbussen der ehemaligen Deutschen Reichsbahn ist er auf dem Weg nach Wolsztyn für die Weiterfahrt nach Cottbus, hier unweit von Grodzisk.*

CHEMINS DE FER DE LA CORSE

KORSIKA, FRANKREICH

SPURWEITE: 1000 MILLIMETER • **LÄNGE:** 230 KILOMETER •
ROUTE: VON AJACCIO NACH BASTIA/VON PONTE-LECCIA NACH CALVI

Nicht nur einmal war die malerische und steile meterspurige Route auf Korsika bisher von der Stilllegung bedroht. Sie bahnt sich ihren Weg durch das gebirgige Hinterland der Insel und überwindet dabei eine Reihe von Tunneln, Kehrschleifen und eindrucksvollen Viadukten.

LIGURISCHES
MEER
Isola
di Capraia
(Italy)
Capraia Isola
Parco Nazionale dell' Arcipélago Toscano
Cap Corse
Arcipelago Toscano
ITALIEN
Isola d'Elba
Portoferraio
Marciana Marina
Marciana
1018
Monte Capanne
Parco Nazionale dell' Arcipelago Toscano
Rogliano
Monte Stello
1307
Brando
Santa-Maria-di-Lota
Ville-di-Pietrabugno
San-Martino-di-Lota
Bastia
Désert des Agriates
St-Florent
Furiani
Oletta
Biguglia
L'Île-Rousse
Belgodère
Murato
Borgo
Poretta
Calvi
Lucciana
Campitello
Calenzana
Golo
Vescovato
Venzolasca
Ponte-Leccia
Penta-di-Casinca
Monte Padro
2393
Morosaglia
Figarella
La Porta
Fango
Monte Cinto
2706
Piedicroce
Parc Naturel Régional de la Corse
San-Nicolao
Calacuccia
Cervione
Sermano
Corte
Col de Vergio
1477
Moïta
CORSE
(KORSIKA)
(Frankreich)
Piana
1101
Col de Sevi
Monte Rotondo
2622
Venaco
Vezzani
Tallone
Tavignano
Vico
Monte d'Oro
2389
Liamone
Fium'Orbo
Bocognano
Monte Rénoso
2352
Ghisoni
Aléria
Sari-d'Orcino
Prunelli-di-Fiumorbo
Sarrola-Carcopino
Bastelica
Ghisonaccia
Cuttoli-Corticchiato
Gravona
Ajaccio
Campo dell'Oro
Bastelicaccia
Ventiseri
Travo
Zicavo
Santa-Maria-Siché
Golfe d' Ajaccio
Grosseto-Prugna
Monte Incudine
2134
1218
Col de Bavella
Taravo
Petreto-Bicchisano
Zonza
Olmeto
Levie
Propriano
Rizzanese
Sartène
Montagne de Cagna
Ortolo
Punta d'Ovace
1340
Porto-Vecchio
TYRRHENISCHES
MEER
Figari
Bonifacio
Capo Pertusato
Réserve Naturelle des Îles Lavezzi
Strait of Bonifacio
Parco Nazionale dell' Arcipélago de la Maddalena
Santa Teresa di Gallura
La Maddalena
Costa Smeralda
SARDEGNA
(SARDINIEN)
(Italien)
Serra Paoloni
361
Palau
Liscia
Monte Moro
421
Isola Asinara
391
Aglientu
640
Bassacutena
Arzachena
Luogosanto
Monte della Fortezza
645

Die Gebirgsinsel Korsika, Geburtsort Napoleons und jahrhundertelang Heimat sich bekriegender Räuberbanden, gehört seit 1769 zu Frankreich. Sie liegt im Mittelmeer westlich von Italien und südöstlich des französischen Festlands in direkter Nachbarschaft der größeren italienischen Insel Sardinien (siehe Seite 36). Korsikas Hauptstadt Ajaccio liegt an der Westküste der Insel und der Haupthafen Bastia an der Nordostküste.

Der Plan, die Insel mit einem meterspurigen Eisenbahnnetz zu überziehen, kam erstmals 1877 auf. Man entschied sich für die Schmalspurvariante, weil sie für das gebirgige Terrain geeigneter erschien, da sie mit engeren Kurven besser den Geländekonturen folgen konnte als möglicherweise eine Normalspurbahn. Der Bau der technisch äußerst anspruchsvollen Strecke begann 1879. 1888 konnten der Nordostabschnitt zwischen Bastia und Corte und der Südwestabschnitt von Ajaccio nach Bocognano eröffnet werden. Dazwischen lag das bergige Herz der Insel. Seinetwegen verzögerte sich die Fertigstellung der Bahnlinie um sechs Jahre.

1894 wurde schließlich auch auf dem Abschnitt im steilen Gelände zwischen Bocognano und Corte der Betrieb aufgenommen. Man hatte etliche Tunnel, Brücken und Viadukte bauen müssen: Der längste Tunnel bei Vizzavona misst fast vier Kilometer und liegt etwa 900 Meter über dem Meeresspiegel. Das größte und eindrucksvollste Viadukt über den Fluss Vecchio

***Vorige Seite:** Ein zweiteiliger Dieseltriebzug überquert das 80 Meter hohe, von Gustave Eiffel geplante Viadukt über den Vecchio im Parc Naturel in Korsikas bergigem Hinterland.*

Ein 1949 gebauter Triebwagen mit Steuerwagen von Renault umrundet die Sandbucht bei Calvi auf dem Weg nach L'Île-Rousse.

wurde von Gustave Eiffel geplant, ist 140 Meter lang und gut 90 Meter hoch. Um schnell Höhe zu gewinnen, legten die Ingenieure auf dem Weg nach Vivario eine Reihe spektakulärer S-Kurven an. Vom Bahnhof aus kann man die Bahn beobachten, wie sie sich von tief unten mühsam zum Gipfel hinaufschlängelt. Ein Abzweig von Ponte-Leccia nach Calvi an der Nordküste folgte bald, während die 130 Kilometer lange Linie entlang der Ostküste von Casamozza nach Porto-Vecchio erst 1935 fertig wurde. Ihr war nur ein kurzes Leben beschieden, denn im Zweiten Weltkrieg wurde sie von Bomben schwer beschädigt und daraufhin südlich von Folleli geschlossen. Der nördliche Abschnitt von Casamozza nach Folleli wurde 1953 stillgelegt.

Abgesehen von der Linie Porto-Vecchio überlebte das korsische Eisenbahnnetz bis ins 21. Jahrhundert hinein, obwohl man schon in den 1950er und 70er Jahren über eine Schließung nachdachte. Der Niedergang des Dampfbetriebs – auf Korsika fuhren Lokomotiven vom Typ 0-6-2T und leistungsstarke 0-4-4-0T-Mallet-Gelenkloks aus Frankreich – begann in den 1930er und 40er Jahren. Damals übernahmen die Trieb- und Steuerwagen von Billard und Renault die Strecke. Diese wiederum wurden von moderneren Dieseltriebzügen aus den 1970er und 90er Jahren und unlängst eingeführten AMG 800 Panorama-Doppeltriebwagen ersetzt.

Heute betreibt das staatliche Eisenbahnunternehmen Chemins de Fer de la Corse (CFC) das malerische Eisenbahnnetz von Korsika, dessen Mittelpunkt die Stadt Ponte-Leccia im Inselnorden bildet. Dort beginnen die Strecken nach Ajaccio, Bastia und Calvi. Momentan verkehren auf der Hauptlinie zwischen Ajaccio und Bastia täglich vier Züge hin und zurück mit einer Fahrtzeit von drei Stunden und 25 Minuten. Häufiger verkehren vor allem in den Sommermonaten die Züge an der Nordostküste zwischen Bastia und Casamozza und an der Nordwestküste zwischen Calvi und L'Île-Rousse. Letztere fahren die meisten Strände an und sind bei Urlaubern und Passagieren von ankernden Kreuzfahrtschiffen sehr beliebt. Ein Vorortzug fährt vom Hafenbahnhof in Ajaccio nach Mezzana. Umfangreiche Gleisreparaturen und der unlängst eingeführte Panorama-Doppeltriebwagen AMG 800 konnten die Fahrtzeit von Ajaccio nach Bastia um eine Stunde verkürzen.

VON AJACCIO NACH BASTIA

In Ajaccio kam 1769 Napoleon Bonaparte zur Welt. Die größte Stadt Korsikas liegt geschützt am Golf von Ajaccio und war schon zur Zeit der griechischen Antike ein bedeutender Handelshafen. Heute lockt ihr reiches kulturelles und architektonisches Erbe die modernen Kreuzfahrtriesen an. Am Bahnhof unweit des Hafens fahren die Züge nach Bastia ab. Sie starten in östlicher Richtung, folgen der Küstenlinie und nehmen dann Kurs auf das Gravona-Tal im Landesinneren. Von dort aus klettern sie kontinuierlich bis nach Bocognano hinauf (640 Meter über dem Meeresspiegel) und durch den längsten Tunnel der Route bis nach Vizzavona in 900 Metern Höhe. Danach führen die Gleise weiter bergauf durch die spektakuläre Berglandschaft des Parc Naturel, verschlingen sich zu einer Reihe haarsträubender S-Kurven auf dem Weg nach Vivario, bis sie schließlich das Vecchio-Viadukt von Eiffel überqueren. Hinter Riventosa fällt die Strecke steil bergab durch Tunnel und S-Kurven bis zur Bergstadt Corte auf 400 Metern Höhe und erreicht schließlich Ponte-Leccia, wo sich die Strecke teilt und eine Linie nach Calvi abzweigt.

Nach Bastia geht es in Ponte-Leccia gen Osten durch das Golo-Tal bis zur Küstenebene rund um Casamozza, wo man früher umsteigen konnte, um entlang der Küstenlinie nach Süden bis nach Porto-Vecchio zu fahren. Weiter geht es nordwärts durch flaches Agrarland bis zur Küste. Die zwischen Bergen und Meer eingeklemmte historische Hafenstadt Bastia durfte sich bis 1791 Hauptstadt von Korsika nennen. Heute ist sie als moderner Hafen Anlaufpunkt für den regen Fährbetrieb zwischen der Insel und dem französischen Festland.

VON PONTE-LECCIA NACH CALVI

Die Züge, die in Ponte-Leccia Richtung Norden weiterfahren, durchqueren eine Fels- und Gebirgslandschaft, bevor sie durch das Navaccia-Tal mit einer Reihe von Tunneln und S-Kurven bis zur Nordwestküste abfallen. In L'Île-Rousse trifft die Bahn auf die Küstenlinie, der sie nun westwärts folgt, vorbei an Sandstränden und Badebuchten, wo sich im Sommer die Sonnenanbeter tummeln. Schließlich umrundet sie die Bucht von Calvi und erreicht schließlich die gleichnamige Stadt, in der ein Regiment der französischen Fremdenlegion stationiert ist. Sie gelangte außerdem zu einiger Berühmtheit, da sie neben anderen italienischen und französischen Orten als möglicher Geburtsort von Kolumbus gehandelt wird. Heute locken ihre Strände am Golf von Calvi viele Urlauber vom europäischen Festland an, die in den Sommermonaten am örtlichen Flughafen eintreffen.

Folgende Seiten: Die meterspurige Bahnlinie zwischen Ajaccio und Bastia passiert zahlreiche Dörfer, während sie sich durch Korsikas gebirgiges Binnenland schlängelt.

TRENINO VERDE – SARDISCHE SCHMALSPURBAHN

SARDINIEN, ITALIEN

SPURWEITE: 950 MILLIMETER • **LÄNGE:** 416 KILOMETER •
ROUTEN:
1. VON MACOMER NACH BOSA – 45 KILOMETER
2. VON NULVI NACH PALAU – 115 KILOMETER
3. VON MANDAS NACH ARBATAX – 160 KILOMETER
4. VON MANDAS NACH SORGONO – 96 KILOMETER

»Eine seltsame Eisenbahn. Ich wüsste gern, wer sie gebaut hat. Sie rauscht die Berge hinauf und die Täler hinunter und um scharfe Kurven mit größter Nonchalance … sie grunzt, während sie durch die tiefen Täler fährt, und verpestet die Luft in den Tunneln, doch bergauf hechelt sie wie ein junger Hund …«
D. H. Lawrence, *Das Meer und Sardinien*, 1921

CORSE
(KORSIKA)
(Frankreich)
Bonifacio
Capo Pertusato
Strait of Bonifacio
Parco Nazionale dell' Arcipélago de la Maddalena
Santa Teresa di Gallura
La Maddalena
Palau
Serra Paoloni
361
Isola Asinara
391
Monte Moro
421
Arzachena
640
765
Vignola
Bassacutena
Baldu
Liscia
G a l l u r a
692
911
Coghinas
Golfo dell'Asinara
Castelsardo
Valledoria
Tempio Pausania
Luras
Calangianus
831
Monte Pinu
743
Olbia
415
Costa Smeralda
317
Porto Torres
Perfugas
Punta Balestrieri
1359
Sorso
Sennori
Nulvi
700
Chiaramonti
Silis
A n g l o n a
Berchidda
Loiri-Porto San Paolo
Monti
San Teodoro
Su Lerno
Monte Forte
464
Osilo
Monte Pedruso
674
Sassari
S'Elema
M. sa Pianedda
820
971
Monte Maggiore
Budoni
La Nurra
Mannu
Oschiri
Punta Senalonga
1076
Olmedo
Usini
Ossi
Ploaghe
Ala dei Sardi
Uri
Serra
Mannu
L o g u d o r o
Posada
Posada
Torpè
Ittiri
Monte Lerno
1094
Pico sa Donna
1019
Lodè
Alghero
730
Mores
Ozieri
Pattada
Buddusò
Mannu
1050
Siniscola
Villanova Monteleone
Thiesi
Monte Senes
863
Bitti
1127
Monte Mannu
802
Bonorva
1259
Bono
Benetutti
Cuccuru su Pirastru
914
Orune
Irgoli
Temo
Pozzomaggiore
Galtellì
805
Orosei
Bosa
1200
Bolotana
Nuoro
Isalle
Cedrino
Sindia
Silanus
Orotelli
Liscoi
Oliena
Oliena
Dorgali
808
Macomer
Tirso
Orani
Ottana
Sarule
Mamoiada
Punta Corrasi
1463
Flumineddu
SARDEGNA
(SARDINIEN)
(Italien)
Golfo di Orosei
Cuglieri
1050
Santu Lussurgiu
Borore
Sedilo
1117
Gavoi
Orgosolo
Monte su Nercone
Abbasanta
Lago Omodeo
Ghilarza
1263
Parco Nazionale del Golfo di Orosei Gennargentu e Asinara
Seneghe
Paulilatino
Talora
Fonni
1595
776
San Vero Milis
Sorgono
Barbagia
Monti del
Desulo
1372
Baunei
Riola Sardo
Tonara
Punta La Marmora
1834
Villagrande Strisaili
Solarussa
Meana Sardo
Gennargentu
Stagno di Cabras
Oristano
Cabras
673
Monte Grighini
Samugheo
1241
Arzana
Tortolì
Simaxis
Flumendosa
Ilbono
Lanusei
Santa Giusta
Laconi
Mannu
Bari Sardo
A r b o r e a
580
Jerzu
Arborea
Monte Arci
812
Monte Sta Vittoria
1212
Marrubiu
Isili
Monte Ferru
875
Terralba
Uras
Nurri
Monte Codi
849
Flumineddu
Mogoro
Mogoro
Orroli
Tertenia
San Nicolò d'Arcidano
Perdasdefogu
Mandas
Monte Arcuentu
785
Sardara
Villamar
Siurgus Donigala
Escalaplano
589
Pabillonis
San Gavino Monreale
Sanluri
Goni
Guspini
Guasila
676
Arbus
Belu
Senorbì
Mannu
Serrenti
499
Punta Mumullonis
Gonnosfanadiga
Samassi
Villacidro
Donori
801
San Vito
Villaputzu
Fluminimaggiore
Monte Linas
1236
Serramanna
Nuraminis
G e r r e i
775
Monte Genn'Argiolas
Muravera
Leni
Monastir
Serdiana
Ollastu
Villasor
Vallermosa
Ussana
Dolianova
1067
San Sperate
Burcei
Picocca
661
Decimoputzu
Decimomannu
420
Monte dei Sette Fratelli
1023
Iglesias
Domusnovas
Sinnai
Maracalagonis
Siliqua
Uta
Sestu
Cixerri
Villamassargia
Assemini
Selargius
Gonnesa
Monte Orri
723
Quartu Sant'Elena
Portoscuso
Cagliari
Carbonia
Narcao
Capoterra
336
Villasimius
Carloforte
Golfo di Cagliari
Isola di San Pietro
Calasetta
San Giovanni Suergiu
S u l c i s
Sant'Antioco
Giba
Santadi
Punta Maxia
1017
Sarròch
271
Isola di Sant'Antioco
Sant'Anna Arresi
Pula
Teulada
319
Tyrrhenisches Meer
1
2
3
4

Als zweitgrößte Mittelmeerinsel nach Sizilien misst Sardinien von Norden nach Süden 260 Kilometer und von der Ost- zur Westküste 120 Kilometer. Damit ist es deutlich größer als Israel. Das Binnenland ist bergig – der höchste Gipfel namens Punta La Marmora ragt 1834 Meter über dem Meeresspiegel auf – und wird von nur wenigen Flüssen durchzogen. Die seit 10 000 Jahren bewohnte Insel wurde über Hunderte von Jahren immer wieder von muslimischen Freibeutern heimgesucht. In den vergangenen Jahrhunderten war sie Spielball der europäischen Mächte: 400 Jahre lang war sie von Spanien und eine Zeit lang von Österreich besetzt, bevor sie 1861 dem neu gegründeten Königreich Italien angegliedert wurde. Heute zählt Sardinien zu den fünf autonomen Regionen Italiens, wodurch es über weitreichende rechtliche und administrative Befugnisse verfügt. Die beiden größten Städte der Insel sind Cagliari an der Südküste (150 000 Einwohner) und Sassari im Nordwesten (125 000 Einwohner). Die zerklüftete Ostküste hingegen ist kaum besiedelt.

Zuverlässige Kommunikationswege durch das gebirgige Eiland waren lange Zeit äußerst rar. Noch in den 1860er Jahren gab es kaum Straßen, und Reisende wurden nicht selten von vagabundierenden Räuberbanden überfallen. Viele Gebiete der Insel hatten kaum Verbindung zur Hauptstadt Cagliari und waren nur per Schiff erreichbar. Die erste Eisenbahnlinie Sardiniens vernachlässigte das bergige Hinterland und verband Cagliari mit Oristano an der Westküste. Sie eröffnete 1872. Im selben Jahr wurde auf einer Route zwischen Decimomannu, das an der genannten Strecke lag, und der Industriestadt Iglesias im Südwesten der Betrieb aufgenommen. Oristano erhielt 1878 zusätzlich Anschluss an die Linie von Porto Torres an der Nordwestküste und die Stadt Sassari. Am Knotenpunkt Ozieri an der Strecke Sassari-Oristano begann seit 1883 eine weitere Route zur nordöstlich gelegenen Stadt Olbia und dem Hafen Golfo Aranci. Sie alle hatten die Standardspurweite von 1435 Millimetern.

Während die Normalspurbahnen endlich die so dringend benötigten Verkehrsverbindungen zwischen Nord-, West- und Südküste zur Verfügung stellten, blieben das bergige Binnenland und die Ostküste weitgehend isoliert. Gegen Ende des 19. Jahrhunderts hatte sich jedoch der Bau von Schmalspurbahnstrecken in anderen europäischen Gebirgsregionen als wirtschaftlich und erfolgreich erwiesen.

Vorige Seite: Die Lok Reggiane 1'C1't Nr. 402 fährt über das San-Sebastián-Viadukt unweit von Gairo auf der landschaftlich sehr reizvollen Route des Trenino Verde zwischen Mandas und Arbatax mit einem gemischten Zugverband.

Die erste Verbindung dieser Art auf Sardinien war eine 40 Kilometer lange Bahnlinie mit einer Spurweite von 950 Millimetern. Sie führte von Monti (an der Normalspurstrecke nach Olbia) in nordwestlicher Richtung durch die bergige Region Gallura nach Tempio Pausania und wurde 1888 eröffnet. In den darauffolgenden vier Jahren kamen insgesamt 570 Kilometer Schienenwege mit denselben Spurmaßen hinzu, die alle sehr schwieriges Gelände zu bezwingen hatten. 1889 wurden Strecken zwischen Cagliari, Mandas und Sorgono, zwischen Bosa an der Westküste und Macomor und Nuoro sowie zwischen Sassari und Alghero gebaut. Die Verbindung zwischen Chilivani und Tirso ging 1893 in Betrieb und die zwischen Mandas und Arbatax an der Ostküste mit einem Abzweig von Gairo nach Jerzu im Jahr 1894.

Weitere 90 Kilometer Schmalspurstrecke nahmen zwischen 1913 und 1915 ihren Betrieb auf, darunter eine Route zwischen Sarcidano, nördlich von Mandas, und Villacidro mit einer Zweigstrecke nach Ales. Doch das war noch nicht genug: Im Südwesten eröffnete 1926 eine 110 Kilometer lange Route zwischen Siliqua, Calasetta und Carbonia, um die Kohlebergwerke der Insel anzubinden. Und die letzte Trasse aus dem Jahr 1932 führte 150 Kilometer durch die Gebirgsregion Gallura von Sassari in die kleine, nordöstlich gelegene Hafenstadt Palau.

Infolge der entbehrungsreichen 1930er Jahre und der zunehmenden Konkurrenz durch die Straße holte man immer mehr Dieseltriebwagen auf die sardischen Schmalspurlinien. Vom Zweiten Weltkrieg blieb die Insel zwar weitgehend verschont. Jedoch führten fehlende Wartung und Mangel an Ersatzteilen dazu, dass sich die Bahnanlagen 1945 in einem erbärmlichen Zustand befanden. Während die Normalspurbahnen 1920 verstaatlicht worden waren, kämpften die privat betriebenen Schmalspurnetze ums Überleben. Schließlich brachten staatliche Zuschüsse die Erlösung: Gleisanlagen konnten modernisiert, einige der gefährlichsten Kurven entschärft und neues Equipment erworben werden. Dennoch wurden einige der weniger wirtschaftlichen Strecken später stillgelegt: die Linie zwischen Sarcidona und Villacidro inklusive des Abzweigs nach Ales 1956, die von Monti nach Tempio Pausania 1958, die von Chilivani nach Tirso 1969 und die von Siliqua nach Calasetta und Carbonia schrittweise zwischen 1969 und 1975. Die private Betreibergesellschaft der übrigen Routen meldete 1971 Konkurs an. Doch die italienische Regierung schaltete sich erneut ein und übernahm die Verwaltung, bis die Ferrovie della Sardegna (FdS) 1989 unter staatliche Kontrolle kam.

In den 1990er Jahren nahm der Zugverkehr auf den verbliebenen Schmalspurrouten immer weiter ab. Und der mit EU-Mitteln finanzierte Ausbau des sardischen Straßennetzes machte die Situation nicht besser. Der Güterverkehr wurde auf die Straße verlegt, und viele Strecken öffneten nur noch für den Touristenbetrieb von Mai bis Oktober. Dafür erhielten zumindest die wirtschaftlich rentableren Linien EU-Mittel zur Modernisierung der Bahnhöfe, Gleise und Signalanlagen. 1995 konnten vier Routen vorerst vor der Stilllegung gerettet werden: Im Rahmen eines EU-Projekts sollte ein Großteil der regulären Züge durch einen saisonalen Touristenservice ersetzt werden. Auf diesen als »Trenino Verde« bekannten und beliebten Ausflugslinien verkehrten restaurierte historische Dieseltriebwagen und Dampflokomotiven, bis sie 2014 schließlich doch eingestellt wurden.

2010 integrierte man das Schmalspurnetz der FdS vollständig in die regionale Verkehrsgesellschaft der Insel, die Azienda Regionale Sard Transport (ARST). Die Normalspurlinien der Insel wurden von der italienischen Staatsbahn Ferrovie dello Stato bewirtschaftet.

VON MACOMER NACH BOSA

Die 48 Kilometer lange Route beginnt im historischen Städtchen Macomer, wo auch Züge der Nord-Süd-Regelspurlinie zwischen Cagliari und Sassari und der Schmalspurstrecke nach Nuoro im Osten halten. Züge nach Bosa starten vom Bahnhof Macomer in westlicher Richtung. Zunächst überwinden sie die Regelspurstrecke und erreichen kurz darauf den höchsten Punkt der Route auf 537 Metern. Von dort aus geht es abwärts in Richtung Westküste durch von Steinmauern durchzogenes Weideland, vorbei an bronzezeitlichen Turmbauten, den *nuraghi*, und der Zisterzienserabtei Santa Maria di Corte aus dem 12. Jahrhundert. Nach dem Halt am Bahnhof Sindia bahnt sich der Zug seinen Weg durch Felder und Wiesen bis zum Bahnhof Tinnura. Die nahegelegene Ortschaft ist für die schönen Wandbilder an ihren Häusern, Läden und Mauern berühmt.

Nun schlängelt sich die Strecke weiter bergab zwischen den Hügeln bis zum Dorf Tresnuraghes. Dort findet jedes Jahr am 25. April die berühmte *festa di San Marco* statt. Anschließend machen die Züge einen großen Bogen bis hinunter nach Magomadas, wo sich bereits der erste Blick aufs Meer erhaschen lässt. Nach der Fahrt durch das Modolo-Tal, wo der edle Malvasia-Wein herkommt, folgt der Endspurt in nördlicher Richtung entlang der Klippen. Und zum Schluss geht es nochmals landeinwärts durch das Temo-Tal bis zur Endstation in der antiken Stadt Bosa.

VON NULVI NACH PALAU

Von Nulvi, dem Ausgangspunkt der 115 Kilometer langen Reise, führt die historische Strecke nach Nordosten an etlichen heiligen Brunnen und Tempeln aus der Bronzezeit vorbei, von denen es auf der Insel nur so wimmelt. Dann geht es abwärts durch eine Landschaft, die den Hochebenen des amerikanischen Westens ähnelt. Nach dem ersten Halt in Martis stoppt der Zug im Dörfchen Laerru, bekannt für seine Höhlen und seinen versteinerten Wald. Der Weg fällt von dort immer weiter ab bis nach Perfugas, wo sich in der Kirche Santa Maria degli Angeli die größte Sammlung religiöser Holzmalereien Sardiniens befindet. Auf der Weiterfahrt nach Nordosten kämpft sich die Bahn nun bald aus dem üppig bewirtschafteten Tal hinauf in die Berge der Region Gallura, wobei sie unterwegs auf einem Viadukt den Fluss Coghinas überquert.

Die Durchquerung der Berge war eine große Herausforderung für die Eisenbahnbauer, denn sie mussten zahlreiche Viadukte und Tunnel bauen, darunter den Kehrtunnel bei Bortigiadas. Ihren höchsten Punkt erreicht die Strecke in Tempio Pausania, dem früheren Endbahnhof der Bahnlinie aus Monti, die 1958 stillgelegt wurde. Es liegt auf 566 Metern und ist damit eine der höchsten Städte der Region. Zudem zeichnet sich der Ort durch seine vielen Granitbauten aus dem 18. Jahrhundert aus.

In Tempio beginnt der malerische Abstieg der Route durch die Berge bis zur Küstenstadt Palau. Dazwischen liegen die Stationen Calangianus und San Leonardo sowie ein modernes Betonviadukt, das den Rio Piatto überspannt. Nach einem Stopp in Arzachena überblickt die Bahn die Küstenlinie der Gallura und die Inselgruppe La Maddalena, bevor sie am Bahnhof in Palau unweit des Hafens endet.

VON MANDAS NACH ARBATAX

Die 160 Kilometer lange Bahnstrecke war die längste Touristenbahnlinie Italiens, vielleicht sogar Europas – auf jeden Fall eine der spektakulärsten. Ein Großteil der kurvenreichen Route führt durch das bewaldete Gennargentu-Gebirge zur Ostküste. Sie beginnt am Bahnhof Mandas in nördlicher Richtung. Dann zweigt sie von der Linie nach Sorgono in östlicher Richtung ab (siehe unten). Auf ihren verschlungenen Wegen durch die Berge hielt die Bahn zunächst in der Gemeinde Orroli, die nach den hier verbreiteten Flaumeichen benannt ist. Sie liegt in einer Senke der Hochebene von Pranemuru und ist reich an archäologischen Stätten, darunter fünf *nuraghi*. Von Orroli führt die Strecke gen Norden nach Nurri und biegt später ab nach Osten zum Bahnhof Villanovatulo. Dann folgt die Überquerung des Stausees Flumendosa auf einer langen Straßen- und Eisenbahnbrücke. Nachdem sie es mit einer Steigung von 1:30 aus dem Flumendosa-Tal herausgeschafft hat, schlängelt sie sich um die Berge herum in nördlicher Richtung nach Betilli, Esterzili und in das mittelalterliche Dörfchen Sadali-Seulo mit seinem wunderschönen Wasserfall.

Die Route windet sich weiter durch das Gennargentu-Gebirge und verläuft in östlicher Richtung durch mehrere Tunnel und über Viadukte bis nach Seui (bekannt für sein Jugendstil-Museum), Anulu, Ussassai und Gairo. Früher ging von hier eine kurze Zweigstrecke nach Jerzu ab, die aber 1956 geschlossen wurde. Ein Großteil des historischen Zentrums von Gairo liegt seit der verheerenden Flut von 1951 in Trümmern. Von dort wendet sich die Bahn nach Norden durch eine regelrechte Mondlandschaft bis Villagrande. Weiter geht es südostwärts entlang des Siccaderba-Tals nach Arzana, wo erstmals das Meer auf der Ostseite in Sicht kommt. Das antike Dorf liegt am Fuße des höchsten Gipfels von Sardinien, umgeben von zahlreichen archäologischen Stätten, und hat sich mit seinen *culurgionis* (schmackhaften Ravioli mit einem Käse aus der Region) einen Namen gemacht.

Von Arzana führen die Gleise talwärts durch einen 360-Grad-Spiraltunnel und eine Wendeschleife bis zum reizvollen Bergstädtchen Lanusei. Nach der Überquerung des Viadukts rollt die Bahn weiter hinunter zur Küste, zunächst in nördlicher Richtung nach Elini-Ilboso und Sella-Elecci und dann gen Osten bis zur Küstenebene und nach Tortoli. Von hier ist es nur noch ein Katzensprung bis zum Endbahnhof am Hafen von Arbatax, der kleinen Küstenstadt mit ihren berühmten roten Felsen aus Porphyrgranit.

VON MANDAS NACH SORGONO

Der erste Teil der 96 Kilometer langen Strecke durch die Wälder und Berge von Barbagia und Mandrolisai führt auf der Regelspurstrecke von Mandas in nördlicher Richtung nach Isili. Umgeben von archäologischen Fundstätten aus der Jungsteinzeit, schmiegt sich das Städtchen Isili an den Rand einer Hochebene mit Blick auf das Sarcidano-Tal. Es ist berühmt für sein alljährlich im Juni stattfindendes Fest zu Ehren Johannes des Täufers. Der »Trenino Verde« wendet sich von hier nach Norden entlang des Mannu-Tals bis nach Sarcidano, wo er die 1956 stillgelegte Linie nach Villacidro kreuzt. Ein großer Teil dieser unbenutzten Route dient heute als idyllischer Rad- und Wanderweg.

Auf ihrem weiteren Anstieg ins nördliche Bergland führt die Route zu den abgelegenen Siedlungen Nurallo – vor mehreren Tausend Jahren ein Zentrum der Bronzegießerei –, Cignoni und Sulau. Als nächstes macht sie halt im Städtchen Laconi – dem Geburtsort des sardischen Heiligen Ignatius. Umgeben von Eichen- und Steineichenwäldern, liegt hier der Aymerich-Park mit den Überresten einer alten Burgruine. Hinter Laconi setzt die Strecke ihren Schlangenlinienweg entlang der Hänge fort und kämpft sich hoch bis nach Funtanamela und zu ihrem höchsten Punkt bei Ortuabis. Dann führt sie wieder abwärts zum antiken Bergdorf Meana Sardo. Inmitten der Hügellandschaft mit ihren vielen Weinbergen gelegen, rühmt sich das Dorf seiner *nuraghi* aus der Bronzezeit und der archäologischen Fundstätten aus römischer Zeit.

Hinter Meana Sardo flacht die Strecke ab, während sie den 999 Meter langen S'Arcu-Tunnel durchquert – den längsten der Route. Dann erreicht sie den hübschen Bahnhof von Belvi-Aritzo in den Ausläufern des Gennargentu-Gebirges. Der nahegelegene beliebte Touristenort Aritzo lockt mit seinem reinen Bergquell- und Mineralwasser und das Dörfchen Belvi auf einem bewaldeten Bergrücken voller Haselnuss-, Walnuss- und Kastanienbäume mit seinem Museum für Naturgeschichte. Sobald sie den höchsten Punkt der Linie bei Desulo-Tonara hinter sich gelassen hat, windet sich die Strecke weiter durch Tunnel und über Brücken bis zu ihrem Endbahnhof in Sorgono am westlichen Rand des Nationalparks Gennargentu. Inmitten dichter Wälder hat sich dieses Dorf mit seinen zahlreichen archäologischen Stätten und seinen Weinen, wie etwa dem berühmten Mandrolisai, einen Namen gemacht.

Rechts: Die Lok Reggiane 1'C1't Nr. 402 überquert das Viadukt bei San Cristofolo zwischen Seri und Gairo mit einem gemischten Zugverband auf der gebirgigen Route zwischen Mandas und Arbatax.

FERROCARRIL DE SÓLLER

MALLORCA, SPANIEN

SPURWEITE: 914 MILLIMETER • **LÄNGE:** 27 KILOMETER • **ROUTE:** VON PALMA NACH SÓLLER

Am Tag nach dem Untergang der »Titanic« wurde diese schöne und technisch anspruchsvolle Eisenbahnroute zwischen der mallorquinischen Hauptstadt Palma und Port de Sóller an der Nordküste eröffnet. Damals fuhren hier dampfbetriebene Züge, deren Elektrifizierung 1929 erfolgte. Mit ihren Tunneln durch die Alfàbia-Gebirgskette bietet die Bahn Besuchern der Insel eine unvergessliche Fahrt in 85 Jahre alten Waggons.

SPANIEN
MALLORCA
MENORCA
(MINORCA)
Pta Nati
Cap Menorca
Ciutadella de Menorca
Sant Joan Gran
Ferreries
Cap d'Artrutx
Cala Santa Galdana
Cap de Formentor
Punta Beca
Port de Pollença
Badia de Pollença
Cap des Pinar
Morro de sa Vaca
Pollença (Pollensa)
Alcúdia
Lago Menor
Escorca
Puig Major
1445
Port de Sóller
Sóller
Serra de Tramuntana
Sa Pobla (La Puebla)
Mur
Badia d'Alcúdia
Cap Ferrutx
Cap des Freu
Punta de Capdepera
Can Picafort
Colònia de Sant Pere
Cala Ratjada
Capdepera
Artà
Valldemossa
Selva
Inca
Muro
Banyalbufar
Bunyola
Alaró
Lloseta
Binissalem
Llubí
Santa Margalida
Esporles
Consell
Sencelles
Borges
Puig de Galatzó
1026
Sineu
Son Servera
Badia de Son Servera
La Cabaneta
Petra
Sant Llorenç des Cardassar
Cala Millor
Punta Amer
Sa Dragonera
Sant Elm
Calvià
Palma de Mallorca
Montuïri
Andratx
Vilafranca de Bonany
Manacor
Port d'Andratx
Peguera
Palmanova
Algaida
Porto Cristo
Cap de sa Mola
Badia de Palma
Can Pastilla
Porreres
Magalluf
S'Arenal
Felanitx
Puig de Sant Salvador
510
Portals Vells
Llucmajor (Lluchmayor)
Cala Murada
Cap de Cala Figuera
Es Cap Enderrocat
Badia Gran
Campos
Portocolom
S'Estanyol de Migjorn
Cala d'Or
Santanyí
Porto Petro
Cap Blanc
Sa Punta Plana
Ses Salines
Cala Figuera
Colònia de Sant Jordi
Cap de ses Salines
Freu de Cabrera
Illa des Conills
Es Cap des Llebeig
Illa de Cabrera
Parc Nacional Archipiélago de Cabrera
ILLES BALEARS
ISLAS BALEARES
(BALEAREN)

Die erste, 29 Kilometer lange Eisenbahnstrecke auf der spanischen Mittelmeerinsel Mallorca wurde 1875 zwischen der Hauptstadt Palma und Inca eingeweiht. Bis 1921 hatte sich das Schienennetz mit 914-Millimeter-Spurweite um weitere Linien vergrößert – von Palma nach Arta, La Puebla, Felanitx und Santanyí. Unterdessen blieb die aufstrebende Stadt Sóller mit ihrem Hafen im Norden der Insel, wo der Orangen- und Zitronenhandel florierte, durch die Alfàbia-Gebirgskette von der Hauptstadt abgeschnitten. Notgedrungen griff man auf Pferdefuhrwerke zurück, die auf steilen, engen und unbefestigten Straßen durch die Berge über den Pass Coll de Sóller zockeln mussten. An der Strecke wurden Gasthöfe eingerichtet, wo Reisende und Pferde rasten und sich stärken konnten.

Als um die Jahrhundertwende die Rufe nach einer Bahnlinie zwischen Palma und Sóller nach und nach immer lauter wurden, legten führende Unternehmer aus der Gegend verschiedene Pläne vor. Am Ende entschied man sich für eine direkte Route von Palma Richtung Norden, die über die Ebenen und durch mehrere Tunnel unter der Alfàbia-Gebirgskette hindurchführen sollte. Die Bauarbeiten begannen 1907 auf beiden Seiten der Strecke. Ein Jahr später hatte sich die Baukolonne, die in Palma gestartet war, bereits bis zu den Bergen vorgearbeitet. Insgesamt 13 Tunnel mussten auf der Strecke ausgehoben werden. Unter ihnen ist der Tunnel unter dem Sóller-Pass mit 2856 Metern der längste. Im August 1911 erreichte die Dampflok »Maria Luisa« (1891 in den Falcon-Werken im englischen Loughborough gebaut) des Bauunternehmers den Aussichtspunkt Mirador des Pujol d'En Banya. Von dort verlief die Strecke stetig abwärts bis nach Sóller: durch zahlreiche scharfe Kurven, über das Viadukt Cinc Ponts und durch den Tunnel Cinc Cents.

Eröffnet wurde die Bahnstrecke am 16. April 1912. Angetrieben wurden die Züge von drei leistungsstarken Lokomotiven der Achsfolge 1'C mit Namen »Sóller«, »Palma« und »Buñola« aus dem Hause Maquinista Terrestre y Marítima in Barcelona. Die vierte Lok namens »Son Sardina« kam 1913 aus derselben Fabrik. Das rollende Material umfasste damals zehn Waggons aus dem Werk Carde & Escoriaza im nordspanischen Saragossa. Eine knapp fünf Kilometer lange elektrische Straßenbahn mit 914 Millimetern Spurweite zwischen dem Bahnhof Sóller und Port de Sóller nahm am 4. Oktober 1913 ihren Betrieb auf (siehe Seite 45).

Vorige Seite: Ein elektrisch betriebener Zug von 1929 überquert bedächtig das Viadukt Cinc Ponts in den Bergen des nördlichen Mallorca auf der landschaftlich reizvollen Route der Ferrocarril de Sóller zwischen Palma und Port de Sóller.

1929 wurde die Bahnlinie der Ferrocarril de Sóller mit einem 1200-Volt-Gleichstrom-System elektrifiziert, bei dem der Strom aus Oberleitungen zugeführt wird. Er kommt über eine Hochspannungsleitung aus Palma nach Buñola in der Mitte der Strecke, wo er von 15 000 auf 1200 Volt transformiert wird. Carde y Escoriaza aus Saragossa lieferte für diese neue Linie vier Elektrotriebwagen und zehn Anhänger, die bis heute im Einsatz sind. Ein weiterer Transformator in Sóller reduziert die Spannung auf 500 Volt für die örtliche Straßenbahn.

Trotz einiger Schließungen hält sich noch ein weiterer Schienenweg auf Mallorca am Leben – die unlängst elektrifizierte Meterspurbahn von Palma nach Manacor. Der aktuelle Betreiber Serveis Ferroviaris de Mallorca baut die Strecke gerade bis nach Artà aus. Auch eine Erweiterung der Sa-Pobla-Zweigstrecke bis nach Alcúdia steht im Raum. Das Unternehmen managt auch die 2007 eröffnete Metro in Palma mit 85 Streckenkilometern.

Noch immer nutzt die Ferrocarril de Sóller die originalen elektrischen Triebwagen und Waggons von 1929. Die Züge verkehren das ganze Jahr über. Zwischen März und Oktober ist die Frequenz allerdings höher. Der Bahnhof von Palma, den viele für eines der schönsten Gebäude auf ganz Mallorca halten, liegt an einem Park unweit der Plaça de Espanya. Von dort fahren Züge in nördlicher Richtung durch die Ebenen nach Buñola mit Halt in den kleinen Orten Son Sardina, Apeadero de Son Reus, Apeadero de Santa Maria und Apeadero de Caubet. 14 Kilometer hinter Palma liegt im Vorland der Alfàbia-Gebirgskette das kleine Städtchen Buñola mit einem malerischen Marktplatz.

Nördlich von Buñola beginnt die Bahnlinie den Anstieg ins Alfàbia-Gebirge und durchquert dabei den Túnel Major unter dem Sóller-Pass. Danach geht es bis nach Sóller bergab. Der erste Halt ist der berühmte Aussichtspunkt Mirador des Pujol d'En Banya mit Panoramablicken über das Sóller-Tal und die Berge. Von dort verläuft die Strecke Richtung Westen und überquert das fünfbogige Viadukt Cinc Ponts. Im großen Bogen geht es dann durch den 530 Meter langen Cinc-Cents-Tunnel bei Son Angelats – den zweitlängsten der Strecke – und schließlich zur Haltestelle Can Tambor und zum Endbahnhof von Sóller. Dort befinden sich die Büros und Werkstätten der Eisenbahngesellschaft. In dem ansehnlichen Bahnhofsgebäude gibt es ein Museum mit Werken von Picasso und Joan Miró. Hier erhält man Anschluss an die Straßenbahnlinie nach Port de Sóller.

DIE STRASSENBAHN VON SÓLLER

MALLORCA, SPANIEN

SPURWEITE: 914 MILLIMETER • LÄNGE: 5 KILOMETER
ROUTE: VON SÓLLER NACH PORT DE SÓLLER

Der Bau der einspurigen elektrischen Straßenbahn von Sóller begann bald nach der Eröffnung der Bahnlinie von Palma. Am 4. Oktober 1913 nahm sie ihren Betrieb auf. Die einzige Herausforderung für die Ingenieure war auf der knapp fünf Kilometer langen Route die Brücke über den Wildbach Torrent Major. Anfangs wurden drei Triebwagen und zwei Anhänger von Carde & Escoriaza in Saragossa geliefert. Doch bald kamen offene Wagen hinzu, die man 1954 der Straßenbahn von Palma abkaufte. Darüber hinaus fahren hier fünf Triebwagen von der Straßenbahn in Lissabon, die der Spurweite angepasst wurden.

Ursprünglich nur für den Personenverkehr geplant, nutzte man die Straßenbahn bald auch für den Transport von Fisch aus Port de Sóller und von Kohle in entgegengesetzter Richtung. Die Bahn hält 14-mal zwischen Sóller und der Endstation La Payesa. Nach dem ersten Halt in Mercat fährt sie durch Obstplantagen und Gärten nach Ca'n Guida, wo es ein Ausweichgleis gibt. Als Nächstes kommt die Station Ca'n Reus am gleichnamigen Lokal, gefolgt von L'Horta, Monument, Can Llimó, Can Ahir, Roca Roja und Es Control. Letztere diente vor dem Spanischen Bürgerkrieg als Checkpoint, um den Schmuggel zu unterbinden. Als der Hafen später als Militärbasis genutzt wurde, richtete man hier einen Sicherheitsposten ein. Heute steigt man hier aus, um nach Muleta, Deià oder zum Leuchtturm zu wandern.

In Sa Torre erreicht die Straßenbahn die Küste und umrundet nun den Hafen entlang der Strandpromenade. Vorbei an den Haltepunkten S'Espléndido, Las Palmeras, S'Eden und Can Generós gelangt sie zur vorletzten Station Marysol, der ursprünglichen Endhaltestelle. Das gleichnamige Hotel wurde im Bürgerkrieg als Unterkunft für italienische U-Boot-Offiziere beschlagnahmt, die am nahegelegenen Dock stationiert waren. Heute beherbergt es ein Restaurant.

Unweit des Eingangs zur Militärbasis befindet sich die aktuelle Endstation der Straßenbahnlinie. Bis 1975 führte sie bis in den Stützpunkt hinein und wurde ausschließlich von Marineangehörigen genutzt. Vor dem Bürgerkrieg fuhren die Bahnen sogar noch weiter am Hafen entlang und transportierten Orangen, Zitronen und Textilien aus lokaler Herstellung und Passagiere, die sich in Port de Sóller nach Marseille und zu anderen Mittelmeerhäfen einschifften.

Die alte Straßenbahn von Sóller hält sich auf ihrem knapp fünf Kilometer langen Weg zwischen Bahnhof und Hafen dicht an der Strandmauer.

DAS DOURO-TAL

PORTUGAL

SPURWEITE: 1668 MILLIMETER • **LÄNGE:** 162 KILOMETER • **ROUTE:** VON ERMESINDE NACH POCINHO

Durch das landschaftlich wunderschöne Douro-Tal, aus dem der Portwein stammt, zieht sich eine Breitspureisenbahnstrecke mit atemberaubenden Aussichten über das Flusstal mit seinen steil ansteigenden Weinbergen. Sie beginnt in Porto und führte einst bis nach Spanien. Jedoch wurde das spanische Anschlussstück 1985 stillgelegt.

SPANIEN
PORTUGAL
ATLANTIK
Bucu
Cangas
Moaña
Redondela
Vigo
Parque Nacional de las Islas Atlánticas de Galicia
Reguengo
Nigrán
Baiona
Gondomar
Galiñeiro 709
O Porriño
Ponteareas (Puenteareas)
Oitavén
Serra do Suído
Avión 1153
O RIBEIRO
Ourense (Orense)
Arnoia
Meda 1316
Serra do San Mamede
Cabeza de Manzaneda 1778
Alto de Covelo 1052
Xares
Serra do Eixe
Moncalvo 2044
SANABRIA
Alto do Canizo 1067
1360
Portilla del Padornelo
Xinzo de Limia
Limia
A LIMIA
Tui
Valença
Minho
O Seixo
A Guarda (La Guardia)
637
1373
Serra da Peneda
Pedrada 1415
Serra do Larouco
Verín
Mairos 1091
1272
Bragança
Serra do Gerês
Homem
Parque Nacional da Peneda Gerês
549
Ponte de Lima
721
Serra
Viana do Castelo
MINHO
Vila Verde
Neiva
Cávado
Póvoa de Lanhoso
1261
Chaves
TRÁS-OS-
Rabaçal
Tuela
1318
Serra de Nogueira
Valpaços
Alto Duoro Wine Region
Macedo de Cavaleiros
1146
Tâmega
Esposende
Barcelos
Braga
Ave
Vila Pouca de Aguiar
Tinhela
Tua
Mirandela
1200
Vila Nova de Famalicão
Guimarães
Fafe
Murça
Póvoa de Varzim
Vila do Conde
Celorico de Basto
1315
Serra de Alvão
Corgo
Trofa
Santo Tirso
Vila Flor
Mogadouro
Lousada
Vila Real
Maia
Alfena
Amarante
Marão 1415
Sabor
Matosinhos
Valongo
Paredes
Penafiel
Serra do Marão
862
Peso da Régua
Torre de Moncorvo
885
Porto (Oporto)
Vila Nova de Gaia
Gondomar
Sousa
DOURO
Douro
Lamego
Freixo de Espada à Cinta
Duero
Vila Nova de Foz Coa
Espinho
Serra de Montemuro 1382
Távora
988
Teja
Meda
Águeda
Figueira de Castelo Rodrigo
Arouca
Santa Maria da Feira
São João da Madeira
1077
Serra de Arada
Chãs 1119
Paiva
Ovar
Oliveira de Azeméis
Pinhel
Côa
Estarreja
São Pedro do Sul
Vouga
Ria de Aveiro
Albergaria-a-Velha
BEIRA ALTA
Dão
Aveiro
Gafanha da Nazaré
Viseu
Pavia
Ílhavo
Mangualde
939
Vagos
Águeda
Caramulo 1075
Serra do Caramulo
Nelas
Mondego
Guarda
Tondela
Serra da Estrela
Gouveia
Mira
Seia
Manteigas
Mealhada
Santa Comba Dão
Oliveira do Hospital
Belmonte
Zêzere
Sabugal
Cantanhede
Torre 1993
Covilhã
Serra de Malcata
Mezas 1265
535
Alva
1340
Pedras Lavradas 1340
Coimbra
Figueira da Foz
Fundão
Santa Olalla 735
Ceira
Serra de Guardunha
Condeixa-a-Nova
Miranda do Corvo
Lousã
Alto do Trevim 1205
758
Serra da Lousã
Zêzere
Pombal
Idanha-a-Nova

Mit 897 Kilometern ist der Douro der drittlängste Fluss auf der Iberischen Halbinsel. Von seiner Quelle in der nordspanischen Provinz Soria fließt er Richtung Westen nach Portugal und mündet in Porto in den Atlantik. Über 112 Kilometer bildet er die spanisch-portugiesische Grenze. In Portugal gedeihen im Douro-Tal Mandeln und Oliven, bekannter aber sind die Trauben, die an den steilen Hängen des Tals heranreifen und für die Portweinherstellung genutzt werden. Die Gegend um Pinhão und São João da Pesqueira ist das Zentrum der Portweinindustrie. Sie wurde von der Unesco zum Weltkulturerbe erklärt.

Jahrhundertelang diente der Fluss als Haupttransportweg für die Weinbauer, doch nach dem Zweiten Weltkrieg wurden allein fünf Dämme für die Erzeugung von Wasserkraft gebaut. Schiffe verkehren nach wie vor auf dem Fluss, müssen jetzt allerdings fünf Schleusen passieren und dürfen daher eine bestimmte Größe nicht überschreiten.

Portugals erste Eisenbahnlinie eröffnete 1856 zwischen Lissabon und Carregado. Als dann 1877 die spektakuläre schmiedeeiserne Brücke von Gustave Eiffel über den Douro fertig wurde, erreichte die Route auch Porto. Zunächst hatten die portugiesischen Bahnlinien die Standardspurbreite von 1435 Millimetern, aber gegen Ende der 1860er Jahre wurden sie umgespurt, um mit dem spanischen Maß von 1668 Millimetern kompatibel zu sein. In Portugals ländlichen Gebieten hat es sogar einmal ein ausgedehntes Meterspurnetz gegeben. Der Großteil ist allerdings inzwischen stillgelegt worden.

In der Zwischenzeit war 1868 auch die Bahnlinie vom nordportugiesischen Viana do Castelo in Porto angekommen. Die ersten 30 Kilometer bis nach Penafiel wurden am 29. Juli 1875 eröffnet, im Juli 1879 hatten die Gleise bereits das Tal des Tâmega (Nebenfluss des Douro) überquert. Das nördliche Ufer des Douro erreichte die Linie im September 1878. Von dort verlief sie in östlicher Richtung am Flussufer entlang, an einer Reihe spektakulärer Felsvorsprünge vorbei und durch mehrere Tunnel, bis sie im Juli 1879 in Peso da Régua eintraf. Die einst von Römern besiedelte Stadt gewann ab 1836 zunehmend an Bedeutung, als die Erzeugnisse von den Weingütern des Douro-Tals als Qualitätsmarke für den Export entdeckt wurden.

Von Peso da Régua arbeiteten sich die Eisenbahnbauer an der Nordseite des sich verengenden Douro-Tals weiter vor, bis sie im Juni 1880 Pinhão erreichten, im September 1883 Tua und im Januar 1887 Pocinho. Zwischen Tua und Pocinho führt ein imposantes Viadukt ans Südufer des Flusses. Die letzten 27 Kilometer bis zur spanischen Grenze in der Nähe von Barca D'Alva wurden im Dezember 1887 fertiggestellt. Damit war der Weg frei für Züge aus und nach Salamanca über La Fuente de San Esteban.

Der internationale Eisenbahnverkehr zwischen den beiden Ländern verlief bis 1985 durch das Douro-Tal. Dann legte die spanische Staatsbahn RENFE den Anschluss von La Fuente de San Esteban zur portugiesischen Grenze still. Nun endete die Bahnlinie in Barca d'Alva, wurde 1988 aber weiter verkürzt, sodass ihr gegenwärtiger Endbahnhof Pocinho ist.

Bis in die späten 1960er Jahre hinein fuhren Dampflokomotiven durch das Douro-Tal, die dann von einer neuen Flotte dieselelektrischer Lokomotiven ersetzt wurden. Die ersten zehn der Serie 1400 Bo-Bo aus der Vulcan Foundry von English Electric im britischen Lancashire sind noch heute im Einsatz. Weitere 57 Maschinen wurden in Portugal hergestellt.

Eine Zugreise durch das Douro-Tal verwöhnt die Fahrgäste mit sensationellen Aussichten auf das von Weinbergen gerahmte Flusstal.

Heute werden die Züge von modernen Diesellokomotiven gezogen. Sie starten am eindrucksvollen Bahnhof São Bento in Porto, der 1916 eröffnet wurde und mit großen Fliesenbildern, sogenannten Azulejos, geschmückt ist, die Landschaften und historische Ereignisse darstellen. Es gibt täglich fünf Hin- und Rückfahrten von bzw. nach Pocinho, die Fahrzeit für eine Strecke liegt zwischen drei Stunden, 45 Minuten und drei Stunden, 53 Minuten.

Von Ende Juni bis Mitte Oktober verkehrt samstags ein Touristenzug mit fünf historischen Holzwaggons zwischen Peso da Régua und Tua. Eine restaurierte Dampflok vom Typ 1'D2't von Henschel aus dem Jahr 1925 führt den Zug an, der auch in Pinhão hält. Dort können die Fahrgäste das preisgekrönte Weinhaus besuchen und die 25 weiß-blauen Azulejos im Bahnhofsgebäude bewundern.

***Vorige Seite:** Ein historischer Dampfzug überquert eines der zahlreichen imposanten Viadukte an der portugiesischen Linha do Douro.*

***Rechts:** Unweit von Tua fährt ein einzelner Dieseltriebwagen auf einer steilen Hangstrecke im Douro-Tal.*

***Folgende Seiten:** Eine Zeitreise ins Dampfzeitalter – die Lok Nr. 284 mit der Achsfolge 2'C überquert das eindrucksvolle Viadukt über den Douro bei Ferradosa. Sie zieht einen langen Güterzug von Barca d'Alva und Pocinho nach Porto.*

DIE JUNGFRAUBAHN

SCHWEIZ

SPURWEITE: 1000 MILLIMETER • **LÄNGE:** 9,3 KILOMETER • **ROUTE:** VON DER KLEINEN SCHEIDEGG ZUM JUNGFRAUJOCH

Die Jungfraubahn geht auf eine Idee des Industriellen Adolf Guyer-Zeller zurück. Seit ihrer Fertigstellung 1912 ist sie Europas höchstgelegene Eisenbahn. Der Großteil der Strecke führt durch einen Tunnel. Doch an der Gipfelstation werden die Fahrgäste mit faszinierenden Aussichten auf die Berner Alpen und den Aletschgletscher verzaubert.

LUZERN
SCHWYZ
SCHWEIZ
NIDWALDEN
OBWALDEN
URI
BERNER ALPEN
BERNESE ALPS
VALAIS
TICINO
VERBANO-CUSIO OSSOLA
ITALIEN
Alpi Lepontine
EMMENTAL
MITTELLAND
Menznau
Wolhusen
Burgdorf
Eriswil
Littau
Luzern (Lucerne)
Kriens
Horw
Arth
Rigi
Vierwaldstätter See
Gersau
Brunnen
Urtenen
Münchenbuchsee
Bolligen
Ostermundigen
Muri
Worb
Hasle
Sumiswald
Emme
Napf
1408
Entlebuch
Hergiswil
2122
Pilatus
Schüpfheim
Langnau
Signau
Schlosswil
Escholzmatt
Stans
Alpnach
Bauen
Sarnen
Kerns
Sarner See
Flühli
2040
Belp
Münsingen
Eggiwil
Marbach
Sachseln
2593
Uri-Rotstock
2928
Giswil
Engelberg
2676
Hohgant
2197
2350
Brienzer Rothorn
Lungern
3239
Titlis
Uetendorf
Steffisburg
Wattenwil
Thun
Brienz
Oberhofen
Gadmen
Thuner See
Brienzer See
Meiringen
Innertkirchen
Stockhorn
2190
Spiez
Wimmis
Schwarzhorn
Bönigen
Interlaken
2928
Aare
Guttannen
Dammastock
3630
Andermatt
Grindelwald
Reichenbach
Kleine Scheidegg
Eiger
3970
Wengen
Frutigen
Mürren
Mönch
4099
4158
Jungfrau
Finsteraarhorn
4274
Gletsch
Oberwald
Pizzo Rotondo
3192
Airolo
Männlifluh
2652
Kander
Kandersteg
Blümlisalp
3664
Adelboden
Münster
Reckingen
Aletschhorn
4195
GOMS
Ticino
3709
Balmhorn
Kippel
Bietschhorn
3934
Blinnenhorn
3374
Basodino
3273
Fiesch
Rhône
Leukerbad
Mörel
Formazza
Lago Codelago
Bignasco
Montana
Leuk
Raron
Naters
Ried
Brig
Sierre
Visp
Lago Agaro
Toce
Devero
Cevio
Chippis
Chalais
Monte Leone
3553
Premia
Baceno
2322
Stalden
Vissoie
Crodo
Varzo
Val Dossola
Simplon
Diveria
St Niklaus
Saastal
Val d'Hérens
Weissmies
4023
Masera
Sta Maria Maggiore
Evolène
Saas Fee
Saas Grund
Domodossola
Bognanco
Trontano
Malesco
Weisshorn
4505
Mattertal
Mischabel
Villadossola
Parco Nazionale della Val Grande
Falmenta
Täsch
Ovesca
Dent Blanche
4357
Zermatt
Piedimulera
Pieve
Premosello

Eindrucksvoll ragen die Gipfel Eiger (3970 Meter), Mönch (4107 Meter) und Jungfrau (4158 Meter) aus dem imposanten Gebirgskamm der Berner Alpen empor. Alle drei wurden erstmals im 19. Jahrhundert bestiegen. Zwischen Mönch und Jungfrau liegt das Jungfraujoch, ein Pass am niedrigsten Punkt der Bergkette, der nur von erfahrenen Bergsteigern erklommen werden kann – und von der Jungfraubahn.

Vorschläge zum Bau einer Bergbahn zur Jungfrau hatte es schon vorher gegeben, doch erst 1894 stellte der wohlhabende Schweizer Industrielle und Ingenieur Adolf Guyer-Zeller eine machbare Lösung vor. Sein ehrgeiziger Plan sah den Bau einer elektrischen Zahnradbahn vor, die zu 80 Prozent durch einen Tunnel unter dem Mönch und dem Eiger führen und auf dem Gipfel der Jungfrau enden sollte. Zur Finanzierung gründete Guyer-Zeller die Guyerzeller Bank AG.

Inzwischen hatte 1893 die 800-Millimeter-spurige Wengernalp-Zahnradbahn von Lauterbrunnen nach Grindelwald über die Kleine Scheidegg ihren Betrieb aufgenommen. Ursprünglich dampfbetrieben, wurde die 19 Kilometer lange Linie – die längste Zahnradbahn der Welt – 1909 elektrifiziert. Die Kleine Scheidegg ist ein Hochgebirgspass unterhalb des Eigers auf 2067 Metern Höhe. Dort begannen 1896 die Bauarbeiten für die Jungfraubahn. Elektrifiziert werden sollte die meterspurige Linie mit Drehstrom, zugeführt von zwei getrennten Oberleitungen und einer Schiene. Um die Steigungen von bis zu 1:4 zu bewältigen, wurde das Zahnstangensystem Strub installiert: Ein Antriebszahnrad unter der Lokomotive greift in eine auf den Schwellen zwischen den Schienen befestigte Zahnstange, in die die Zähne eingefräst sind. Zusätzlich zu dieser Sicherheitsfunktion ermöglicht das Drehstromsystem die Nutzbremsung, bei der die zurückgewonnene Energie wieder in das System eingespeist wird. Die Elektrizität für den Bahnbetrieb wird im Wasserkraftwerk Lütschental erzeugt, das Guyer-Zeller in der Nähe der Kleinen Scheidegg bauen ließ.

1898 fuhr die Bahn bereits bis zur Station Eigergletscher am Fuße des Eigers. Nun begann der Tunneldurchbruch mittels Dynamit. Er wurde jedoch immer wieder von Unfällen, Explosionen, tödlichen Arbeitsunfällen, Streiks und schlechtem Wetter gestört. Im April 1899 starb Adolf Guyer-Zeller. Dennoch

Vorige Seite: Die Talstation der Jungfraubahn an der Kleinen Scheidegg erscheint geradezu zwergenhaft vor der Kulisse von Mönch und Eiger.

Ein elektrisch angetriebener Zug mit zwei Wagen startet von der Kleinen Scheidegg zum ersten Abschnitt seiner Steilfahrt zum Bahnhof Jungfraujoch.

Unterhalb des Eigers liegt der Bahnhof Kleine Scheidegg, die Talstation der Jungfraubahn. Sie wird auch von Zügen der Wengernalpbahn aus Grindelwald und Lauterbrunnen angefahren.

gingen die Arbeiten weiter – wenn auch mühsam. Im August 1899 eröffnete die Übergangsstation Rotstock, gefolgt von den Aussichtsplattformen an den Stationen Eigerwand (1903) und Eismeer (1905). Bei einem schweren Sprengstoffunfall an der Haltestelle Eismeer im Jahr 1908 kamen mehrere Arbeiter ums Leben.

Endlich, nach 16 Jahren Bauzeit, wurde der Tunnel zum Bahnhof Jungfraujoch 1912 eröffnet. Auf 3454 Metern über dem Meeresspiegel gelegen, war und ist er die höchstgelegene Bahnstation Europas. Guyer-Zellers Ziel, die Endstation auf dem Gipfel der Jungfrau zu errichten, wurde nach seinem Tode still und leise fallen gelassen.

Als die Bahnstrecke zum Jungfraujoch in Betrieb war, folgten weitere Erschließungsprojekte: 1924 eröffnete das »Berghaus« mit Restaurant, 1931 eine Forschungsstation und 1937 das Sphinx-Observatorium. In jüngerer Zeit entstanden in der Nähe des Bahnhofs eine Richtfunkstation sowie ein Restaurant- und Ausstellungszentrum.

Wer mit Europas höchstgelegener Bahnlinie aufs Jungfraujoch fährt, kommt in den Genuss sensationeller Aussichten auf die östlichen Berner Alpen und den Aletschgletscher, der als Teil des Gebiets Schweizer Alpen Jungfrau-Aletsch 2001 zum ersten alpinen Unesco-Weltnaturerbe gekürt wurde.

Die Züge zum Jungfraujoch fahren vom Bahnhof Kleine Scheidegg ab, der von Grindelwald und Lauterbrunnen mit der Wengernalpbahn zu erreichen ist. Die gesamte Fahrt mit der Jungfraubahn zur Bergstation dauert etwa 50 Minuten. Damit der offene Abschnitt im unteren Bereich im Winter funktionstüchtig bleibt, werden Schneeschleudern eingesetzt. Nach dem Halt an der Station Eigergletscher, wo sich die Werkstatt der Bahn befindet, klettern die Züge steil bergauf in den Tunnel bis zur Station Eigerwand. Dort können die Fahrgäste aussteigen und die unglaubliche Landschaft von der verglasten Aussichtsplattform aus bestaunen, die 1975 als Drehort für den Action-Film *Im Auftrag des Drachen* mit Clint Eastwood diente. Dann setzen die Bahnen ihre Steilfahrt durch den Tunnel fort zu einer weiteren verglasten Aussichtsplattform an der Station Eismeer. Das letzte Stück zum Jungfraujoch ist weniger steil. Bis 1951 wurde es ausschließlich im Adhäsionsbetrieb befahren, bevor das Zahnstangensystem erweitert wurde.

Eine Reihe von Tunneln und ein Lift verbinden die Station mit den Touristenattraktionen am Jungfraujoch – dem Sphinx-Observatorium, dem »Top-of-Europe«-Komplex, dem Eispalast und dem Erlebnisrundgang »Alpine Sensation«.

***Folgende Seiten:** Europas höchstgelegener Bahnhof wurde am 1. August (dem Schweizer Nationalfeiertag) 1912 eröffnet. Bei jedem Wetter bringt die Jungfraubahn ihre Fahrgäste durch eine atemberaubende Landschaft auf 3454 Meter Höhe.*

ALBULABAHN

SCHWEIZ

SPURWEITE: 1000 MILLIMETER • **LÄNGE:** 88 KILOMETER • **ROUTE:** VON CHUR NACH ST. MORITZ

Ein Meisterwerk der Eisenbahntechnik – die elektrifizierte Meterspurstrecke von Chur nach St. Moritz gehört zweifellos zu den spektakulärsten Bahnlinien der Welt. Mit ihren zahlreichen Wendetunneln und hohen Viadukten gräbt sich die Trasse in einem 5864 Meter langen Tunnel unter dem Albulapass hindurch.

DEUTSCHLAND
ÖSTERREICH
LIECHTENSTEIN
SCHWEIZ
ITALIEN
A L P S
Friedrichshafen
Bodensee
(Lake Constance)
Kreuzlingen
Seerücken
670
Argen
1243
Frauenfeld
Bülach
Winterthur
Arbon
Bregenz
Rorschach
Wil
Gossau
St Gallen
Dornbirn
Zürich
Herisau
1251
Uster
Schnebelhorn
1293
Appenzell
Meilen
Zürichsee
Oberjochpass
1180
Riedbergerhorn
1786
Nebelhorn
2224
Hoher Ifen
2230
Kanisfluh
2044
Allgäuer Alpen
Lech
Muttekopf
2777
Säntis
2503
Feldkirch
2403
Lechtaler Alpen
Parseierspitze
3036
Zug
Speer
1950
Galinakopf
2198
Bludenz
VADUZ
2343
Einsiedeln
Fundusfeile
3079
Schwyz
Glarus
Spitzmeilen
2501
Schesaplana
2965
Rhätikon
2769
Madererspitze
Verwallgruppe
3035
Hexenkopf
Rigi
Drusberg
2282
2802
2515
Pizol
2844
Landquart
Madrisahorn
2826
Inn
Altdorf
Ringelspitz
3247
Fluchthorn
3399
Rotstock
2928
Hausstock
3158
Hochwang
2533
Silvrettahorn
3244
Piz Buin
3312
Silvretta Gruppe
Passo di Resia
1507
Ötztaler Alpen
Weißkugel
(Palla Bianca)
3738
Todi
3614
Glarner Alpen
Chur
Davos
Oberalpstock
3328
Piz Pisoc
3174
Vorderrhein
Albula
Piz Medel
3210
3121
Parc Naziunal Svizzer
3154
Adige
Piz Ela
3339
Piz Kesch
3418
Piz d'Anarosa
3000
Val Venosta
Alpi Lepontine
Albula Alpen
Cima Vertona
3544
Adula
Rheinwaldhorn
3402
Gruppe
Hinterrhein
Piz Platta
3392
St Moritz
Spöl
Ortles
3905
Gioveretto
3439
Monte Cevedale
3757
Ticino
Campo Tencia
3072
Valle Leventina
Corno di Campo
3234
Cima de' Piazzi
3439
Parco Nazionale dello Stelvio
Monte Zucchero
2736
Piz Duan
3131
Piz Bernina
4049
3996
Piz Varuna
3453
Roasco
Corno dei Tre Signori
3360
Moesa
2505
Mera
Monte Disgrazia
3678
Monte Combolo
2900
2322
Maggia
Sasso della Paglia
2593
Mallero
Cima Presanella
3558
Bellinzona
Locarno
1962
Adda
Sondrio
Colico
Adamello
3539
Monte Legnone
2609
Pizzo di Coca
3050
Alpi Orobie
Oglio
Poia
Lugano
Lago di Lugano
Lago di Como
Lago Maggiore
Tresa
Grigna
2409
Pizzo Arera
2512
Pizzo della Presolana
2521
Val Camonica
Valli Giudicarie
Chiese
Lago di Lecco
1226
Lecco
Varese
Como
Seveso
Serio
Mella
Monte Bronzone
1334
Bergamo
Adda
Cherio
Milano
(Malpensa)
Monza
Crespi d'Adda
Chiese
Canale Villoresi
Ticino
Brescia
Lago di Garda

Seinen ersten Eisenbahnanschluss verdankte Chur – der Hauptort des Kantons Graubünden im Südosten der Schweiz – den Vereinigten Schweizerbahnen (VSB). Sie eröffneten 1858 eine Standardspurstrecke von Rorschach am Südufer des Bodensees, die durchs obere Rheintal, über Landquart bis nach Chur führte. Danach dauerte es fast 40 Jahre, bis man eine Bahnlinie durch die Gebirgsregion des Kantons baute, das daraufhin zum beliebten Reiseziel für gut betuchte Europäer avancierte. Die erste Eisenbahn, die die natürlichen Hindernisse überwand, war die anfangs noch dampfbetriebene meterspurige Linie von Landquart nach Davos, die mit ihrer Eröffnung 1890 das Landquart-Tal erschloss und über Klosters bis nach Davos verlief. Sie war sofort überaus erfolgreich, indem sie beide Städte in ganzjährig gefragte Touristenziele verwandelte. 1895 änderte sie ihren Namen in Rhätische Bahn und wurde zwei Jahre später zur bündnerischen Staatsbahn.

Der Erfolg der neuen Eisenbahnlinie nach Davos führte dazu, dass bald neue Pläne für eine Route zwischen Chur und dem aufstrebenden Wintersportort St. Moritz im Süden des Kantons geschmiedet wurden. St. Moritz konnte noch Ende des 19. Jahrhunderts nur mittels langer und strapaziöser Kutschfahrten erreicht werden. Zwischen Chur und St. Moritz lagen tiefe Täler und die Albula-Alpen mit ihren 16 Dreitausendern. Der höchste Berg ist der Piz Kesch mit 3418 Metern.

Nachdem die Schweizer Regierung mehrere Varianten für Schmal- und Standardspurstrecken erwogen hatte, entschied sie sich schließlich für eine Meterspurlinie von Thusis durch das Albulatal und die Albula-Alpen nach St. Moritz. Das erste Teilstück wurde bereits 1896 eröffnet und verlief von Landquart, dem Hauptsitz der Rhätischen Bahn, nach Chur und dann in südlicher Richtung durch das Hinterrheintal nach Thusis. 1898 begannen die Bauarbeiten an der neuen Bahnstrecke. Da man Dampflokomotiven einsetzen würde, durften die Steigungen maximal 1:35 betragen. Um diesen Grenzwert einzuhalten, planten die ehrgeizigen Eisenbahnkonstrukteure mehrere Wende- und Spiraltunnel sowie zahlreiche Viadukte.

Die technisch grandiose eingleisige Strecke zwischen Thusis und Celerina, einem Nachbardorf von St. Moritz, nahm 1903 ihren Betrieb auf. Der letzte Teilabschnitt zu dem berühmten Skiort folgte ein Jahr später. Auf 62 Kilometern überwindet die Albulabahn insgesamt über 1000 Höhenmeter und gräbt sich durch 39 Tunnel, darunter den 5864 Meter langen Albulatunnel und den 662 Meter langen Rugnux-Kreiskehrtunnel. Sie überquert 55 Brücken und Viadukte, von denen das 65 Meter hohe, geschwungene Landwasser-Viadukt das mit Abstand berühmteste ist.

Die Albulabahn war ein Riesenerfolg. Als im Ersten Weltkrieg die Kohle knapp wurde, jedoch günstiger Strom aus Wasserkraft zur Verfügung stand, wurde sie 1919 mit Freileitungen versehen und elektrifiziert. 1930 wurde für den Sommerbetrieb der »Glacier-Express« zwischen Zermatt und St. Moritz eingesetzt, der auch die Albulabahn befährt. Nach dem Zweiten Weltkrieg ging der »Bernina-Express« zwischen Chur und St. Moritz in Betrieb und wurde später ins norditalienische Tirano über die Berninabahn verlängert.

Zwischen 1921 und den frühen 1980er Jahren verkehrten auf der Albulalinie hauptsächlich »Krokodil«-Elektrolokomotiven. Offiziell wurden sie dann aus dem Verkehr gezogen. Zwei Exemplare dürfen aber gelegentlich noch Sonderzüge über die Strecke ziehen.

Die Albulabahn und die Berninabahn, beide im Besitz der Rhätischen Bahn, wurden 2008 in die Unesco-Welterbeliste aufgenommen.

Neben dem »Bernina-Express«, dem »Glacier-Express« und den regelmäßigen Personenzügen, die das ganze Jahr über zwischen Chur und St. Moritz unterwegs sind, wird die Albulabahn auch vom Güterverkehr genutzt. Zwischen Thusis und Samedan in der Nähe von St. Moritz verkehren sogar Autoreisezüge. 1986 erhielt der beliebte »Glacier-Express« verglaste Panoramawagen.

Die Züge starten am Bahnhof Thusis, überqueren den Hinterrhein und fahren ostwärts durch das Albulatal. Nach dem ersten Halt in Sils im Domleschg geht es auf einer Strecke von nur sechseinhalb Kilometern durch neun Tunnel bis nach Solis. Von dort fahren sie durch ein enges, steilwandiges Tal und passieren das Soliser Viadukt nebst vier weiteren Tunneln, bis sie den Bahnhof Tiefencastel erreichen. Es folgen Haltestellen in den Dörfern Surava und Alvaneu. Weiter geht es Richtung Osten und auf einer äußerst spektakulären Fahrt über das 35 Meter hohe Schmittentobel-Viadukt, das gebogene, 65 Meter hohe Landwasser-Viadukt und durch zwei weitere Tunnel bis nach Filisur, wo die Züge auf die elektrifizierte Meterspurlinie nach Davos treffen.

Nach dem Halt in Filisur wendet sich die Bahn Richtung Südosten und durchfährt sage und schreibe 13 Tunnel, darunter ei-

Vorige Seite: *Geschmückt mit dem Schriftzug der Swisscom überquert die Ge 4/4 III Nr. 646 das Soliser Viadukt am 5. September 2004. Im Schlepptau hat sie einen Expresszug von Chur nach St. Moritz.*

Herbst in den Alpen – ein Personenzug auf der meterspurigen Albulabahn kommt auf seiner Fahrt zwischen Chur und St. Moritz am Dörfchen Bergün vorbei.

nen Kreiskehrtunnel. Schließlich erreicht sie den Bahnhof Bergün auf 1372 Metern Höhe. Die nun folgenden sechseinhalb Kilometer bis nach Preda sind noch spektakulärer: Die Bahn fährt durch zehn Tunnel, darunter drei Spiraltunnel, und über sieben Viadukte. Hinter Preda verschwindet sie in dem 5865 Meter langen Albulatunnel unter dem Albulapass und erreicht den höchsten Punkt der Strecke in 1815 Metern Höhe, bis sie in Spinas wieder auftaucht. Danach beginnt sie mit dem Abstieg nach Bever, wo sie der Engadinerbahn begegnet, die aus dem östlich gelegenen Scuol kommt. Sie setzt ihre Reise fort nach Samedan, wo eine Strecke nach Pontresina und zur Berninabahn nach Tirano abzweigt.

Von Samedan begeben sich die Züge in südwestlicher Richtung auf ihre letzte Etappe durch Celerina und zwei weitere Tunnel, bevor sie ihre atemberaubende Fahrt in St. Moritz beenden. Der Kurort hat sich seit den Anfängen in den 1860er Jahren dank des Anschlusses an das Eisenbahnnetz zu Beginn des 20. Jahrhunderts zu einem der beliebtesten (und teuersten) Wintersportzentren der Welt entwickelt.

***Folgende Seiten:** Auf der »Glacier-Express«-Route fährt die Albulabahn über das imposante Landwasser-Viadukt, das zwischen Schmitten und Filisur in einem großen Bogen auf 65 Metern Höhe das Landwasser überspannt.*

LE PETIT TRAIN JAUNE/ LIGNE DE CERDAGNE

FRANKREICH

SPURWEITE: 1000 MILLIMETER • **LÄNGE:** 63 KILOMETER • **ROUTE:** VON VILLEFRANCHE-DE-CONFLENT NACH LATOUR-DE-CAROL

Die strahlend gelben Züge der elektrisch betriebenen Schmalspurbahn nehmen ihre Fahrgäste mit auf eine traumhaft schöne Reise durch das steile und waldreiche Tal der Têt in die französischen Pyrenäen hinauf. Die 1927 eröffnete Strecke führt teilweise dicht an der spanischen Grenze entlang und besitzt Frankreichs höchstgelegenen Bahnhof.

FRANKREICH
SPANIEN
ANDORRA
PYRENÉES
LANGUEDOC
MINERVOIS
RAZÈS
CORBIÈRES
Pays de Sault
ROUSSILLON
CERDANYA
RIPOLLES
ALT AMPORDÀ
BERGUEDA
BAGES
SELVA
GARRA
Golfe du Lion
Côte Vermeille
Costa Brava
Golf de Roses
Muret
Revel
Mazamet
Pézenas
Auterive
Castelnaudary
Béziers
Sérignan
Coursan
Narbonne
Carcassonne
Trèbes
Lézignan-Corbières
Pamiers
Limoux
Foix
Lavelanet
Durban-Corbières
Rivesaltes
Bompas
St-Estève
Perpignan
Canet-en-Roussillon
Ille-sur-Têt
Thuir
Prades
Villefranche-de-Conflent
St-Cyprien
Elne
Argelès-sur-Mer
Port-Vendres
Céret
Cap Cerbère
Latour-de-Carol
Puigcerdà
Encamp
Les Escaldes
ANDORRA LA VELLA
Sant Julià de Lòria
La Seu d'Urgell (Seo de Urgell)
Túnel de Cadí
Figueres
Roses
Olot
Ripoll
Berga
Gironella
Torello
Manlleu
Vic (Vich)
Banyoles (Bañolas)
Torroella de Montgrí
Salt
Girona (Gerona)
Palafrugell
Palamós
Sant Feliu de Guíxols
Lloret de Mar
Blanes
Malgrat de Mar
Pineda de Mar
Calella
Arenys de Mar
Mataró
Sant Celoni
Granollers
Barriada Nueva
Parets del Vallès
Manresa
Igualada
Olesa de Montserrat
Terrassa (Tarrasa)
Sabadell
Cerdanyola del Vallès
Rubí
Santa Coloma de Gramanet
Badalona
Barcelona
L'Hospitalet de Llobregat
Sant Boi de Llobregat
Cornellà de Llobregat
Montagne Noire
Monts du Minervois
Pic de Nore 1211
Puy de Faucher 415
Canal du Midi
Chaîne du Plantaurel
Massif de l'Arize
Pic des Trois Seigneurs 2199
Pic de St-Barthélemy 2348
Pic de Bugarach 1230
924
Pic Rouge de Bassiès 2676
Pique d'Endron 2472
Pic d'Estats 3141
Pic du Port 2903
Pic de Serrère 2912
Pic de Coma Pedrosa 2946
Pic de Salòria 2789
2701
Pic Pédrous 2842
Pic Carlit 2921
Puig Pedrós 2911
Col de Jau 1513
Pic de Madres 2469
Pic du Canigou 2784
Pic du Géant 2882
Puigmal 2910
Pic Neulós 1256
Roc de France 1450
Puig de Comanegra 1558
Taga 2039
Torre de Cadí 2567
Serra del Cadí
Puig de les Morreres 2214
Cap Llitzet 2307
Pinós 930
Puig Rodó 1056
Sant Benet 1144
Puig d'Arques 531
Matagalls 1697
Les Agudes 1706
Serrat de les Pedres 954
Montnegre de Llevant 757
Tossal de Suró 668
753
Garonne
Arize
Lèze
Ariège
Hers
Aude
Orbieu
Berre
Agly
Têt
Tech
Rébenty
Arac
Aston
Vicdessos
Valira
Segre
Lavansa
Ribera Salada
Cardoner
El Llobregat
El Ter
El Fluvià
El Daró
La Muga
Manol
El Congost
Riera de Rajadell
L'Anoia
El Gaià
Foix
SPANIEN

In Nordkatalonien, im äußersten Südwesten Frankreichs, liegt an den Ausläufern der östlichen Pyrenäen das mittelalterliche Dorf Villefranche-de-Conflent, 440 Meter über dem Meeresspiegel. Die in den Pyrenäen entspringende Têt fließt in nordwestlicher Richtung am Ort vorbei und mündet nach 116 Kilometern westlich von Perpignan ins Mittelmeer. Auch eine von der SNCF betriebene Normalspurbahnlinie verbindet Villefranche-de-Conflent mit Perpignan.

Gegen Ende des 19. Jahrhunderts hatte der aufkommende Tourismus in ganz Europa zahlreiche Schienenwege durch wunderschöne Berglandschaften entstehen lassen – von der Schweiz bis Nord-Wales. Zu dieser Zeit reifte auch die Idee heran, eine Eisenbahnlinie von Villefranche-de-Conflent durch die Cerdagne in die Pyrenäen zu bauen. Die Arbeiten an der Meterspurbahn begannen 1903. Angetrieben wurde sie, was damals unüblich war, mit Strom aus kleinen Wasserkraftwerken an der Têt. Die 850 Volt Gleichstrom werden über eine mitlaufende Seitenstromschiene zugeführt und von den am Zug montierten Schleifschuhen aufgenommen.

Der Bau der Strecke durch das stark ansteigende, steilwandige Tal der Têt ging nur langsam voran und war mit dem Durchbruch von 19 Tunneln verbunden, außerdem mit der Konstruktion der Hängebrücke bei Pont Gisclard zwischen Sauto und Planès und des gebogenen Séjourné-Steinviadukts. Bis 1910 hatte man die kleine Gemeinde Mont-Louis in 1516 Metern Höhe erreicht. Die Arbeiten wurden durch den Ausbruch des Ersten Weltkriegs unterbrochen, jedoch nach dessen Ende fortgesetzt. Es ging weiter die Berge hinauf bis zum höchsten Punkt der Route in Bolquère-Eyne. Mit 1593 Metern Höhe ist dies der höchstgelegene Bahnhof Frankreichs. Von dort fällt die Strecke ab zu einem Pyrenäen-Plateau und endet schließlich in der Gemeinde Latour-de-Carol, die 1927 angeschlossen wurde. Hier an der französisch-spanischen Grenze trafen sich auch die spanische Breitspurbahnlinie aus Barcelona und die inzwischen stillgelegte SNCF-Normalspurlinie aus Toulouse. Vor der Schließung der französischen Linie war der Bahnhof der weltweit einzige, der von drei Linien mit verschiedenen Spurweiten angefahren wurde.

Die Ligne de Cerdagne wurde sommers wie winters von den Touristen bestens angenommen. Zudem diente sie als Lebensader mancher abgelegener Dörfer der Cerdagne. Unter den Triebzügen, die auf der Strecke verkehren, sind einige noch die Originalfahrzeuge. Ihr kanariengelber Anstrich mit dem roten Querstreifen erinnert an die Farben der katalanischen Flagge und brachte der Linie den Spitznamen »Le Petit Train Jaune« (»Kleiner gelber Zug«) ein. In den Sommermonaten werden offene Waggons zwischen zwei Triebwagen gekoppelt.

Vorige Seite: *Ein gelber Elektrozug der Ligne de Cerdagne in den französischen Pyrenäen überquert die ungewöhnliche Schrägseilbrücke Pont Gisclard im waldreichen Tal der Têt.*

Ein elektrisch betriebener Zug mit vier Wagen fährt über die Hängebrücke Fontpédrouse. Sie befindet sich zwischen den Bahnhöfen Thuès-Caranca und Sauto der meterspurigen Ligne de Cerdagne.

Während der Sommermonate wird zwischen die Triebwagen ein offener Personenwaggon gekoppelt, hier unweit des historischen Dörfchens Mont-Louis.

Die im Sommer bei Wanderern und Mountainbikern und im Winter bei Skiläufern beliebte 63 Kilometer lange Bahnlinie wird heute von der staatlichen Eisenbahngesellschaft SNCF betrieben. Sie beginnt im Ort Villefranche-de-Conflent, der wegen des Forts, das Ende des 17. Jahrhunderts nach Plänen des Militäringenieurs Vauban errichtet wurde, zum Unesco-Welterbe zählt. Der abenteuerlichste Streckenabschnitt ist jener zwischen Villefranche und dem Skiresort Font-Romeu-Odeillo-Via. Hier scheinen sich die Gleise geradezu an die Steilhänge des Têt-Tals zu klammern und schlängeln sich durch Wälder, Schluchten und Gebirgsbäche. Von Villefranche schlägt die Linie eine südwestliche Richtung ein und durchquert das Tal mit Halt in den Dörfchen Serdinya, Joncet, Nyer, Thuès-Entre-Valls, Thuès-Caranca (mit einem abenteuerlichen Wanderweg durch die Schlucht), Fontpédrouse und Sauto. Anschließend überquert sie die ungewöhnliche Hängebrücke Pont Gisclard auf dem Weg nach Planès und Mont-Louis. Auch die dortige Zitadelle samt Stadtmauern (den höchsten Frankreichs) geht auf Vauban zurück und steht auf der Liste des Unesco-Welterbes. Der nahegelegene Solarofen von Mont-Louis, gebaut 1949, war weltweit der erste seiner Art.

Von Mont-Louis klettert die Bahnlinie weiter bergan bis zu ihrem höchsten Punkt an der Station Bolquère-Eyne und hält dann in Font-Romeu-Odeillo-Via, dem ältesten Skiort der Pyrenäen, wo der mit 10000 Spiegeln größte Solarofen der Welt steht. Ab dort steigt sie langsam ab und passiert die Dörfer Estavar, Saillagouse, Err, Sainte-Léocadie, Osséja, den Grenzort Bourg-Madame (etwa 800 Meter von der spanischen Stadt Puigcerda aus dem 12. Jahrhundert entfernt), Ur-les-Escaldes, Béna Fanès und erreicht schließlich die Endhaltestelle Latour-de-Carol. Die Gesamtfahrzeit auf dieser Route beträgt ungefähr drei Stunden.

Folgende Seiten: *Das burgartige Séjourné-Viadukt mit wunderschönem Dekor geleitet den Petit Train Jaune über das schluchtartige Têt-Tal in den französischen Pyrenäen.*

VON OSLO NACH BERGEN

NORWEGEN

SPURWEITE: 1435 MILLIMETER • **LÄNGE:** 496 KILOMETER • **ROUTE:** VON OSLO NACH BERGEN

Die höchstgelegene Hauptlinie Nordeuropas verbindet die beiden größten norwegischen Städte miteinander. Seit ihrer Eröffnung im Jahr 1909 wurde die Route der Bergenbahn mehrmals geändert. Elektrifiziert wurde sie 1964. Bis zur Freigabe eines gut zehn Kilometer langen Tunnels hatte sie im Winter häufig mit starken Schneefällen auf dem Hardangervidda-Plateau zu kämpfen.

NORWEGEN
SCHWEDEN
DÄNEMARK
SKAGERRAK
OSLO
Bergen
Stavanger
Kristiansand
Drammen
Sandvika
Asker
Hønefoss
Nesbyen
Geilo
Voss
Dale
Lillehammer
Hamar
Gjøvik
Elverum
Lillestrøm
Kongsvinger
Kongsberg
Notodden
Tønsberg
Sandefjord
Larvik
Skien
Porsgrunn
Moss
Fredrikstad
Sarpsborg
Halden
Arendal
Grimstad
Lillesand
Mandal
Farsund
Flekkefjord
Egersund
Sandnes
Haugesund
Odda
Sauda
Stord
Førde
Florø
Sandane
Nordfjordeid
Ørsta
Volda
Otta
Vinstra
Fagernes
Dokka
Rjukan
Hallingdal
Valdres
Setesdal
Hardanger
Hardangervidda Nasjonalpark
Jotunheimen
Jotunheimen Nasjonalpark
Jostedalsbreen Nasjonalpark
Rondane Nasjonalpark
Dovrefjell Nasjonalpark
Gudbrandsdalen
Østerdalen
Mjøsa
Sunnfjord
Ryfylke
Romerike
Hadeland
Solør
Skagen
Frederikshavn
Hjørring
Hirtshals
Brønderslev
Sæby
Læsø (Denmark)

Bergen ist die zweitgrößte Stadt Norwegens und war jahrhundertelang die bedeutendste Hafenstadt des Landes. Ihr geschützter Hafen gehörte zu den frequentiertesten in Europa mit wichtigen Verbindungen über die Nordsee nach Großbritannien. Die 496 Kilometer lange Hauptbahnlinie zwischen der Stadt an der Westküste und der Hauptstadt Oslo begann als 106 Kilometer lange 1067-Millimeter-Schmalspurbahn von Bergen nach Voss. 1876 nahmen schwedische Streckenarbeiter die Arbeiten an der Vossebanen, wie sie damals hieß, auf, und 1883 war das Teilstück fertig. Im selben Jahr wurde die Linie in die neu gegründete Norwegische Staatsbahn eingegliedert.

Verschiedene Pläne für den Bau einer Eisenbahnstrecke zwischen den beiden größten norwegischen Städten wurden wegen der wirtschaftlichen Misere, in der das Land in den 1880er und frühen 1890er Jahren steckte, nicht umgesetzt. Erst 1894 stimmte das norwegische Parlament für eine Normalspurstrecke. Man legte folgende Route fest: von Bergen nach Voss (mit Umspurung der Vossebanen auf das Standardmaß), von Voss nach Roa über Hønefoss auf einer neuen Strecke, und von Roa nach Oslo auf der bereits existierenden Gjøvik-Linie.

Als die Vermessung des Geländes abgeschlossen war und die Finanzierung stand, wurden die Bauarbeiten 1902 von beiden Seiten in Angriff genommen. Doch es ging wegen des unwegsamen Geländes nur langsam voran. Es gab keine Straßen, und im Winter unterbrachen heftige Schneefälle die Arbeiten monatelang. Die Strecke sah mehr als 100 Tunnel vor, darunter den 5311 Meter langen Gravehalsen-Tunnel, der durch extrem hartes Gestein ausgeschachtet werden musste. 1909 konnte die Bahnlinie schließlich von König Haakon VII. eröffnet werden.

Während des Zweiten Weltkriegs wurde eine 19 Kilometer lange, steile Zweiglinie vom Bahnhof Myrdal an der Bergenbahn zum Hafen von Flåm am Ende des Sognefjords in Betrieb genommen. Diese malerische Strecke entging in den 1990er Jahren nur knapp ihrer Schließung und zählt heute zu den beliebtesten Touristenattraktionen Norwegens (siehe Seiten 74–79).

Die Dampfloks waren schon 1958 durch Dieselloks ersetzt worden, doch die Elektrifizierung erfolgte erst 1964. Dafür griff man auf Wasserkraft aus den reichlich vorhandenen Ressourcen zurück. Ausgestattet mit Stromabnehmern auf den Dächern, wurden die Lokomotiven nun auf der gesamten Route mit Strom aus den neuen Oberleitungen gespeist.

Vorige Seite: Blick vom Rallarvegen, der alten Straße der Bahnarbeiter. Seit der Eröffnung des 10,3 Kilometer langen Finsetunnels 1993 führt die Bergenbahn nicht mehr über das Hardangervidda-Plateau.

Als die Bahn gebaut wurde, machte der westliche Abschnitt der Strecke von Bergen ins Binnenland einen großen Umweg um die damals als unpassierbar geltenden Berge. Doch mit moderner Tunneltechnik gelang eine deutliche Verkürzung der Route. 1964 konnten der 7670 Meter lange Ulrikstunnel und zwei kürzere Tunnel eingeweiht werden. Ein 18 Kilometer langes Teilstück der Originalroute wird heute als Museumsbahn betrieben (siehe Kasten Seite 73).

Am östlichen Ende der Bergenbahn wurde 1980 der Oslo-Tunnel eröffnet. Die Strecke verläuft jedoch heute über Drammen und nicht mehr über Roa und verlängert sich dadurch um 23 Kilometer.

Der mit 1300 Metern höchste Punkt der Bergenbahn lag zwischen Finse und Hallingskeid. In den Wintermonaten gab es auf diesem äußerst exponierten Abschnitt häufig Betriebsstörungen, wenn schwere Schneefälle den Verkehr zum Erliegen brachten. Damit war 1993 Schluss, als das 22 Kilometer lange Teilstück durch einen zehn Kilometer langen Tunnel ersetzt wurde, der zu einer deutlichen Verkürzung der Fahrzeiten führte. Die Gleise der Originalroute über das Hardangervidda-Plateau kann man vom Rallarvegen sehen, der alten Straße der Streckenarbeiter aus dem Jahr 1902. Sie erfreut sich seit 1974 in den schneefreien Monaten zwischen Juli und Oktober bei Mountainbikefahrern großer Beliebtheit.

Die Bergenbahn gehört nicht nur zu den faszinierendsten Standardspurstrecken Europas, sondern ist auch die höchstgelegene Hauptlinie Nordeuropas. Auf der Route verkehren hauptsächlich lokbespannte Expresszüge (inklusive eines Nachtzugs) der Norwegischen Staatsbahn. Zusätzlich gibt es Nahverkehrszüge zwischen Bergen und Voss, von denen manche weiterfahren nach Myrdal, wo man in die Flåmbahn umsteigen kann. Die Güterzüge zwischen Bergen und Oslo werden von CargoNet betrieben; sie nutzen die Originalroute über Roa.

An beiden Enden der Strecke sind die Bahnhöfe wahre Schmuckstücke. 1913 ersetzte der heutige Bahnhof Bergen mit seinem riesigen, gebogenen Glasdach und vier Bahnsteigen das Vorgängergebäude. Der um einiges größere und modernere Hauptbahnhof von Oslo, der 1980 eröffnet wurde, integriert den ursprünglichen Osloer Ostbahnhof von 1882. Der höchste und abgeschiedenste Bahnhof der Strecke befindet sich auf 1222 Metern in Finse, wo ein Museum der Streckenarbeiter gedenkt, die die Bahnlinie einst schufen. Da es keine Zufahrtsstraßen zu dieser Station gibt, steigen hier vor allem Leute aus, die zum berühmten Wanderweg durch das Aurlandsdalen wollen, der am Nærøyfjord endet.

DIE ALTE VOSSBAHN

Die Freigabe des Ulrikstunnels unweit von Bergen im Jahr 1964 verkürzte die Fahrten nach Oslo um 22 Kilometer. Die ursprüngliche Strecke wurde geschlossen, doch inzwischen wurden 18 Kilometer zwischen Garnes und Midtun als dampfbetriebene Museumsbahn wiedereröffnet. Die Gamle Vossebanen wird zur Freude der Besucher zwischen Juni und September mit historischen Zügen befahren. Gezogen werden sie von der restaurierten Lok Nr. 255 der Baureihe 18 2'C der Norwegischen Staatsbahn, die 1913 für den Einsatz auf der Bergenbahn gebaut wurden.

DIE FLØIBAHN

Die 1918 in Betrieb genommene Fløibahn ist eine 848 Meter lange, meterspurige Standseilbahn, die von der Stadt Bergen auf den Berg Fløyen hinaufführt. Dort eröffnen sich in 320 Metern Höhe großartige Panoramablicke über die Stadt und den Hafen.

Auf dieser Nachtaufnahme des Bergener Hafens erkennt man die Gleise der Fløibahn, die zum Berg Fløyen hinauffährt, einem lokalen Aussichtspunkt.

DIE FLÅMBAHN

NORWEGEN

SPURWEITE: 1435 MILLIMETER • **LÄNGE:** 20 KILOMETER • **ROUTÊ:** VON MYRDAL NACH FLÅM

18 Jahre dauerten die Bauarbeiten an Europas steilster Standardspur-Adhäsionsbahn. 20 Tunnel gibt es auf der elektrifizierten Strecke zum Aurlandsfjord. Heute ist die Flåmbahn eine der beliebtesten Attraktionen Norwegens und ein beliebter Anlaufpunkt für Kreuzfahrtpassagiere.

N O R W E G E N
Averøya
Molde
Reinsfjellet 994
Skalten 692
Harøya
Otrøy
Skåla 1128
Vestnes 1162
Starfjellet 950
Vigra
Ålesund
Spjelkavik
Sykkylven
Ulsteinvik
Fosnavåg
Stranda
SUNNMØRE
Ørsta
Volda
Rana 1586
Isfjorden
Åndalsnes
Sunndalsøra
Trollvasstinden 1490
Slotthø 1837
Kleinegga 1960
Storskarhø 1871
Storskrymten 1985
Snøhetta 2286
Dovrefjell Nasjonalpark
Dovre
Oppdal
Brattfonnhø 1676
Høg-Gia 1641
Knutshø 1690
Tynset
Tron 1666
Røros
Gjersjøhøgda 1229
Forolshogna 1332
Berghøgda 1246
Nyhaugen Morsetvollen 1238
Sandfjellet 1258
Ilfjellet 1218
Gråhøgda 1543
Rognnebba 1497
Snota 1668
Snøfjell 1579
Kråkvasstind 1699
Blåøret 1605
Håndalstind 1806
Trollkyrkja 1766
Torvløysa 1851
Kvitegga 1717
Skarvedalseggen 1961
Skarstind 1883
Store 1827
Rondane Nasjonalpark 2178
Ljosuregga 1482
Vagsøy
Måløy
Nordfjordeid
Hornelen 890
Nordfjord
Blånibba 1670
Sandane
Kvitlenova 1898
Skridulaupen 1962
Storniosa 1804
Høgste Breakulen 1957
Tverrådalskyrkja 2088
Lomseggi 2068
Skjoll 2139
Galdhøpiggen 2470
Glittertinden 2465
Nautgardstinden 2258
Jotunheimen Nasjonalpark
Jotunheimen
Jostedalsbreen Nasjonalpark 1915
Snonipa 1827
Botnafjellet 1572
Lodalskåpa
Ljosbrekulen 1910
Grånosi 1775
Skagastølstindane 2405
Tjornholstinden 2330
Heimdalshø 1843
Gudbrandsdalen
Otta
Vinstra
Gråhø 1431
Hirisjøhogdene 1393
Heidalsmuen 1743
Skorpa
Florø
Grovabreen 1636
Førde
Sunnfjord
Øvre Årdal
Årdalstangen
Høyanger
Leikanger
Berdalseken 1814
Skaget 1686
Ruten 1513
Storbekkfjelle 1123
Nevelfjell 1089
Ormtjernkampen Nasjonalpark
Lillehammer
Synnfjell 1414
Sula
Svatjell 877
Fresvikbreen 1660
Store Jukleeggi 1921
Fagernes
Valdres
Veslebotnskarvet 1778
Blaskavlen 1809
Flåm
Myrdal
Kvitanosi 1433
Kaldafjellet 1411
Raundalselvi
Voss
Reineskarvet 1789
Metubba Nasjonalpark
Nystølfjell 1295
Skjellinhovde 860
Dokka
Gjøvik
Moelv
Hamar
Mjøsa
Radøy
Blomøy
Askøy
Dale
Bergen
Skjemmene 1351
Folarskarnuten 1933
Geilo
Hallingdal
Dyna 1212
Nesbyen
Hemsedal
Votna
Totenvika
Torsæterkampen 841
Brandbu
Hadeland
tore Sotra
Østese
Norheimsund
Tveitakvitingen 1299
Os
Søvarnuten 1649
Harteigan 1690
Hardanger
Hardangervidda Nasjonalpark
Reksjåeggi 1478
Borgsjåbrotet 1484
Gråfjell 1466
Hønefoss
Jevnaker
Gardermoen
Romerike
Oppkuven 704
Huftarøy
Tysnesøy
Odda
Sauanuten 1409
Bjørnanuten 1639
Sandfloeggi 1719
Reinsnosi
Store Nup 1693
Stord
Husnes
Ulvenåso 1247
Leirvik
Kyrkjenuten 1602
Eliseggi 1630
Rjukan
Gausta 1883
Numedal
Gråhalten 735
OSLO
Sandvika
Asker
Lillestrøm
Kløfta
Åmot
Hokksund
Drammen
Mjøndalen
Kongsberg
Blefjell 1341
Vestfjorddalen
Bømlo
Sauda
Snønuten 1604
Setesdal
Hjartdøla
Mælefjell 1415
Notodden
Bø
Skrimfjell 871
Holmestrand
Horten
Tønsberg
Moss
Drøbak
Son
Haugesund
Grytenuten 863
Urenosi 1520
Otra
Brokefjell 1074
Kopervik
RYFYLKE
Åkrehamn
Karmøy
Skudeneshavn
Stor-Roan 1192
Ulefoss
Bøfjell 503
Skien
Porsgrunn
Sandefjord
Fredrikstad
Larvik
Stavern
Stathelle
Langesund
Rennesøy
Reinaknuten 787
Lysekammen 1304
Rjuvbrokkene 1443
Ljomsnuten 1269
Kronfjell 925
Flottene
Jørpeland
Stavanger
Sandnes
Grubbåfjellet 1098
Rustfjellheii 1059
Skåreheia 1035
Kragerø
Jomfruland
Akerøya
Kosteroarna naturreservat
Klepp
Bryne
Ålgård
Sira
Logna
Skjerkeknuten 994
Risør
Lågen
Glomma
Rauma
Gudbrandsdalen
Østerdalen

Das Dörfchen Flåm liegt in Westnorwegen am inneren Ende des Aurlandsfjords, eines Seitenarms des Sognefjords. Schon im 19. Jahrhundert galt es als gefragtes Ausflugsziel, doch bis zum Zweiten Weltkrieg war es auf dem Landweg praktisch nicht erreichbar. Dann wurde die technisch außerordentlich anspruchsvolle, 20 Kilometer lange Eisenbahnlinie gebaut, die vom südlich gelegenen Myrdal über die Berge führte. Myrdal ist eine Station an der 496 Kilometer langen Bergenbahn (siehe Seiten 70–73), die seit 1909 die beiden größten norwegischen Städte Oslo und Bergen verbindet. Die Bergenbahn durchquerte bis zum Bau eines Tunnels das Hardangervidda-Hochplateau in einer Höhe von über 1220 Metern und war damit die höchstgelegene Haupteisenbahnlinie Nordeuropas. Die Elektrifizierung der einspurigen Strecke folgte 1964.

Noch vor der Fertigstellung der Bergenbahn hatte man 1893 Vermessungsarbeiten für eine Schmalspurstrecke nach Flåm durchgeführt. Diese Route hätte an einem Steilabschnitt mit einer Steigung von 1:10 ein Zahnstangensystem erfordert. Also wurde der Vorschlag abgelehnt, ebenso wie zwei Alternativen, die zu Beginn des 20. Jahrhunderts zur Sprache kamen. 1916 stimmte das norwegische Parlament schließlich der heutigen Flåmbahnroute zu. Allerdings begannen die Bauarbeiten erst 1923, als die veranschlagten Kosten aufgrund der hohen Inflation explodiert waren. Trotz der steilen Anstiege hatte man beschlossen, eine normalspurige Adhäsionsbahn mit Elektroantrieb zu bauen.

Von Myrdal bis nach Flåm musste die Bahnlinie 864 Meter durch unwegsames Berggelände mit Gefällen von bis zu 1:18 absteigen und benötigte 20 Tunnel. Das war kein leichtes Unterfangen, zumal fast alle Tunnel nur mithilfe von Dynamit durch das massive Gestein gesprengt und gemeißelt werden konnten. Erdrutsche und Lawinen waren an der Tagesordnung und zwangen die Arbeiter nicht selten, von der ursprünglich geplanten Route abzuweichen. Es ging extrem schleppend voran, was bei durchschnittlich nur zweihundert Streckenarbeitern kein Wunder war. So wurde der erste Tunnel 1926 fertiggestellt und der letzte erst 1935. Insgesamt gab es am Ende zehn Stationen; das einzige Ausweichgleis auf der einspurigen Strecke befand sich in Berekvam.

Als die Tunnel fertig waren, ging man 1936 daran, die Schienen zu verlegen. Die deutsche Invasion in Norwegen im April 1940 brachte das Projekt vorübergehend ins Stocken. Doch die Deutschen trieben die Gleisbauarbeiten voran. So konnte der Güterverkehr im August 1940 aufgenommen werden, gefolgt vom Personenverkehr im Februar 1941. Bis November 1944 wurden die Züge von Dampflokomotiven gezogen. Dann stieg man mithilfe eines neu errichteten Wasserkraftwerks auf Elektrotraktion um. Nach dem Ende des Zweiten Weltkriegs verzeichnete die Flåmbahn, wie sie seit damals offiziell hieß, einen rasanten Verkehrszuwachs. Der Nachkriegstourismus lief erst sehr langsam an. Aber Mitte der 1950er Jahre wurde die Flåmbahn wegen ihrer Anbindung an die Eisenbahnlinie zwischen Bergen und Oslo interessant. Und auch Passagiere von Kreuzfahrtschiffen, die in Flåm anlegten, nutzten die Linie gern. Seit 1958 verkehrte zwischen Oslo und Flåm sogar ein Schlafwagenzug. In den 1960er und 70er Jahren nahm der Personenverkehr stetig zu, bis er sich in den 1980ern eingepegelt hatte. Zu jener Zeit war der Güterverkehr bereits komplett auf die Straße umgestiegen.

Anfang der 1990er Jahre machte die Norwegische Staatsbahn mit der Flåmbahn Verluste, sodass sie die Ticketpreise verdoppelte. Die drohende Stilllegung konnte dadurch gerade noch verhindert werden. 1997 wurde der Alltagsbetrieb privatisiert, und neben dem Bahnhof von Flåm entstand ein modernes Kreuzfahrtterminal.

Heute fährt die Flåmbahn hauptsächlich Touristen durch die märchenhafte Landschaft und rangiert auf Platz drei der meistbesuchten Attraktionen des Landes. Sie ist das ganze Jahr über im Einsatz, am häufigsten fährt sie zwischen Mai und September. Sämtliche Züge sind sogenannte Sandwich-Züge, die von zwei Lokomotiven der Baureihe El 17, gebaut 1987 von Thyssen-Henschel, gezogen und geschoben werden. Diese Bo'Bo'-Loks verfügen zusammen über 8000 PS und können damit die Steigungen auf der steilsten normalspurigen Adhäsionsbahn Europas problemlos bewältigen.

Vom abgelegenen Kreuzungsbahnhof Myrdal auf 864 Metern Höhe fahren die Züge nach Flåm zunächst parallel zur Hauptlinie nach Oslo, bevor sie ins Flåmsdalen abbiegen. Nach zwei Tunneln erreichen sie den Bahnhof Vatnahalsen, passieren eine große Kehrschleife bis Reinunga, durchqueren den 880 Meter langen Vatnahalsen-Tunnel und tauchen auf einem Felsvorsprung etwa 100 Meter über dem Talboden wieder auf. Nun folgen drei Tunnel schnell aufeinander bis zum nächsten Halt in Kjosfossen. Von hier aus kann man einen spektakulären Wasserfall besichtigen, der 225 Meter in die Tiefe stürzt.

Nachdem die Züge Kjosfossen verlassen haben, durchfahren sie erneut zwei Tunnel, von denen der zweite, der Nåli-Tunnel, mit

Vorige Seite: *Ein Zug, der von einer kraftvollen Elektrolok der Baureihe El 17 gezogen wird, fährt auf der Flåmbahnlinie unweit des 147 Meter hohen Rjoandefossen-Wasserfalls.*

Kreuzfahrtschiffe legen am neuen Terminal neben dem Bahnhof Flåm an und bescheren der Flåmbahn einen Großteil ihrer Fahrgäste.

1341 Metern der längste der Strecke ist. Es folgen der Bahnhof Kårdal, der Blomheller-Tunnel, die Station Blomheller und vier weitere Tunnel, bevor der Bahnhof Berekvam erreicht ist (344 Meter über dem Meeresspiegel), wo sich die Bahnen aus beiden Richtungen kreuzen können. Von Berekvam rauschen sie weiter talwärts durch fünf Tunnel und über den Fluss Høga, bis sie in Dalsbotn ankommen. Das Tal verbreitert sich jetzt, und die Züge durchfahren die letzten beiden Tunnel in der Nähe des 147 Meter hohen Rjoandefossen-Wasserfalls. Nach zwei weiteren Stationen in Hâreina und Lunden beenden sie ihre atemberaubende Reise am Bahnhof von Flåm. Am benachbarten Kreuzfahrtterminal legen jedes Jahr über 150 Schiffe an, die zusammen mit der Bahn dem kleinen Dörfchen das wirtschaftliche Überleben sichern. Das ursprüngliche Bahnhofsgebäude beherbergt heute ein Eisenbahnmuseum.

__Folgende Seiten:__ Die Flåmbahn zählt zu Norwegens Top-Attraktionen. Um Steigungen von 1:18 überwinden zu können, werden die Züge von leistungsstarken Elektrolokomotiven der Baureihe El 17 gezogen und geschoben.

WEST HIGHLAND LINE

SCHOTTLAND

SPURWEITE: 1435 MILLIMETER • **LÄNGE:** 198 KILOMETER • **ROUTE:** VON GLASGOW NACH FORT WILLIAM

Seit 1894 durchquert die West Highland Line einige der abgeschiedensten, unzugänglichsten und wildesten Landschaften Großbritanniens. Zu Recht gilt sie als eine der schönsten Eisenbahnstrecken der Welt.

SCHOTTLAND
GROSSBRITANNIEN
GRAMPIAN MOUNTAINS
Monadhliath Mountains
Cairngorm Mountains
Cairngorms National Park
Loch Lomond and the Trossachs National Park
Fort William
Ben Nevis 1344
Glen Nevis
Loch Eil
Loch Lochy
Loch Arkaig
Loch Morar
Loch Quoich
Loch Garry
Glen Garry
Loch Loyne
Loch Cluanie
Glen Shiel
Glen Affric
Glen Moriston
Loch Ness
Glen More
Loch Hourn
Knoydart
Sound of Sleat
Moidart
Loch Shiel
Loch Sunart
Morvern
Loch Linnhe
Lismore
Firth of Lorn
Oban
Kerrera
Lorn
Loch Etive
Loch Awe
Ben Cruachan 1126
Glen Coe
Bidean nam Bian 1150
Loch Leven
Blackwater
Glen Spean
Loch Treig
Loch Laggan
Loch Ericht
Ben Alder 1148
Loch Laidon
Rannoch Moor
Loch Rannoch
Loch Tummel
Pitlochry
Schiehallion 1083
Glen Lyon
Loch Lyon
Ben Lawers 1214
Loch Tay
Breadalbane
Glen Orchy
Glen Lochy
Ben More 1174
Loch Earn
Strath Earn
Crieff
Auchterarder
Loch Katrine
The Trossachs
Ben Ledi 879
Callander
Ben Lomond 974
Loch Lomond
Loch Long
Loch Goil
Inveraray
Loch Fyne
Argyll
Lochgilphead
Sound of Jura
Garelochhead
Helensburgh
Greenock
Gourock
Port Glasgow
Dunoon
Alexandria
Dumbarton
Milngavie
Bearsden
Clydebank
Bishopbriggs
Kirkintilloch
Glasgow
Paisley
Renfrew
Rutherglen
Coatbridge
Airdrie
Motherwell
Hamilton
East Kilbride
Firth of Clyde
Bute
Rothesay
Kintyre
Arran
Stirling
Dunblane
Bridge of Allan
Alloa
Ochil Hills
Falkirk
Grangemouth
Campsie Fells
Kilmarnock
Irvine
Ardrossan
Saltcoats
Aviemore
Abernethy Forest
Forest of Atholl
Ben Macdui 1309
Glen Fyne
Loch Leven

Die West Highland Line, ein echter Nachzügler in der britischen Eisenbahnszene, wird zu Recht als eine der malerischsten Bahnlinien der Welt bezeichnet. Bis zur zweiten Hälfte des 19. Jahrhunderts hatten sich die Schienenwege in nahezu alle Landesteile ausgebreitet – bis auf das westliche Hochland von Schottland. Diese dünn besiedelte Gebirgsregion voller Täler und Seen wurde erstmals 1863 von viktorianischen Eisenbahnbauern erschlossen, als zwischen Perth und Inverness der Inverness & Perth Junction Railway (später Highland Railway) eröffnet wurde. 1880 folgte der von der Gesellschaft Caledonian Railway betriebene Callander & Oban Railway (C&OR) – die erste Bahnlinie an der zerklüfteten schottischen Westküste, die zuvor nur auf langen und schwierigen Schiffsfahrten von Glasgow aus zu erreichen gewesen war. Die Region profitierte enorm von der Strecke. Zum ersten Mal konnten Vieh und frischer Fisch in weniger als 24 Stunden in Schottlands zentrale Industrieregion befördert werden. Obendrein kam es zu einem regelrechten Tourismusboom, denn die Endstation Oban fungierte nun als Tor zu den Äußeren Hebriden.

Dieser Erfolg blieb der Konkurrenz nicht verborgen. Die Gesellschaft North British Railway (NBR) fasste nun auch die Eroberung des Hochlands ins Auge und wollte eine Eisenbahnlinie von Glasgow nach Inverness über Fort William bauen. Die geplante Strecke sollte von Glasgow in nördlicher Richtung verlaufen, am Loch Lomond entlang, durch die unberührten Gebiete des Rannoch Moor nach Fort William und von dort weiter nach Norden durch das Great Glen bis nach Inverness. 1882 legte die NBR ihren Plan für den Glasgow & North Western Railway dem Parlament vor. Er wurde jedoch aufgrund des heftigen Widerstands seitens der konkurrierenden Bahngesellschaften Caledonian und Highland Railways im Jahr darauf abgelehnt.

Doch so schnell gab die NBR nicht auf. 1888 unterstützte sie die Route des West Highland Railway von Glasgow nach Fort William. Diesmal hatte sie mehr Glück und die neue Bahnstrecke wurde im darauffolgenden Jahr trotz Einspruchs seitens ihrer beiden Rivalen in einem Gesetz verankert. Die Bauarbeiten am südlichen Ende der neuen Bahnlinie begannen in Craigendoran, der damaligen Endstation der NBR-Vorortbahn aus Glasgow Queen Street, die am Nordufer des Clyde entlangfuhr. Auf ihrem steilen Anstieg folgte die Route dem Ufer des Gare Loch, führte hoch oberhalb von Loch Long zu einem ihrer Scheitelpunkte im Glen Douglas und dann talwärts nach Arrochar & Tarbet. Von dort ging es weiter in nördlicher Richtung am Westufer des Loch Lomond entlang und durch das Glen Falloch bis nach Crianlarich, wo die neue Linie den unterhalb verlaufenden Callander & Oban Railway kreuzte.

Vor allem in den strengen Wintern gingen die Streckenarbeiten durch das unwegsame Gelände nur schleppend voran. Tausende Bahnarbeiter, hauptsächlich aus Irland, waren an dem Projekt beteiligt und wohnten in Behelfsunterkünften an der Strecke. Von Crianlarich arbeiteten sie sich weiter nach Norden vor und stetig aufwärts durch das Tal von Strath Fillan über eine Reihe von Viadukten. Dann machte die Strecke einen Bogen um den 1076 Meter hohen Berg Beinn Dorain bis an das Rannoch Moor heran. Dort kamen die Bauarbeiten 1892 abrupt (aber nicht endgültig) zum Stillstand – die Durchquerung von 32 Kilometern Moorland in nördlicher Richtung sollte über zwei Jahre in Anspruch nehmen.

Unterdessen ging es auch am nördlichen Abschnitt der Route nur langsam voran. Sie verlief von Fort William in Richtung Osten durch die schmale Monessie-Schlucht fast stetig bergan mit Steigungen von bis zu 1:59. In Tulloch wandte sie sich gen Süden, folgte dem Ostufer des Loch Treig und erklomm den höchsten Punkt der Strecke in Corrour. Damit war die Bahnlinie komplett – mit Ausnahme des Abschnitts durch das Rannoch Moor.

Dieses unwirtliche und abgelegene Moorland zu durchqueren war für die viktorianischen Eisenbahningenieure ziemlich kompliziert. Konflikte mit den Arbeitern und fürchterliche Wetterbedingungen im Winter brachten fortwährend Verzögerungen, und vielerorts mussten die Gleise von Unterbauten aus Reisig, Torf und Asche gestützt werden, die buchstäblich auf dem wasserdurchtränkten Moor schwammen. Auf eine ähnliche Lösung hatte bereits George Stephenson zurückgegriffen, als er gegen Ende der 1820er Jahre den Liverpool & Manchester Railway durch das Moorgebiet Chat Moss bei Manchester baute.

Irgendwann war das Rannoch Moor bezwungen, und die gesamte Strecke konnte am 15. August 1894 offiziell eingeweiht werden. Doch besagtes Teilstück machte den Betreibern immer wieder große Schwierigkeiten, wenn im Winter mächtige Schneeverwehungen die Strecke blockierten. Daher errichtete man an den schlimmsten Gefahrenpunkten einen Schneeschutztunnel und Fangzäune.

Ein gut 60 Kilometer langes Anschlussstück an die West Highland Line von Fort William bis zum Fischereihafen Mallaig an der Westküste ging 1901 in Betrieb. Die technisch sehr kompli-

***Vorige Seite:** Von der Oberfläche her ist Loch Lomond Großbritanniens größtes Binnengewässer. An seinem Westufer entlang bei Pulpit Rock zieht ein Dieseltriebwagen von ScotRail einen Zug von Glasgow nach Fort William.*

zierte Strecke, die zu weiten Teilen durch massives Gestein führte, wurde von Robert McAlpine & Sons gebaut. Sie setzten erstmals in großem Umfang Beton ein, um das gebogene Glenfinnan-Viadukt und andere Bauwerke an der Linie zu errichten.

Bevor 1962 Dieselloks den Dienst übernahmen, befuhren Dampflokomotiven die steile West Highland Line in Doppeltraktion. Darunter waren die NBR-Lokomotiven der Baureihe Glen 2'B und die spezialgefertigten Loks der Serien K2 und K4 1'C von der Bahngesellschaft London and North Eastern Railway (LNER). In den letzten Jahren des Dampfbetriebs bildeten die Stanier-Loks 2'C mit dem Spitznamen »Black 5« von der Bahngesellschaft London, Midland and Scottish Railway (LMS) die Hauptstützen der Linie. Zum Glück entgingen sowohl die West Highland Line als auch das Anschlussstück nach Mallaig den massenhaften Stilllegungen von Bahnlinien infolge des »Beeching Reports« von 1963. Dieser Bericht fasste die Ergebnisse einer grundlegenden Analyse der staatlichen Eisenbahngesellschaft British Railways zusammen, die ergab, dass die meisten Linien nicht rentabel waren.

Heute verkehren auf der einspurigen West Highland Line dreimal täglich von Dieseltriebwagen angeführte Personenzüge zwischen Glasgow und Fort William. Darüber hinaus fährt jeden Tag (außer samstags) ein dieselbetriebener Schlafwagenzug der Highland Caledonian nach London Euston und zurück. Güterverkehr zur Aluminiumhütte in Fort William gibt es auch. Der Touristen-Dampfzug »The Jacobite« pendelt von Mitte Mai bis Oktober zwischen Fort William und Mallaig.

Die Züge nach Fort William starten vom Bahnhof Glasgow Queen Street in nördlicher Richtung. Nachdem sie durch den Queen Street Tunnel bis nach Cowlairs hoch gefahren sind, wenden sie sich westwärts und folgen der Vorortroute durch Westerton bis nach Dalmuir. Von dort fahren sie am Nordufer des Flusses Clyde entlang durch Bowling und Dumbarton zum Bahnhof Craigendoran Junction, wo die Linie eingleisig wird. Richtung Norden geht es weiter am Gare Loch entlang bis nach Garelochhead und anschließend bergan zum ersten Scheitelpunkt der Strecke am Loch Long im Tal Glen Douglas.

Von dort geht es nun wieder abwärts bis zum Bahnhof Arrochar & Tarbet und dann in nördlicher Richtung auf einem Bergabsatz am Loch Lomond entlang, über Ardlui und durch das Glen Falloch bis nach Crianlarich. Hier wird der Zug geteilt. Die eine Hälfte fährt weiter nach Fort William auf der West Highland Line und die andere nimmt Kurs auf Oban. Wie alle anderen Stationen auf der Strecke verfügt auch Crianlarich über einen Mittelbahnsteig mit einem Wartehäuschen inklusive Tearoom im hübschen Schweizer Landhausstil. Die Dieselzüge nach Fort William verlassen den Bahnhof in nördlicher Richtung, überqueren zunächst ein Viadukt und machen sich danach an den Aufstieg durch das Tal Strath Fillan bis zur Station Upper Tyndrum. Nun führt die Linie weiter bergan zum County March Summit (312 Meter über dem Meeresspiegel), bevor sie den Konturen des Beinn Dorain auf der berühmten Horseshoe Curve folgt und das Viadukt zu dem Ort Bridge of Orchy überquert. Das dortige Bahnhofsgebäude dient heute als Unterkunft für Wanderer auf dem West Highland Way.

Auf ihrem Weg nordwärts durch das Glen Orchy folgt die Strecke oberhalb von Loch Tulla weiterhin der Landschaft und lässt schließlich jegliche menschliche Besiedlung hinter sich. Durch das Glen Tulla erreicht sie das abgeschiedene Rannoch Moor. Dort nimmt sie flüchtigen Kontakt zur Zivilisation auf – im einsamen Rannoch, wo das Bahnhofsgebäude einen Tearoom und ein Besucherzentrum beherbergt. Danach taucht sie ab ins Cruach Cutting mit Großbritanniens einzigem Eisenbahn-Schneeschutztunnel und durchquert in nordwestlicher Richtung menschenleeres Gebiet, bis sie am Bahnhof Corrour auf 408 Metern Höhe eintrifft. Er ist nicht nur der höchstgelegene Standardspurbahnhof Großbritanniens, sondern auch einer der wenigen ohne Zufahrtsstraßen. Obwohl dort der Nachtzug »Highland Caledonian Sleeper« aus London hält, gilt er als eines der einsamsten Fleckchen des britischen Bahnnetzes. Zu Berühmtheit gelangte er als Drehort von Danny Boyles schwarzer Komödie *Trainspotting* von 1996. Ein kurzer Fußmarsch führt zum abgeschiedenen Loch Ossian. Abenteuerlustigere können von hier aus traumhafte Wanderungen durch die Berge unternehmen.

Von Corrour führt die Route kontinuierlich abwärts bis nach Fort William, am Ostufer des Loch Treig entlang bis zum Bahnhof Tulloch. Dann geht es gen Westen durch die enge Monessie-Schlucht, um das Berggebiet des Ben Nevis zu umfahren. Nach Verlassen der Schlucht halten die Züge erst am Bahnhof Roy Bridge und dann in Spean Bridge, der einstigen Kreuzung mit dem Abzweig nach Fort Augustus durch das Great Glen, der nur für kurze Zeit in Betrieb war. Im Süden taucht nun der 1344 Meter hohe Ben Nevis (Großbritanniens höchster Berg) auf, während die Bahnlinie ihr letztes Teilstück in südwestlicher Richtung nach Fort William zurücklegt. Dort ersetzte 1975 ein moderner Kopfbahnhof das frühere Gebäude, das etwa 800 Meter weiter an der Meeresbucht Loch Linnhe lag und einer neuen Straße weichen musste.

Folgende Seiten: *Die Stanier Black 5 2'C Nr. 45407 »The Lancashire Fusilier« mit einem Sonderzug aus Fort William hat gerade die Horseshoe Curve passiert und durchquert nun das Tal Glen Coralan auf dem gleichnamigen Viadukt.*

WELSH HIGHLAND RAILWAY

WALES

SPURWEITE: 597 MILLIMETER • **LÄNGE:** 40 KILOMETER • **ROUTE:** VON PORTHMADOG NACH CAERNARFON

Mit der Wiedereröffnung der 40 Kilometer langen Schmalspurstrecke des Welsh Highland Railway im Jahr 2011 kam eines der ehrgeizigsten Eisenbahnsanierungsprojekte Europas zum Abschluss. Die von restaurierten südafrikanischen Dampfloks angeführten Züge durchqueren die herrliche Landschaft des Snowdonia-Nationalparks.

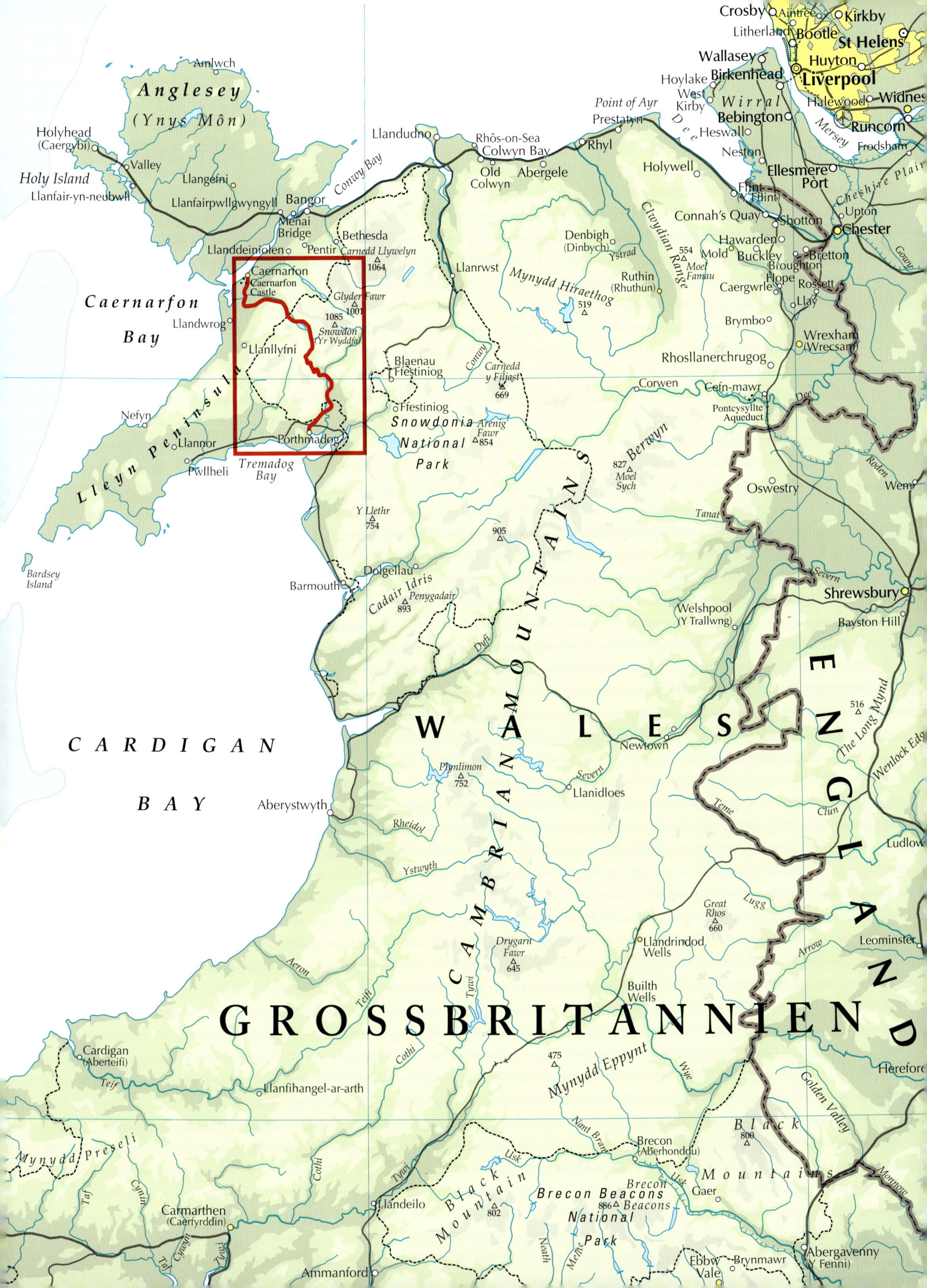

Anglesey
(Ynys Môn)
Amlwch
Holyhead
(Caergybi)
Valley
Holy Island
Llanfair-yn-neubwll
Llangefni
Llanfairpwllgwyngyll
Bangor
Menai Bridge
Llanddeiniolen
Pentir
Bethesda
Carnedd Llywelyn
1064
Caernarfon
Caernarfon Castle
Glyder Fawr
1001
1085
Snowdon
(Yr Wyddfa)
Llandwrog
Llanllyfni
Caernarfon Bay
Lleyn Peninsula
Nefyn
Llannor
Pwllheli
Porthmadog
Tremadog Bay
Bardsey Island
Blaenau Ffestiniog
Ffestiniog
Carnedd y Filiast
669
Arenig Fawr
854
Snowdonia National Park
Conwy Bay
Llandudno
Rhôs-on-Sea
Colwyn Bay
Old Colwyn
Abergele
Rhyl
Prestatyn
Point of Ayr
Llanrwst
Conwy
Denbigh
(Dinbych)
Ystrad
Ruthin
(Rhuthun)
Mynydd Hiraethog
519
Clwydian Range
554
Moel Famau
Holywell
Flint
(Y Fflint)
Connah's Quay
Shotton
Mold
Buckley
Hawarden
Broughton
Bretton
Hope
Caergwrle
Rossett
Llay
Brymbo
Wrexham
(Wrecsam)
Rhosllanerchrugog
Corwen
Cefn-mawr
Pontcysyllte Aqueduct
Dee
Berwyn
827
Moel Sych
Oswestry
Tanat
Roden
Wem
Crosby
Aintree
Kirkby
Litherland
Bootle
St Helens
Wallasey
Huyton
Liverpool
Hoylake
Birkenhead
West Kirby
Wirral
Bebington
Heswall
Halewood
Widnes
Runcorn
Mersey
Neston
Frodsham
Ellesmere Port
Cheshire Plain
Upton
Chester
Y Llethr
754
905
Dolgellau
Barmouth
Cadair Idris
Penygadair
893
Dyfi
Cambrian Mountains
Welshpool
(Y Trallwng)
Severn
Shrewsbury
Bayston Hill
WALES
ENGLAND
Newtown
516
The Long Mynd
Wenlock Edge
Plynlimon
752
Llanidloes
Cardigan Bay
Aberystwyth
Rheidol
Ystwyth
Teme
Clun
Ludlow
Great Rhos
660
Lugg
Arrow
Leominster
Llandrindod Wells
Drygarn Fawr
645
Aeron
Teifi
Tywi
Builth Wells
GROSSBRITANNIEN
Cardigan
(Aberteifi)
Teif
Cothi
Llanfihangel-ar-arth
475
Mynydd Eppynt
Wye
Hereford
Golden Valley
Black Mountains
800
Nant Bran
Brecon
(Aberhonddu)
Usk
Gaer
Mynydd Preseli
Taf
Cynin
Carmarthen
(Caerfyrddin)
Cywyn
Tywi
Llandeilo
Black Mountain
802
Brecon Beacons
886
Brecon Beacons National Park
Neath
Mellte
Ammanford
Ebbw Vale
Brynmawr
Abergavenny
(Y Fenni)
Monnow

DER ERSTE WELSH HIGHLAND RAILWAY

Schon vor der Einführung primitiver Schienenwege hatte man in der Bergregion von Nordwales, bekannt als Snowdonia, jahrhundertelang Schiefer und andere Mineralien abgebaut. Allerdings war der Transport in dem rauen Gelände äußerst beschwerlich. Packpferde, Maultiere und Fuhrwerke mussten die Erträge aus den Bergwerken und Steinbrüchen zu den Küstenhäfen befördern.

Zu den allerersten Eisenbahnlinien der Region gehörte der schmalspurige Nantlle Tramway, der 1828 zwischen den Schiefersteinbrüchen von Nantlle und dem Hafen von Caernarfon freigegeben wurde. Wie bei vielen anderen frühen Bahnlinien nutzte man auch hier Pferdestärken und die Schwerkraft. Mit Schiefer beladene Wagen rollten unter Aufsicht von Bremsern abwärts zur Küste. Anschließend wurden die leeren Wagen von Pferden wieder bergauf zu den Steinbrüchen gezogen. Diesem Beispiel folgten bald andere Pferdeeisenbahnen mit nicht-standardisierten Schmalspurgleisen: Die Spurweite des Nantlle Tramway maß 1067 Millimeter, die des Ffestiniog Railway (FR), der ab 1836 zwischen den Schiefersteinbrüchen in Blaenau Ffestiniog und Porthmadog verkehrte, 597 Millimeter, und die des Croesor Tramway von 1864 zwischen den Schiefersteinbrüchen von Croesor und Porthmadog 610 Millimeter.

Im Jahr 1863 setzte der Ffestiniog Railway als weltweit erste Schmalspurbahnlinie Dampflokomotiven ein. Die ersten waren kleinere Varianten der Bauart B n2t+T aus dem Werk von George England. Ergänzt wurden sie durch die stärkeren Double-Fairlie-Dampfloks mit der Achsfolge B'Bt, von denen die erste namens »Little Wonder« 1869 ihren Dienst aufnahm. Diese Gelenklokomotiven waren prompt ein Erfolg. Eisenbahningenieure aus fernen Ländern wie Russland und den USA kamen, um ihre Testfahrten anzuschauen.

Beflügelt vom Erfolg des Ffestiniog Railway, legte Chefingenieur Charles Spooner den ehrgeizigen Plan vor, ganz Snowdonia mit einem Netzwerk von 597-Millimeter-spurigen Bahnlinien zu überziehen. Doch das neu gegründete Unternehmen North Wales Narrow Gauge Railway (NWNGR) eröffnete nur zwei Strecken: eine im Jahr 1877 von Dinas Junction, südlich von Caernarfon, zu Spooners Schiefersteinbrüchen in Bryngwyn, und einen Abzweig nach Rhyd Ddu im Jahr 1881. In Dinas Junction traf die neue Linie auf die Normalspurstrecke des London & North Western Railway, wo der Schiefer per Hand von den Schmalspur- auf die Normalspurwaggons umgeladen werden musste. Aber der finanzielle Erfolg der neuen Strecke blieb aus, das Unternehmen ging bald in Konkurs und Charles Spooner trat kurz vor seinem Tode 1889 von seinem Amt zurück.

Trotz der finanziellen Probleme erhielt der NWNGR den Betrieb aufrecht und im Jahr 1900 trat eine Light Railway Order in Kraft, die eine Verlängerung der Bahnlinie von Rhyd Ddu nach Beddgelert autorisierte. Daneben begann man mit dem Bau einer neuen Schmalspurstrecke, dem Portmadoc, Beddgelert & South Snowdon Railway, der unter Verwendung des Croesor Tramway das südlich gelegene Porthmadog an den NWNGR anschloss. Doch das Geld ging aus und das Unternehmen wurde bald abgebrochen. 1916 stellte der NWNGR seinen Personenverkehr ein, und eine endgültige Schließung schien unabwendbar. Doch in allerletzter Sekunde kam 1922 die Rettung in Form von staatlicher Förderung, sodass der neue Welsh Highland Railway (WHR) gegründet werden konnte.

Der WHR übernahm die Route des NWNGR von Dinas Junction nach South Snowdon und verlegte eine neue Strecke in südlicher Richtung über Beddgelert und Croesor Junction bis nach Porthmadog. Als 1923 die gesamte Route in Betrieb ging, ernannte der WHR den »Vater der Kleinbahnen«, Colonel Holman F. Stephens, zum Vorsitzenden. Obwohl er daran gewöhnt war, Eisenbahnlinien mit kleinem Budget zu betreiben, hatte der erfinderische Oberst große Probleme, die Linie wirtschaftlich arbeiten zu lassen. So war sie 1933 akut von der Stilllegung bedroht. 1934 wurde sie vorübergehend von ihrem erfolgreicheren Nachbarn gerettet, dem Ffestiniog Railway, der sie pachtete. Doch trotz aller Bemühungen kam der Personenverkehr 1936 endgültig zum Erliegen. Der Güterverkehr wurde im Jahr darauf eingestellt und bis zum Ende des Zweiten Weltkriegs waren die Gleise demontiert und der WHR existierte nicht mehr.

WIE PHÖNIX AUS DER ASCHE

Trotz der Schließung blieb das Gleisbett der Bahnlinie weitgehend intakt, und der landschaftlich reizvollste Abschnitt durch die Tunnel im Aberglaslyn-Pass, südlich von Beddgelert, wurde als Wanderweg zur Verfügung gestellt. Die Normalspurstrecke in südlicher Richtung von Caernarfon über Dinas Junction nach Afon Wen fiel der »Beeching-Axt« zum Opfer und wurde 1964 stillgelegt. Später erhielt sie allerdings ein zweites Leben als Rad- und Wanderweg namens Lôn Eifion.

Vorige Seite: Schwerstarbeit in der Spätherbstsonne – die Double-Fairlie-Lokomotive Merddin Emrys B'Bt, die 1879 für den Ffestiniog Railway gebaut wurde, zieht unweit von Rhyd Ddu einen Zug mit historischen Waggons.

In den 1970er Jahren ging die Bewegung zur Rettung der Eisenbahnen in Großbritannien in die heiße Phase. Das erste Projekt dieser Art im Land (und weltweit) war 1951 die Rettung der Schmalspurbahn Talyllyn Railway im Westen von Wales gewesen. Es folgte die schrittweise Wiedereröffnung des Ffestiniog Railway, der 1946 den Betrieb eingestellt hatte. 1982 verkehrten schon wieder Personenzüge zwischen Porthmadog und Blacnau Ffestiniog. 1964 gründete eine Gruppe von Eisenbahnenthusiasten die Welsh Highland Railway Company mit dem Ziel, nicht nur den WHR von Porthmadog nach Dinas Junction wiederzubeleben, sondern auch das Teilstück, das von dort nordwärts entlang des Gleisbetts der stillgelegten Normalspurstrecke nach Caernarfon führte. Ihre Zentrale richteten sie auf Gelerts Farm in Porthmadog ein, wo sie ein kurzes Schmalspurgleis legten und darauf die einzige erhaltene WHR-Lokomotive »Russell« restaurierten.

Doch die WHR Company konnte ihr Vorhaben nicht umsetzen, da der Ffestiniog Railway (FR) 1989 ein anonymes Gebot für den Kauf des Gleisbetts des stillgelegten WHR abgab. Nach jahrelangem Rechtsstreit erhielt der FR die Genehmigung, die Bahnlinie wiederzueröffnen, um sie an sein eigenes System in Porthmadog anzuschließen. Damit entstand eine 64 Kilometer lange Schmalspurstrecke durch den Snowdonia-Nationalpark von Caernarfon bis nach Blaenau Ffestiniog.

Mit beträchtlichen Mitteln der National Lottery, der Walisischen Nationalversammlung und des Europäischen Fonds für Regionale Entwicklung ging die Bahnlinie stufenweise wieder in Betrieb: im Jahr 2000 von Caernarfon nach Waunfawr, 2003 von Waunfawr nach Rhyd Ddu, 2009 von Rhyd Ddu nach Hafod y Llyn, 2010 von Hafod y Llyn nach Pont Croesor und 2011 von Pont Croesor nach Porthmadog Harbour.

Die Züge auf dem Welsh Highland Railway werden von einigen der leistungsstärksten Schmalspurdampfloks der Welt gezogen. Vier ausrangierte Gelenklokomotiven der Baureihe Beyer-Garratt 1'C1'+1'C1' aus Südafrika tun heute ihren Dienst, eine weitere wartet noch auf ihre Restaurierung – genau wie zwei Loks der South African Railways mit der Achsfolge 1'D1'. Auch die weltweit erste Garratt-Lokomotive der Serie B+B, die 1909 ursprünglich für die Tasmanian Government Railways gebaut wurde, ist hier im Einsatz.

Am unlängst vergrößerten Hafenbahnhof Porthmadog Harbour fahren die Züge nach Caernarfon ab. Nach dem Einfädeln hinter der Stadtgrenze und der Gleiskreuzung mit der normalspurigen Cambrian Line fahren sie in nordöstlicher Richtung durch ebenes, neu gewonnenes Weideland bis nach Pont Croesor. Anschließend geht es das Glaslyn Valley hinauf und bei Nantmor in den Snowdonia-Nationalpark. Schließlich gelangen sie zum imposanten Aberglaslyn-Pass mit drei Tunneln auf dem spektakulärsten Abschnitt der Reise.

Die NGG 16-Lok Garratt 1'C1'+1'C1' Nr. 143 der South African Railways, die 1958 von Beyer-Peacock in Manchester gebaut wurde, fährt durch die Kehrschleife bei Rhyd Ddu.

Nachdem sie den Fluss Glaslyn überquert hat, erreicht die Bahn das malerische Touristenörtchen Beddgelert, einst ein bedeutendes Zentrum des Kupferbergbaus. Von dort steigt sie kontinuierlich durch gewundene S-Kurven bis zum höchsten Punkt der Strecke bei Pitts Head an. Parallel zur Straße A4085 führt sie weiter zum abgelegenen Bahnhof Rhyd Ddu.

Von dort führt die Linie abwärts am Ufer des Llyn Cwellyn entlang, wo der Bahnhof Snowdon Ranger den Ausgangspunkt für einen steilen Fußweg zum Gipfel des Snowdon bildet. Auf ihrem Weg durch das Gwyfrai Valley halten die Züge in Plas-y-Nant und im ehemaligen Schieferbergbaudorf Waunfawr. Dann fahren sie in westlicher Richtung über Tryfan Junction nach Dinas, wo sich Werkstätten, Lok- und Waggonschuppen befinden. Das letzte Teilstück folgt der Route der Normalspurstrecke von Afonwen nach Caernarfon, die 1964 stillgelegt wurde. Hier verläuft der Radweg Lon Eifion parallel zum WHR. Nach einem Zwischenstopp in Bontnewydd endet die Bahnlinie am Bahnhof Caernarfon unweit des Hafens, der mittelalterlichen Stadtmauern und der Burg, die zum Weltkulturerbe der Unesco gehören.

Folgende Seiten: *Bei Rhyd Ddu verläuft der Welsh Highland Railway im Schatten des schneebedeckten Gipfels des Snowdon. Die beiden Garratt-Lokomotiven Nr. 87 und 138 der Klasse NGG 16 der South African Railways ziehen einen Güterzug.*

SETTLE-CARLISLE LINE

ENGLAND

SPURWEITE: 1435 MILLIMETER • **LÄNGE:** 116 KILOMETER • **ROUTE:** VON SETTLE JUNCTION NACH CARLISLE

Tausende Eisenbahnbauer schufen die Settle-Carlisle Line – eines der Wunder des viktorianischen Zeitalters mit 13 Tunneln und 23 Viadukten. Mit ihrer Eröffnung im Jahr 1876 besaß die Bahngesellschaft Midland Railway ihre eigene unabhängige Hauptbahnlinie nach Schottland.

SCOTLAND
GROSS-
BRITANNIEN
ENGLAND
NORD-
SEE
IRISCHE
SEE
Solway Firth
Morecambe Bay
Isle of Walney
Northumberland National Park
Cheviot Hills
Kielder Water
Rothbury Forest
Hadrian's Wall
Housesteads
Lake District National Park
Yorkshire Dales National Park
Inglewood Forest
Forest of Bowland
Lancashire Plain
Vale of York
Hambleton Hills
Rombalds Moor
High Peak
Eskdale
Teesdale
Wensleydale
Ribblesdale
Wharfedale
Nidderdale
Fylde
Cross Fell 893
Chapelfell Top 699
Skiddaw 931
Blencathra 868
Great Dodd
Helvellyn 949
Pillar 892
Scafell Pike 977
Harter Fell 765
The Old Man of Coniston 803
Black Combe 600
High Seat 710
The Calf 676
Whernside 736
Ingleborough 724
Pen-y-Ghent 694
Great Whernside 703
Ward's Stone 560
Pendle Hill 557
Boulsworth Hill 518
Black Hill 582
Margery Hill 546
Kinder Scout
Roan Fell 567
Criffel 569
Langstrothdale Chase
Fountains Abbey and Studley Royal Water Garden (NT)
Moffat
Langholm
Lockerbie
Locharbriggs
Annan
Gretna
Longtown
Carlisle
Stanwix
Brampton
Hayton
Haltwhistle
Haydon Bridge
Hexham
Newcastle upon Tyne
Gosforth
North Shields
South Shields
Jarrow
Gateshead
Sunderland
Washington
Whitley Bay
Cramlington
Blyth
Ashington
Morpeth
Stanley
Consett
Chester-le-Street
Seaham
Durham
Peterlee
Spennymoor
Bishop Auckland
Hartlepool
Billingham
Middlesbrough
Stockton-on-Tees
Aycliffe
Thornaby on-Tees
Durham Tees Valley
Darlington
Barnard Castle
Richmond
Northallerton
Ripon
Easingwold
Knaresborough
Harrogate
Skipton
Hetton
Settle
Keighley
Leeds Bradford International
Leeds
Shipley
Bradford
Pudsey
Morley
Batley
Halifax
Castleford
Wakefield
Pontefract
Dewsbury
Huddersfield
Barnsley
Chapeltown
Ecclesfield
Rotherham
Sheffield
Silloth
Wigton
Dalston
Aspatria
Maryport
Seaton
Workington
Cockermouth
Distington
Keswick
Frizington
Cleator Moor
Egremont
Seascale
Ambleside
Windermere
Kendal
Penrith
Appleby-in-Westmorland
Levens
Millom
Ulverston
Dalton-in-Furness
Barrow-in-Furness
Grange-over-Sands
Warton
Carnforth
Bolton-le-Sands
Morecambe
Halton
Caton
Lancaster
High Bentham
Fleetwood
Garstang
Clitheroe
Nelson
Burnley
Poulton-le-Fylde
Blackpool
Preston
Blackburn
Accrington
Lytham St Anne's
Penwortham
Leyland
Darwen
Rawtenstall
Chorley
Southport
Rochdale
Heywood
Bury
Radcliffe
Bolton
Middleton
Royton
Oldham
Ormskirk
Formby
Wigan
Farnworth
Prestwich
Skelmersdale
Hindley
Atherton
Maghull
Leigh
Eccles
Salford
Ashton-under-Lyne
Stalybridge
Crosby
Kirkby
Litherland
Bootle
St Helens
Manchester
Denton
Hyde
Liverpool Bay
Wallasey
Huyton
Prescot
Urmston
Stretford
Birkenhead
Liverpool
Sale
Stockport
Wirral
Warrington
Altrincham
Eden
Tees
Wear
Tyne
North Tyne
South Tyne
Rede
Liddel Water
Esk
Lyne
Irthing
Caldew
Cocker
Lune
Kent
Greta
Wenning
Ribble
Hodder
Wyre
Brock
Wharfe
Cover
Ure
Swale
Wiske
Cod Beck
Rye
Ouse
Kyle
Nidd
Aire
Nith
Annan

Mitte des 19. Jahrhunderts verbanden zwei konkurrierende Eisenbahnstrecken England und Schottland. Die West Coast Main Line zwischen London Euston und Glasgow wurde 1849 von den Eisenbahngesellschaften London & North Western Railway (LNWR) und Caledonian Railway eröffnet. Die East Coast Main Line zwischen London King's Cross und Edinburgh hingegen wurde 1850 von den Gesellschaften Great Northern, North Eastern und North British fertiggestellt. Auch der mächtige Midland Railway (MR) wollte von dem lukrativen Schienenverkehr profitieren. Jedoch verwehrte ihr die LNWR die Mitbenutzung der Gleise von ihrem nördlichen Außenposten Ingleton in den Yorkshire Dales.

Trotzdem war der MR fest entschlossen, Carlisle auf seiner eigenen Route zu erreichen. Dort hätte er Anschluss an die Waverley Route der North British Railway nach Edinburgh und die Strecke der Gesellschaft Glasgow & South Western Railway nach Glasgow. Mit diesem Ziel plante der MR den Bau einer 116 Kilometer langen Hauptbahnlinie durch das abgeschiedene Mittelgebirge der Pennines von Settle Junction, 56 Kilometer nordwestlich von Leeds, nach Carlisle. Das ambitionierte Projekt wurde 1866 vom Parlament genehmigt, die Arbeiten mussten jedoch aufgrund einer Bankenkrise vorerst verschoben werden. Besorgt über die drohende Konkurrenz gestattete die LNWR 1868 nachträglich die Mitnutzung ihrer Gleise nördlich von Ingleton. Der MR hätte sich womöglich darauf eingelassen, aber seine Partner – Lancashire & Yorkshire Railway, North British Railway und Glasgow & South Western Railway – reichten erfolgreich eine Petition beim Parlament gegen die Aufgabe der Pläne ein.

Man nahm den Ingenieur John Crossley unter Vertrag und begann 1870 mit den Bauarbeiten. Ein Heer von 6000 Streckenarbeitern bezog Quartier in abgelegenen Lagern, die sich über die Pennines verstreuten. Mit mehreren Jahren Verspätung und einer 50-prozentigen Überschreitung der veranschlagten Kosten wurde die Bahnlinie schließlich 1876 eingeweiht. In einer Zeit, als die Dampfbagger noch nicht erfunden waren, galt sie mit ihren 13 Tunneln und 23 Viadukten als Triumph viktorianischer Ingenieurskunst. Den ersten 24 Kilometern in nördlicher Richtung von Settle zum Blea Moor Tunnel mit einer durchgängigen Steigung von 1:100 gaben die Dampflokbesatzungen den Spitznamen »The Long Drag« (»Der lange Anstieg«).

Da Wartung und Betrieb sehr teuer waren und der durchschnittliche Verkehr gering, stand die Strecke im »Beeching Report« von 1963 auf der Liste der zu schließenden Bahnlinien. Sie überstand jedoch die Bedrohung und noch eine weitere dank einer gut organisierten nationalen Kampagne in den 1980er Jahren. Unter den Zügen, die einst auf dieser Route verkehrten, waren auch der »Thames-Clyde Express« zwischen

Vorige Seite: Der 6M11 Hunterston-Fiddlers Ferry mit dem vorgespannten Freightliner Heavyhaul 66526 fährt mit gefüllten Kohlewaggons durch das Dentdale.

Der Sonderzug »The Fellsman« von Lancaster nach Carlisle, angeführt von der »Galatea« 45699 der Stanier Jubilee Class, passiert das Gehöft High Scale in der Nähe von Garsdale.

London St. Pancras und Glasgow (1927–1974) und »The Waverley« zwischen London St. Pancras und Edinburgh von 1923 (als er den Namen »Thames-Forth Express« bekam) bis 1968.

Von Abendlicht beschienen thront der Berg Ingleborough über dem Chapel-le-Dale und dem Ribblehead-Viadukt. Die DB Schenker 66103 von Clitheroe nach Mossend schnauft die 1:100-Steigung hinauf am Blea-Moor-Stellwerk vorbei – mit beladenen Zementwaggons im Schlepptau.

Heute dient die Settle-Carlisle-Linie als Güterverkehrs- und Umleitungsroute, die die überfüllte elektrifizierte West Coast Main Line entlastet. Der Personennahverkehr mit Dieseltriebzügen zwischen Leeds und Carlisle hat seit der Wiedereröffnung von acht Stationen wieder zugenommen. Auch dampfbetriebene Sonderzüge befahren die anspruchsvolle Strecke regelmäßig. Dabei werden sowohl Personal als auch Lokomotiven auf eine harte Probe gestellt. Die manuell betriebenen Stellwerke und Flügelsignale sollen jedoch bald durch moderne Signalanlagen ersetzt werden.

Auf ihrem Weg durchfahren die Züge zunächst den Stainforth Tunnel, bevor sie in Horton-in-Ribblesdale und Ribblehead halten. Von dort überqueren sie das imposante Ribblehead-Viadukt mit 24 Bögen, graben sich durch den 2400 Meter langen Blea Moor Tunnel und passieren anschließend die beiden Viadukte Dent Head und Arten Gill. Bald darauf erreichen sie den einsamen Bahnhof Dent (den höchstgelegenen Hauptlinienbahnhof in England), klettern weiter nordwärts durch eine Reihe von Tunneln bergan, halten in Garsdale und erreichen den höchsten Punkt der Linie in Ais Gill. Er liegt 356 Meter über dem Meeresspiegel.

Ab Ais Gill beginnt der Abstieg ins Eden Valley, durch den Birkett Tunnel, über Kirkby Stephen und das Smardale-Viadukt. Weiter geht es durch die Hügellandschaft, durch die Tunnel Crosby Garrett und Helm und südlich von Appleby in das Tal zurück. Auf diesem Bahnhof – dem belebtesten Zwischenhalt der ganzen Linie – gibt es noch einen Fahrkartenschalter. Von Appleby fällt die Route weiter ab durch das Eden Valley bis nach Carlisle. Auf dem Weg durchqueren die Züge noch sechs weitere Tunnel und halten in Langwathby, Lazonby & Kirkoswald und Armathwaite, bevor sie in Petterill Bridge Junction auf die Hauptlinie von Newcastle treffen und die letzten 1,6 Kilometer zum zentralen Bahnhof von Carlisle zurücklegen.

***Folgende Seiten:** Dunkle Wolken hängen über dem Kalksteinmassiv Hangingstone Scar. Vor dieser dramatischen Kulisse zieht die Gresley K4 Nr. 61994 »The Great Marquess« den Sonderzug »The Fellsman« zwischen Lancaster und Carlisle über das Ais-Gill-Viadukt.*

VON DOUGLAS NACH PORT ERIN

ISLE OF MAN, GROSSBRITANNIEN

SPURWEITE: 914 MILLIMETER • **LÄNGE:** 25 KILOMETER • **ROUTE:** VON DOUGLAS NACH PORT ERIN

Der Isle of Man Steam Railway gehörte einst zum 74 Kilometer langen, dampfbetriebenen Schmalspurliniennetz der Insel. Er wurde vor dem Vergessen bewahrt, als ihn 1978 die Regierung verstaatlichte. Fahrgäste reisen in restaurierten, original viktorianischen Personenwagen, die von ebenso alten Original-Dampflokomotiven gezogen werden.

SCOTLAND
Loch Ryan
Stranraer
The Rinns of Galloway
Newton Stewart
Cairnsmore of Fleet
711
Loch Ken
Castle Douglas
Dalbeattie
Criffel
569
Wigtown
Kirkcudbright
Balcary Point
Solway Firth
Silloth
Luce Bay
The Machars
Wigtown Bay
Kirkcudbright B.
Abbey Head
Burrow Head
Mull of Galloway
Mew Island
Copeland Island
Donaghadee
Ards Peninsula
Portaferry
Ballyquintin Point
NORTHERN IRELAND
GROSSBRITANNIEN
Crosscanonby
Maryport
Flimby
Seaton
Workington
Great Clifton
Distington
Moresby Parks
Parton
Whitehaven
Frizington
St Bees Head
Cleator Moor
Ennerdale Water
St Bees
Egremont
Gosforth
Seascale
ENGLAND
Isle of Man
(U.K.)
Point of Ayre
Andreas
Sandygate
Ramsey Bay
Ballaugh
Ramsey
Kirk Michael
Maughold
Maughold Head
Snaefell
625
Dhoon
Peel
Laxey
Laxey Bay
Patrick
Glen Vine
Onchan
Clay Head
Dalby
Foxdale
Braaid
DOUGLAS
Ballasalla
Port Erin
Cregneash
Port St Mary
Castletown
Calf of Man
IRISCHE SEE
Amlwch
Carmel Head
Anglesey
(Ynys Môn)
Llyn Alaw
Holyhead Bay
Holyhead
(Caergybi)
Holy Island
Valley
WALES
Llangefni
Red Wharf Bay
Puffin Island
(Priestholm)
Great Ormes Head
Llandudno
Deganwy
Conwy Bay
Conwy
Colwyn Bay
Prestatyn
Rhyl
Abergele

Die Isle of Man liegt in der Irischen See – etwa gleich weit entfernt von Irland, England, Wales und Schottland. Sie blickt auf eine lange und zum Teil sehr bewegte Geschichte zurück. Als Kronbesitz untersteht sie seit 1863 direkt der Britischen Krone, verfügt jedoch über weitgehende innere Autonomie. Nachdem Königin Victoria sie durch mehrere Besuche quasi mit einem königlichem Gütesiegel versehen hatte und zu Beginn des 19. Jahrhunderts eine regelmäßige Schiffsverbindung von Liverpool installiert worden war, entwickelte sich die Insel zu einem beliebten Urlaubsziel der Arbeiter und ihrer Familien aus den nordenglischen Industriegebieten. Bald stellten sich auch viktorianische Unternehmer ein, bauten Grandhotels entlang der Uferpromenade in der Hauptstadt Douglas und Ferienanlagen in Port Erin und Ramsey. Um die Besucherströme zu versorgen, liebäugelte man bald mit der Verlegung von Eisenbahnlinien auf der Insel. Allerdings schloss das gebirgige Hinterland den Bau von Normalspurstrecken aus. Deshalb entschied man sich für eine Spurweite von 914 Millimetern. Diese ermöglichte engere Kurven, um sich der Topografie des Geländes besser anzupassen, und war zudem billiger. Dasselbe Spurmaß wurde auch für eine Vielzahl irischer Schmalspurlinien verwendet, die gegen Ende des 19. Jahrhunderts entstanden.

Mit Chefingenieur Henry Vignoles an der Spitze war die Eisenbahngesellschaft Isle of Man Railway (IoMR) die erste der Insel. Das 1870 registrierte Unternehmen plante Linien von der Hauptstadt Douglas nach Peel an der Westküste und von St. John's die Westküste hinauf nach Ramsey an der Ostküste. Auch eine Anschlussverbindung von Douglas nach Castletown stand zur Debatte.

Mit Henry Vignoles hatte die IoMR einen sehr erfahrenen Chefingenieur gewonnen, der in der gleichen Position schon für Eisenbahnlinien in Russland, Deutschland, Spanien, Polen und in der Schweiz gearbeitet hatte. Als erste Bahnlinie auf der Isle of Man wurde die 18 Kilometer lange Route von Douglas nach Peel fertig, die die Insel entlang einiger Flusstäler durchquerte und im Juli 1873 eröffnet wurde. Bald darauf folgte die steile, 25 Kilometer lange Linie von Douglas nach Castletown (später ausgebaut bis nach Port Erin), die im August 1874 in Betrieb genommen wurde. Auf beiden Linien waren kleine Lokomotiven mit der Achsfolge 1'Bt von Beyer Peacock in Manchester im Einsatz.

***Vorige Seite:** Die Lok Nr. 12 »Hutchinson« von der Isle of Man Railway zieht in den Wäldern oberhalb des Port Soderick Glen den 11.50-Uhr-Zug von Douglas nach Port Erin.*

Als sich die IoMR gegen den Bau der Strecke von St. John's nach Ramsey entschied, gründete sich das eigenständige Unternehmen Manx Northern Railway (MNR), das im September 1879 die 27 Kilometer lange Route mit zwei Viadukten eröffnete. Eine dritte Eisenbahngesellschaft namens Foxdale Railway weihte 1886 eine vier Kilometer lange Schienenverbindung zwischen St. John's und den Bleiminen von Foxdale ein. Sie wurde 1891 vom MNR übernommen.

Das letzte Teil im Eisenbahnpuzzle der Insel kam 1893 mit dem 914-Millimeter-spurigen Manx Electric Railway hinzu, der die Ostküste von Douglas bis Laxey erschloss. 1899 wurde er bis nach Ramsey verlängert. Ein Abzweig von Laxey zum Gipfel des höchsten Bergs der Insel namens Snaefell eröffnete 1895, doch seltsamerweise wählte man hier eine Spurweite von 1067 Millimetern. Beide Linien wurden 1957 von der Regierung der Isle of Man verstaatlicht und sind bis heute in Betrieb.

1905 übernahm der IoMR den Manx Northern Railway und war nun für insgesamt 74 Kilometer Bahnstrecke auf der Insel verantwortlich. In den Jahren nach dem Ersten Weltkrieg strömten immer mehr Urlauber aus Großbritannien auf die Isle of Man, sodass das Eisenbahnsystem an seine Belastungsgrenzen kam. Doch die zunehmende Konkurrenz durch Busse sorgte in den 1930er Jahren für einen Rückgang des Bahnverkehrs. Das änderte sich wieder mit dem Ausbruch des Zweiten Weltkriegs, als die Eisenbahnen in großem Umfang Militärangehörige, Kriegsgefangene und sogenannte Feindstaatenausländer in die Internierungslager auf der Insel beförderten.

Auch diesmal brachten die Nachkriegsjahre der Insel einen Anstieg der Urlauberzahlen und damit eine erfreuliche wirtschaftliche Lage. Aber leider nur vorübergehend. Die IoMR befand sich bereits in einem ziemlich maroden Zustand – mit uralten Dampfloks und Waggons und schlecht gewarteten Gleisen. Als die Passagierzahlen erneut zurückgingen, wurde die Strecke zwischen St. John's und Ramsey 1961 stillgelegt. Die Linien von Douglas nach Peel und von Douglas nach Port Erin blieben in Betrieb, bis sie 1965 ohne Vorwarnung geschlossen wurden.

Fast zwei Jahre lang schlummerte die IoMR vor sich hin und die Natur überwucherte die rostenden Gleise. Doch dann nahte Rettung in Person des Marquess of Ailsa, eines schottischen Adligen, der einst als Heizer auf Dampflokomotiven gearbeitet hatte. Er pachtete die Eisenbahn für 21 Jahre, um sie zu einer sommerlichen Touristenattraktion zu machen. So wurden im Juli 1967 alle drei Strecken wiedereröffnet. Diese Wiedergeburt war von kurzer Dauer, denn sowohl die Linie von Douglas nach Peel als auch jene von St. John's nach Ramsey wurden im September 1968 endgültig stillgelegt. Einzig die Strecke von Douglas nach Port Erin verkehrte weiterhin in den Sommermonaten, bis sie 1978 verstaatlicht wurde. Heute nennt sich die Bahnlinie Isle of Man Steam Railway.

Der Isle of Man Steam Railway betreibt die Strecke zwischen Douglas und Port Erin heute von Mitte Februar bis Anfang November mit restaurierten historischen Dampfzügen. Für die 25 Kilometer brauchen sie eine gute Stunde. Die Fahrgäste sitzen in Original-Holzwaggons, die von Lokomotiven aus den Lieferungen von 1874 bis 1910 gezogen werden. Zwei Exemplare, die Nr. 6 »Peveril« und die Nr. 16 »Mannin«, stehen im Eisenbahnmuseum von Port Erin. Zwei zusätzliche Triebwagen, die man in den frühen 1960er Jahren vom längst geschlossenen irischen County Donegal Railways Joint Committee erworben hatte, warten derzeit in Douglas auf ihre Restaurierung.

Züge nach Port Erin fahren westlich des roten Backsteinbahnhofs in Douglas ab, der seinen viktorianischen Charme weitgehend bewahrt hat, obwohl es seit der Schließung der Bahnlinien nach Peel und Ramsey weniger Bahnsteige gibt. Bei der Ausfahrt aus Douglas kommen die Züge am Lokschuppen und an den Werkstätten vorbei und überqueren den Fluss Glass. Dann geht es in südwestlicher Richtung an der Küste entlang bergauf zum ersten Halt in Port Soderick. Von hier aus führt die Route landeinwärts zum höchsten Punkt der Strecke (179 Meter über dem Meeresspiegel), bevor sie wieder abfällt durch das Glen Grenaugh bis zum Bahnhof Santon. Es geht weiter hinab zur Station Ballasalla, wo Züge auf einem Ausweichgleis aneinander vorbeifahren können. Von dort schlängeln sich die Gleise durch flacheres Gelände bis zum Ronaldsway Halt (Umsteigebahnhof zum Isle of Man Airport) und treffen schließlich in der einstigen Inselhauptstadt Castletown ein. Der Bahnhof empfiehlt sich als Ausgangspunkt für Ausflüge zur mittelalterlichen Burg Castle Rushen, zum Hafen, zum gastfreundlichen George Hotel und für Küstenwanderungen rund um Scarlett Point.

Von Castletown wenden sich die Züge landeinwärts auf einer ebenen Strecke durch Ballabeg Halt, Colby und Port St. Mary und eröffnen unterwegs herrliche Aussichten auf die Gegend nördlich des Bradda Head und der South Barrule Hills. Die Reise endet am bezaubernden roten Backsteinbahnhof von Port Erin. Dort gibt es einen Lokschuppen und das Port Erin Railway Museum (in einem umgebauten Busdepot), wo zwei IoMR-Lokomotiven, zwei königliche Reisewagen und andere Eisenbahnrelikte ausgestellt sind, die bis aufs Jahr 1873 zurückgehen. Vom Bahnhof erreicht man auch zu Fuß den geschützten Sandstrand, die viktorianische Promenade und den Klippenpfad an der Küste, der zum Felsen Bradda Head führt. An klaren Tagen kann man von seinem Gipfel die Mourne Mountains in Irland sehen.

Die Lok Nr. 8 »Fenella« zieht am frühen Abend einen Sonderzug mit historischem Rollmaterial an der Küste der Landzunge bei Keristal entlang.

__Folgende Seiten:__ Die Nr. 12 »Hutchinson« 1'Bt des Isle of Man Railway aus dem Werk von Beyer Peacock, gebaut 1908, nähert sich dem Bahnhof von Port St. Mary.

VON DUBLIN NACH ROSSLARE HARBOUR

IRLAND

SPURWEITE: 1600 MILLIMETER • **LÄNGE:** 161 KILOMETER • **ROUTE:** VON DUBLIN NACH ROSSLARE HARBOUR

Die Eisenbahnlinie von Dublin nach Rosslare wurde von Isambard Kingdom Brunel geplant. Ein besonders malerisches Teilstück der Route führt an der Küste entlang. Aufgrund der Meeresnähe verlangt es seit seiner Eröffnung vor über 150 Jahren ständige Aufmerksamkeit.

IRLAND
ST.-GEORGS-KANAL
DUBLIN
(Baile Átha Cliath)
Dublin Bay
Dún Laoghaire
Tallaght
Kells
Brú Na Boinne
Boyne
Drogheda
Bettystown
(Baile an Bhiataigh)
Lough Derravaragh
Athboy
(Baile Átha Buí)
Navan
(An Uaimh)
Duleek
(Damhliag)
Balbriggan
(Baile Brigín)
Inny
Lough Owel
Hill of Tara
154
Skerries
(Na Sceirí)
Deel
Mullingar
Trim
(Baile Átha Troim)
Ashbourne
(Cill Dhéagláin)
Lusk
(Lusca)
Rush
(An Ros)
Uisneach
184
Donabate
Portrane
(Port Reachrann)
Swords
(Sord)
Dunboyne
(Dún Búinne)
Malahide
(Mullach Íde)
Lough Ennell
Kinsaley
Portmarnock
(Port Mearnóg)
Kilcock
(Cill Choca)
Leixlip
(Léim an Bhradáin)
Maynooth
(Maigh Naud)
Clara
Cióirtheach)
Edenderry
(Éadan Doire)
Lucan
(Leamhcán)
Celbridge
(Cill Droichid)
Newcastle
(An Caisleán Nua)
Bog of Allen
Clane
(Claonadh)
Rathcoole
(Ráth Cúil)
Kill (An Chill)
Tullamore
Tulach Mhór)
Rathangan
(Ráth Iomghain)
Naas
(An Nás)
Enniskerry
(Áth an Sceire)
Bray
Kippure
754
Portarlington
(Cúil an tSúdaire)
Kildare
Newbridge
Blessington
(Baile Coimín)
Great Sugar Loaf
506
Greystones
(Na Clocha Liathe)
Barrow
Djouce Mountain
725
Monasterevin
(Mainistir Eimhín)
Wicklow Mountains
Mullaghcleevaun
850
Kilcullen
(Cill Chuillin)
Bloom Mts
Mountmellick
(Móinteach Milie)
Pollaphuca Reservoir
Kilcoole
(Cill Chomhghaill)
Tonelagee
819
Wicklow Mountains National Park
Arderin
529
Portlaoise
(Port Laoise)
Vartry
Rathnew
(Ráth Naoi)
Mountrath
Maiglean Rátha)
Stradbally
(An tSraidbhaile)
Athy
(Baile Átha Í)
Wicklow
Wicklow Head
Lugnaquilla
926
Rathdrum
(Ráth Droma)
Baltinglass
(Bealach Conglais)
Abbeyleix
(Mainistir Laoise)
Avonbeg
Greese
Brittas Bay
281
Rathdowney
(Ráth Domhnaigh)
Carlow
(Ceatharlach)
337
Croghan Kinsella
607
Castlecomer
(Caisleán an Chomair)
Tullow
(An Tulch)
Arklow
Barrow
419
Nore
Dinin
Slaney
Derry
Bagenalstown
(Muine Bheag)
Kilkenny
(Cill Chainnigh)
Blackstairs Mountains
Gorey
(Guaire)
344
Bunclody
(Bun Clóidí)
Bann
Slievardagh Hills
Mount Leinster
795
Callan
(Callain)
Graiguenamanagh
(Gráig na Manach)
734
Blackstairs Mountain
Kings
Thomastown
(Baile Mhic Andáin)
Brandon Hill
519
Enniscorthy
hard
dh Ard)
Slaney
Slievenamon
719
Nore
315
Wexford Bay
Booley Hills
New Ross
(Ros Mhic Thriúin)
Carrick-on-Suir
nmel
ain Meala)
271
Wexford
omeragh Mountains
Knockanaffrin
755
Portlaw
(Port Lach)
Suir
Barrow
Rosslare Bay
Rosslare
navullagh
ountains
efin 728
Waterford
(Port Láirge)
South East Regional Airport Waterford
Tramore
Dunmore East
(Dún Mór)
Ballyteige Bay
Saltee Islands
garvan

Mit der englischen Standardspurweite von 1435 Millimetern eröffnete 1834 Irlands erste Eisenbahnstrecke – der knapp zehn Kilometer lange Dublin & Kingstown Railway (D&KR) zwischen Dublin Westland Row und dem Ostküstenhafen Kingstown (heute Dún Laoghaire). Zu den technischen Beratern dieses sehr frühen Eisenbahnprojekts gehörten Kapazitäten wie George Stephenson, Thomas Telford und Charles Vignoles. Ein kurzes, 1844 eingeweihtes Anschlussstück von Kingstown nach Dalkey wurde bis 1856 mit atmosphärischem Druck betrieben. Dann wurde der D&KR an die Gesellschaft Waterford, Wexford, Wicklow & Dublin Railway verpachtet.

Unterdessen hatte man eine Royal Commission eingerichtet zur Standardisierung der Spurweiten, von denen es bis 1845 verwirrend viele auf der Insel gab: 1435 Millimeter, 1600 Millimeter und 1880 Millimeter. Am Ende entschied man sich für das 1600-Millimeter-Maß, das daraufhin für alle neuen Bahnlinien in Irland verwendet wurde (außer für die späteren Schmalspur-Kleinbahnen).

Die Idee für den 1846 als Aktiengesellschaft gegründeten Waterford, Wexford, Wicklow & Dublin Railway (WWW&DR) stammte vom Great Western Railway (GWR) aus Großbritannien und dessen Chefingenieur Isambard Kingdom Brunel. Er sah diese Bahnlinie als wichtiges Glied in der Kette von Verbindungen von Fishguard in Südwestwales über den Ärmelkanal nach Dublin. Der ambitionierte Unternehmer William Dargan, der bereits den D&KR gebaut hatte, kaufte die GWR-Aktien an dem neuen Unternehmen. 1849 wurde der WWW&DR in Dublin Wicklow & Wexford Railway (DW&WR) umbenannt.

In dem südlich von Kingstown gelegenen Küstenort Bray trafen 1854 zwei Bahnlinien gleichzeitig ein: der Dublin & Bray Railway (D&BR) erreichte ihn von dem neuen Endbahnhof Harcourt Street in Dublin, und der DW&WR – der inzwischen Dublin & Wicklow Railway (D&WR) hieß – erweiterte seine vorhandene Bahnlinie von Dublin nach Dalkey in südlicher Richtung. Beide Strecken baute man in 1600-Millimeter-Spur, der ursprüngliche Abschnitt von Westland Row nach Kingstown und Dalkey wurde vom englischen Maß umgespurt. Bald nach der Eröffnung im Jahr 1854 übernahm der D&WR den D&BR.

Die nächste Erweiterung des D&WR nach Süden bis Wicklow war eine gewaltige ingenieurtechnische Herausforderung. Unter der Leitung von Chefingenieur Brunel legte man die einspurige Bahnlinie ganz nah an die Küste, was die Errichtung mehrerer Viadukte und das Ausschachten von vier Tunneln durch massives Gestein bei Bray Head erforderte. 1855 wurde der Abschnitt von Bray nach Wicklow in Betrieb genommen. 1860 benannte sich das Unternehmen nochmals um und nahm seinen früheren Namen von 1849 wieder an: Dublin, Wicklow & Wexford Railway (DW&WR). Dies brachte die Absicht deutlich zum Ausdruck, die Strecke nach Wexford an der Südostküste auszubauen. Das Teilstück von Wicklow landeinwärts nach Rathdrum ging 1861 in Betrieb, das nach Enniscorthy 1863 und jenes nach Wexford 1872. Ein 27 Kilometer langer Abzweig von Woodenbridge nach Shillelagh wurde 1865 eröffnet und einer von Macmine Junction nach New Ross im Jahr 1887. Letzteren verlängerte man 1904 noch bis nach Waterford. In Rosslare Strand traf die Linie aus Wexford 1882 ein und 1906 in Rosslare Harbour mit Anschluss an den neuen Dampfschiff-Service des GWR nach Fishguard. Die Häfen von Fishguard und Rosslare waren von der Fishguard & Rosslare Railways & Harbours Company angelegt worden, einem Joint Venture der britischen Great Western Railway und der irischen Gesellschaft Great Southern & Western Railway. Auch die sechs Kilometer lange Bahnlinie zwischen Rosslare Harbour und Rosslare Strand und die verbleibenden 56 Streckenkilometer nach Waterford gingen auf das Konto des Gemeinschaftsunternehmens.

Seit seiner Einweihung 1855 musste das küstennahe Teilstück der Route zwischen Bray und Wicklow immer wieder neu ausgerichtet werden. Das lag zum einen an den Felsstürzen rund um Bray Head, zum anderen an der Küstenerosion weiter südlich. Als 1867 das hölzerne Brandy Hole Viaduct einstürzte, das eine Schlucht zwischen zwei Tunneln bei Bray Head überspannt hatte, schachtete man 1876, 1879 und 1917 weiter landeinwärts neue Tunnel aus.

1906 gab sich der DW&WR wieder einmal einen neuen Namen: Dublin & South Eastern Railway. Dieser fusionierte 1925 mit der Great Southern Railways Company, und 1945 wurden sämtliche Eisenbahn- und sonstigen Verkehrsunternehmen der Republik Irland unter dem Namen Coras Iompair Éireann (CIE) verstaatlicht. Mitte der 1950er Jahre ersetzte das CIE seine alternde Dampflokflotte durch Diesellokomotiven aus Großbritannien, die später den amerikanischen Lokomotiven von General Motors weichen mussten. In den vergangenen Jahren haben Dieseltriebwagen die meisten lokbespannten Personenzüge übernommen. Rund um Dublin betreibt heute das elektrifizierte Nahverkehrssystem Dublin Area Rapid Transit (DART) 53 Streckenkilometer Vorortlinien, darunter auch die Route von Dublin nach Bray über Dún Laoghaire, die 1984 ihren Betrieb aufnahm und im Jahr 2000 von Bray Head nach Greystones ausgebaut wurde.

Vorige Seite: Der Bau der Küstenroute durch den Bray Head nach Greystones stellte eine große technische Herausforderung dar. Dieser Deich zwischen zwei Tunneln ersetzte ein früheres Holzviadukt, das 1867 eingestürzt war.

Ein elektrischer Zug des Dublin Area Rapid Transit (DART) aus Greystones fährt auf der küstennahen Route bei Bray Head.

RPSI

Während die ursprüngliche Hauptbahnlinie von Dublin nach Rosslare Harbour noch immer in Betrieb ist, wurden all ihre Abzweigungen schon vor langer Zeit geschlossen: die von Woodenbridge nach Shillelagh 1944, die von Harcourt Street nach Bray 1958 und jene von Macmine Junction nach New Ross 1963. Der letzte Güterzug zwischen New Ross und Waterford fuhr 1995.

Die Dieselzüge nach Rosslare Harbour starten am Bahnhof Dublin Connolly, überqueren den Fluss Liffey und halten am Bahnhof Dublin Pearse, dem einstigen Endbahnhof der ersten Bahnlinie Irlands (Dublin & Kingstown). Der erste Abschnitt der Strecke folgt dieser historischen Route, die inzwischen als Teil des DART bis nach Greystones elektrifiziert ist, passiert etliche Vorortstationen und gelangt bei Booterstown an die Küste. Von dort führt die zweispurige Küstenroute nach Dún Laoghaire (ehemals Kingstown), wo die Schnellfähren der Stena Line nach Holyhead in Nordwales ablegen, und weiter über Dalkey, Killiney und Shankhill bis nach Bray.

Auf ihrem Weg nach Süden an der Küste entlang durchquert sie das County Wicklow, wo die malerische Eisenbahnstrecke einspurig wird, durchfährt vier Tunnel unter Bray Head und trifft schließlich in Greystones ein, dem derzeitigen Ende des elektrifizierten DART-Schienennetzes von Dublin. Von dort fahren die Züge weiter südwärts die Küste entlang und halten in Kilcoole, bevor sie den Bahnhof Wicklow erreichen, wo es ein Ausweichgleis gibt. Das Stellwerk befindet sich hier, wie es auch auf anderen Bahnhöfen an der Strecke gängige Praxis war, auf dem Fußgängerübergang, wobei die Flügelsignale an der Linie 2008 durch ein Centralized-Traffic-Control-System ersetzt wurden.

Von Wicklow aus macht die Route einen großen Bogen ins Landesinnere hinein, verläuft durch die bewaldeten Ausläufer der Wicklow Mountains bis zum Dorf Rathdrum und nähert sich dann wieder der Küste bis Arklow. Die Stadt an der Mündung des Avoca River ist berühmt für ihre Nineteen Arches Bridge, die die Stadtteile über den Fluss hinweg miteinander verbindet.

Von Arklow geht es wieder landeinwärts ins County Wexford bis nach Gorey. Nun folgt die Strecke dem Bann Valley nach Enniscorthy. Während des irischen Osteraufstands von 1916 übernahmen Hunderte irische Republikaner kurzzeitig die Kontrolle über diesen Abschnitt der Eisenbahnlinie, um britische Verstärkungstruppen am Vormarsch nach Dublin zu hindern. Von Enniscorthy führt die Trasse in südlicher Richtung durch den Enniscorthy Tunnel und das üppige Slaney Valley bis zum Bahnhof Wexford. Auf dem letzten Teil der Strecke rattern die Züge am Kai entlang bis nach Rosslare Strand und Rosslare Harbour, wo es Anschluss an die Fähren nach Fishguard in Wales gibt.

Im Rahmen einer Fahrt der Railway Preservation Society of Ireland von Dublin nach Rosslare überquert die Lok Nr. 4, Achsfolge 1'C2't, des Northern Counties Committee den Fluss Slaney kurz nach ihrer Ausfahrt aus Enniscorthy.

AFRIKA

VON MASSAUA NACH ASMARA

ERITREA, NORDOSTAFRIKA

SPURWEITE: 950 MILLIMETER • **LÄNGE:** 117 KILOMETER • **ROUTE:** VON MASSAUA NACH ASMARA

20 Jahre brauchten die italienischen Kolonialherren von Eritrea, um die technisch sehr anspruchsvolle Schmalspureisenbahnlinie vom Rotmeerhafen Massaua zur neuen Hauptstadt Asmara zu bauen. Die steil ansteigende Strecke wurde während des Eritreischen Unabhängigkeitskriegs nahezu vollständig zerstört, aber inzwischen von den Eritreern als Touristenbahn wiedereröffnet.

SAUDI-ARABIEN
ROTES MEER
SUDAN
ERITREA
ÄTHIOPIEN
JEMEN
DSCHIBUTI
Jebel Erba
2213
Gezirat Mukawwar
Jebel Oda
2259
Sanganeb Atoll Marine National Park
Port Sudan (Būr Sudan)
Suakin
Sinkat
Tokar
Khalīg Aqiq
Talla Talla Seghir
Suakin Archipelago
Gezirat Iri
Ras Kasar
1757
2780
2589
Falkat
Hagar Nish Plateau
Enghershātu
2576
Suara
2603
Anseba Shet
Baraka
Keren
Wakiro
Akordat
Bisha
Mogareb
Ginda
ASMARA
2584
Massawa
Hargigo
Massawa Channel
Teseney
Barentu
Dekemhare
Mendefera
Adi Keyih
Senafe
Badme
Adi Kwala
Om Hajer
Himora
Setit
Ādī Da'iro
Ādigrat
3293
Āksum
Ādwa
Inda Silasē
Urī Wenz
Wik'ro
Āgula'i
Āiy Ādī
Mek'elē
Tekezē Wenz
Kaza Wenz
Simēn Mountain National Park
Ādī Ārk'ay
2806
Ras Dejen
4533
Simēn
Dabat
Debark
Āmba Alagē
3941
Maych'ew
Fasil Ghebbi and Gonder Monuments
Āykel
Āzezo
Gonder
Sek'ot'a
Korem
Ālamat'ā
Gorgora
T'ana Hāyk'
Megech
Nili
Difnein
Harmil
Harat
Dohul
Dahlak Marine National Park
Dehalak Desēt
Dahlak Archipelago
Aukan
Hawakil Bay
Hawakil
Andeba Ye Midir Zerf Chaf
Mersa Fatma
Anfile Bay
Meder
Ras Shakhs
Ras Kozar
Kolulī
Afar Depression
Subucle
1280
Āsalē
-125
Gabulī
690
Erta Āle
690
Āfrēra
YeChe'ew Hāyk'
Āfrēra Terara
1200
Ed
Danakil
2131
Beylul
Ras Terma
Assab
Musa Ālī Terara
2063
Al 'Aqīq
Aynīn
Wādī al Līth
Wādī Bīshah
Wādī Dhahab
Bilād Zahrān
Al Junaynah
Ḥajrah
Al Mindak
Bilād Ghāmid
Al Bāḥah
Qal'at Bīshah
BĪSHAH
ASMAR
Qishrān
Al Līth
Abū Latt
Ḥamdānah
Baljurshī
Al 'Alayyah
Wādī Hariab
Bi'r Ibn Sarrār
'ASĪR
Sirrayn
Jabbārah Fara Islands
Al Qunfidhah
Wādī Yiba
Lakathah
An Nimāṣ
As Subaykhah
Wādī Hali
Wādī Tarib
Ṣabāyā
Qutū'
Ḥadārah
Harrat Habhab ash Shaykh
Al Birk
Dirs
Khamis Mushayṭ
Abhā
Ahad Rafidah
Zuqāq
Markā
Harrat ad Dahīn
Asir National Park
HIBATA
Sīmayr
Ad Darb
Ash Shuqayq
TIHĀMAT 'ASĪR
Baysh
Momed
Ra's aṭ Ṭarfā
Ṣabyā
Dissān
Jīzān
Abū 'Arīsh
Jazā'ir Farasān
Masāqif
Sāmitah
Dumsuk
Rumayn
Ḥaraḍ
Marrāk
Sumayr
Barrī
Mīdī
Duqaylah
'Abs
Jazīrat Antufash
Al Khawtamah
Al Luḥayyah
Az Zuhrah
Kamarān
Kamaran
Aṣ Ṣahīf
Az Zaydīyah
Ra's 'Īsá
Jazā'ir az Zubayr
Bājil
Ra's al Kathīb
Al Ḥudaydah
Al Fāzih
Az Zuqur
Al Ḥanīsh al Kabīr
Suyūl Ḥanīsh

Eritrea liegt an der Küste des Roten Meeres am Horn von Afrika. Im Norden und Westen grenzt es an den Sudan und im Süden an Äthiopien und Dschibuti. Seine Unabhängigkeit erlangte Eritrea erst 1993. Die jahrelange italienische Kolonialherrschaft beendeten die Briten während des Zweiten Weltkriegs. Doch es folgte ein weiterer 30-jähriger grausamer Unabhängigkeitskrieg gegen den neuen Oberherrn: das marxistische Äthiopien.

Als nach der Eröffnung des Suezkanals im Jahr 1869 der europäische »Wettlauf um Afrika« in seine Hochphase eintrat, kamen die Italiener in die Region. Und bereits 1889 beherrschten sie Eritrea als Kolonie. In jener Zeit begann der Aufbau einer 950-Millimeter-Schmalspurstrecke zwischen dem Rotmeerhafen Massaua und der Hauptstadt Asmara, die 2400 Meter über dem Meeresspiegel auf einer Hochebene liegt. Diese Bahnlinie hatte nicht nur strategische Bedeutung für den Transport von Nachschublieferungen für die italienischen Frontstellungen, sondern diente auch wirtschaftlichen Zwecken. Rohstoffe aus den Bergwerken des Hochlands von Eritrea sollten in die Hafenstadt Massaua befördert werden. Die Arbeiten gingen sehr langsam voran, denn die technisch anspruchsvolle und steile Route erforderte 39 Tunnel sowie 65 Brücken und Viadukte. Asmara, 117 Kilometer entfernt von Massaua, war 1911 endlich erreicht. In den Folgejahren wurde die Strecke noch weiter ausgebaut bis nach Keren (1922), Agat (1925), Agordat (1928) und in das 264 Kilometer von Massaua entfernte Bishia (1932). Pläne, die Route Richtung Westen bis nach Teseney mit Anschluss an das sudanesische Eisenbahnnetz zu erweitern, wurden allerdings nie umgesetzt. Doch die neue Bahnlinie erschloss neue Märkte für landwirtschaftliche Erzeugnisse, und die Städte entlang der Route blühten auf. Außerdem war sie der größte Arbeitgeber der Region mit gut ausgestatteten Werkstätten in Asmara.

__Vorige Seite:__ Die Mallet B'Bt Lokomotive Nr. 442.54, 1938 von Ansaldo erbaut, führt einen Kurzzug über das gebogene Viadukt bei Kilometer 112 oberhalb von Shegerini. Es ist einer der spektakulärsten Abschnitte der meterspurigen Bahnlinie zwischen Massaua und Asmara.

1935 marschierte Italien unter Mussolini in Abessinien (das heutige Äthiopien) ein und fasste Eritrea, Abessinien und Italienisch-Somaliland zu einem zusammenhängenden Gebiet mit Namen Italienisch-Ostafrika zusammen. Obwohl die Eisenbahn enorme Mengen an Versorgungsgütern für die Invasoren transportierte, stieß sie mit bis zu 30 Zügen täglich bald an ihre Grenzen. Daher legten die Italiener 1938 eine Seilbahn zwischen Massaua und Asmara an. Als längste ihrer Art weltweit verfügte sie über 13 Zwischenstationen, die durchweg mit stationären Dieselmotoren ausgestattet waren.

Am 10. Juni 1940 erklärten die Italiener Großbritannien und Frankreich den Krieg. An ihrem Stützpunkt in Massaua stationierten sie eine Flotte von Zerstörern und U-Booten, bedrohten damit britische Konvois im Roten Meer und marschierten erfolgreich in Britisch-Somaliland ein. Daraufhin griffen im Januar 1941 zwei britisch geführte indische Infanteriedivisionen aus dem Sudan von Osten aus an und drei südafrikanische Divisionen drangen aus Kenia nach Norden vor. Bereits im November waren die Italiener geschlagen und Italienisch-Ostafrika kam unter britische Kontrolle. Nur einige wenige italienische Zivilbeamte ließ man dort, um die Verwaltung aufrechtzuerhalten. Die britische Kontrolle endete 1951, als Eritrea gemäß einer UN-Resolution mit Äthiopien vereinigt wurde. Doch als Äthiopien 1961 Eritrea annektierte, führte das zu einem blutigen Bürgerkrieg, der bis 1991 dauerte. 1993 erhielt das eritreische Volk nach einem von der UN überwachten Referendum endlich seine Unabhängigkeit.

Unterdessen lief der Eisenbahnbetrieb weiter. Allerdings wurde der Abschnitt von Agordat nach Bishia 1942 stillgelegt und die Seilbahn zwischen Massaua und Asmara 1944 demontiert und als Reparationszahlung nach Kenia überführt. In den 1950er und 60er Jahren blühte der Eisenbahnverkehr regelrecht auf, bis der Ausbruch des Bürgerkriegs zwischen eritreischen Separatisten und der äthiopischen Armee zu seinem Niedergang führte. Bei den Kämpfen wurde die Infrastruktur fast vollständig zerstört, sodass der Betrieb 1976 zum Erliegen kam. Das Rollmaterial und die Lokomotiven verfielen und das Ende der Eisenbahn schien besiegelt.

Das galt jedoch nicht für den Abschnitt von Massaua nach Asmara. Als 1993 die Unabhängigkeit kam, versprach die neue Regierung von Eritrea, die Bahnlinie zu erneuern. Nachdem man Hilfen aus dem Ausland abgelehnt hatte, begann man mit einheimischen Fachkräften und altgedienten Eisenbahnern damit, die Gleise wieder flottzumachen, Werkstätten und Bahnhöfe wiederaufzubauen und den zusammengewürfelten Bestand italienischer Triebwagen und Lokomotiven einschließlich des Rollmaterials zu restaurieren.

1996 wurde die Strecke zwischen Massaua und Ghinda freigegeben. Das Anschlussstück nach Asmara folgte 2003. Der letzte, kurvenreiche Abschnitt in die Berge zwischen Nefasit und Asmara bildete mit seinen Steigungen von bis zu 1:30 und seinen vielen Tunneln und Brücken die größte Herausforderung.

Die 1938 von Ansaldo erbaute Mallet B'Bt-Lokomotive Nr. 442.55 schleppt einen kurzen gemischten Zug durch das bergige Gelände oberhalb von Nefasit.

Heute fährt jeden Sonntag je ein Zug in beide Richtungen auf der landschaftlich wunderschönen Strecke zwischen Asmara, Arbaroba und Nefasit. Bei Bedarf wird ein Touristensonderzug von Massaua nach Asmara eingesetzt, der bei einer durchschnittlichen Geschwindigkeit von 20 Stundenkilometern etwa sechs Stunden braucht. Historische Dampf- und Diesellokomotiven ziehen dabei italienische »Littorina«-Triebwagen aus den 1930er Jahren.

Elf Dampfloks haben überlebt, sechs davon funktionieren wieder. Die Stars der Flotte sind drei restaurierte Mallet-Verbundlokomotiven B'Bt aus dem Jahr 1938 von Ansaldo in Italien. Diese kraftvollen Maschinen führen viele der Touristenzüge an, oft in Doppeltraktion. Außerdem verkehren auf der Strecke zwei Bo'Bo'-Diesellokomotiven von Krupp aus dem Jahr 1957, die künftig vor Güterzüge gespannt werden sollen. Und schließlich gibt es noch zwei restaurierte 28-sitzige Dieseltriebwagen der Marke Fiat »Littorina« aus den 1930er Jahren. Sie bieten mit ihrer Art-déco-Ausstattung und dem großen Kühlergrill an der Frontseite ein besonders schönes Reiseerlebnis.

Die Hafenstadt Massaua wurde auf drei Inseln, umgeben vom kristallklaren, blauen Wasser des Roten Meeres, erbaut. Auf der Insel Massaua liegt der älteste, vorwiegend arabische Teil der Stadt. Der Bahnhof befindet sich auf der Insel Taulud, wo italienische Kolonialbauten das Bild beherrschen. Von dort erreichen die Züge das Festland über einen Damm und fahren in die Wüste hinein, wo der Dornbusch die einzige Vegetation darstellt. Nach etwa zehn Kilometern beginnt die Strecke, die hier parallel zu einer Straße verläuft, ihren allmählichen Aufstieg nach Moncullo. Bei Dogali überquert sie ein ausgetrocknetes Flussbett auf einem eindrucksvollen 13-Bogen-Viadukt. Danach nimmt die Steigung zu. Bei Mai Atal trennt sich die Bahntrasse von der Straße und folgt einem trockenen Flussbett durch ein breites Tal. Dies ist ein abgeschiedener, karger Landstrich, in dem Kamelherden leben, die sich von den Blättern der Dornbüsche ernähren. Bei Damas hat die Bahnlinie eine Höhe von 416 Metern erreicht. Von dort windet sie sich weiter durch Lavagesteinsformationen und eine Reihe von engen Kurven und Tunneln. Nachdem sie das Flussbett des Dongollo auf sechs aufeinanderfolgenden Brücken überquert hat, erreicht sie den Bahnhof Ghinda auf 888 Metern Höhe. Inzwischen hat eine üppigere Vegetation die karge Landschaft abgelöst.

Von Ghinda nach Nefasit führt die Route durch ein Tal, das auf beiden Seiten von hohen Bergen gesäumt wird. Auf gewundenen Wegen folgt sie den Konturen der Landschaft und durchfährt dabei fünf Tunnel. Nach Nefasit folgt der spektakulärste Teil der Reise. Bei ihrem Anstieg durch die Berge durchfährt die Bahn mehrere S-Kurven und sage und schreibe 20 Tunnel. Auf zwölf Kilometern gewinnt sie fast 400 Meter Höhe! Die Blicke aus dem Zugfenster lassen einem den Atem stocken, denn es geht etwa 300 Meter steil in den Abgrund hinab. Mit zunehmender Höhe fallen auch die Temperaturen merklich. Der Bergort Arbaroba ist die vorletzte Station vor dem dramatischen Anstieg zum Plateau, auf dem die Hauptstadt liegt. Auf den letzten 13 Kilometern gibt es drei Kreiskehrschleifen und ein gebogenes Steinviadukt, bevor die Strecke bei der Anfahrt auf Asmara wieder abflacht.

Auf einer felsigen Hochebene in über 2100 Metern Höhe liegt Asmara mit seiner prachtvollen italienischen Kolonialarchitektur – eine schmerzliche Erinnerung an Mussolinis ehrgeizige Pläne, ein italienisches Imperium in Afrika zu errichten. Westlich von Asmara soll die Bahnlinie möglicherweise wieder an das sudanesische Eisenbahnnetz angeschlossen werden, doch bis dahin nutzt man die von den Italienern erbauten Bahnhöfe anderweitig: Der Bahnhof Keren dient heute als Bushaltestelle und Markt, und der imposante arabeske Bahnhof von Agordat als Flughafenterminal.

Links: *Der in den 1930er Jahren von Fiat gebaute Littorina-Dieseltriebwagen Nr. 2 kommt gerade aus einem Tunnel bei Kilometer 106 in über 1980 Metern Höhe in den Bergen unweit von Arbaroba.*

Folgende Seiten: *Die Fahrgäste in dem Zug, der von der Mallet B'Bt-Lok Nr. 442.55 von Ansaldo angeführt wird, hier bei Kilometer 111, müssen unbedingt schwindelfrei sein.*

DIE EISENBAHNEN VON MADAGASKAR

MADAGASKAR

SPURWEITE: 1000 MILLIMETER • **LÄNGE:** 874 KILOMETER •

ROUTEN:

1. VON ANTANANARIVO NACH ANTSIRABE/VON ANTANANARIVO NACH TOAMASINA/VON MORAMANGA NACH AMBATONDRAZAKA – 711 KILOMETER
2. VON MANAKARA NACH FIANARANTSOA – 163 KILOMETER

Das von den französischen Kolonialherren erbaute meterspurige Eisenbahnnetz im Norden von Madagaskar wurde im frühen 20. Jahrhundert eröffnet. Eine separate meterspurige Bahnstrecke im Südosten folgte in den 1930er Jahren. Obwohl beide Linien im 21. Jahrhundert ums Überleben kämpfen, sind sie noch immer in Betrieb.

COMOROS
MORONI
Ngazidja (Grande Comore)
Karthala
2361
Foumbouni
Ndzuani (Anjouan)
Mutsamudu
1595
Sima
Domoni
Moya
Fomboni
Mwali (Mohéli)
Mayotte (France)
Mamoudzou
DZAOUDZI
Tanjona Bobaomby
Antsirañana
Parc Nat. de la Montagne d'Ambre
Parc National Ankarana
594
Ambilobe
1785
Iharaña
Andoany
Ambanja
730
Massif du Tsaratanana
Maromokotro
2876
Parc National Marin de Sahamalaza
Parc National de Marojejy
Sambava
2308
Bealanana
Andapa
Analalava
Antsohihy
Antalaha
1479
Befandriana Avaratra
1438
Mahalevona
Tanjona Angontsy
1479
Parc National de Masoala
Boriziny
Maroantsetra
Heladrano Antongila
Mahajanga
Androna
Mandritsara
Parc National Baie de Baly
Mitsinjo
Tanjona Vilanandro
Soalala
Marovoay
Manarantsandry
Mampikony
Parc National d'Ankarafantsika
Mananara Avaratra
Tanjona Masoala
Parc National de Tsingy de Namoroka
Madirovalo
Ambato Boeny
Ankofa
1304
Parc National de Mananara Nord
Parc National Marin de Mananara Nord
Besalampy
Maevatanana
Tsaratanana
1284
Marovoalavo
Soanierana-Ivongo
Nosy Boraha
Ambodifotatra
Andilamena
1261
Ikahavo
847
Kandreho
Amparafaravola
Fenoarivo Atsinanana
Vavatenina
Ambatomainty
Parc National de Zahamena
Ambatosoratra
Morafenobe
Tsiazonano
1454
Anjafy
1565
1445
Maintirano
Andilanatoby
Ambatondrazaka
Plateau du Bemaraha
Bongolava
Ankazobe
Toamasina
1303
Fenoarivo Be
Vazobe
1779
Anjozorobe
Antsalova
Parc National de Mantadia
Parc National de Bemaraha
Tsiroanomandidy
Ambohi-dratrimo
ANTANANARIVO
Ampasimanolotra
Miarinarivo
Arivonimamo
Manjak
Moramanga
Andramasina
Soavinandriana
2643
Tsinjomay
1524
1
Miandrivazo
Ambatolampy
Anosibe An'Ala
Vatomandry
Belo Tsiribihina
Antanifotsy
Betafo
2275
2119
Antsirabe
Itongafeno
Mahanoro
Marolambo
Fandriana
Morondava
Mahabo
1588
Ambato Finandrahana
Ambositra
2046
Nosy Varika
Parc National de Kirindy Mitea
Menabe
1034
Massif du Makay
MADAGASKAR
Ambohimahasoa
Ikalamavony
Parc National de Ranomafana
Ifanadiana
Mananjary
Manja
Fianarantsoa
Morombe
Tanjona Ankaboa
Beroroha
2
Ambalavao
Ambila
Ikongo
Parc National d'Andringitra
Manakara
Roby
2658
Andringitra
Vohipeno
Ankazoabo
Parc National de l'Isalo
Massif de l'Isalo
Ihosy
Ivohibe
1348
Parc National de Zombitse Vohibasia
Analavelona
1029
Tangainony
Vondrozo
Farafangana
Sakaraha
Iakora
Toliara
Betroka
1824
Benenitra
Vangaindrano
Parc National de Midongy Sud
Ivakoany
1637
Midongy Atsimo
Betioky
Tropic of Capricorn
INDISCHER OZEAN
Bekily
Parc National de Tsimanampesotse
1957
Beampingaratra
Parc National d'Andohahela
Ampanihy
Amboasary
Tolañaro
Beloha
Ambovombe
Tsiombe
Tanjona Vohimena

Madagaskar, die viertgrößte Insel der Welt, liegt vor der Südostküste Afrikas im Indischen Ozean. Während die Ostküste von einer steil abfallenden, bewaldeten Abbruchkante geprägt ist, die von wasserreichen Flüssen ausgewaschen wurde, liegt im Westen die zentrale Hochebene der Insel. Das Plateau in über 1500 Metern Höhe mit weitläufigen Reisterrassen ist die am dichtesten besiedelte Region, in der sich auch die Hauptstadt Antananarivo befindet. Nach Westen hin wird die Landschaft allmählich karger und fällt schließlich ab zu den Mangrovensümpfen an der Straße von Mosambik.

Nachdem 400 Jahre lang verschiedene Stammeskönige über die Insel geherrscht hatten, erfolgte die Vereinigung im frühen 19. Jahrhundert in der Regierungszeit von König Radama I. 1897 endete die Monarchie allerdings, als Madagaskar französische Kolonie wurde. Die Franzosen hatten es eilig mit dem Eisenbahnbau, sodass die erste meterspurige Strecke zwischen Antananarivo (damals noch Tananarive) und Ampasimanolotra (ehemals Brickville) an der Ostküste schon 1909 freigegeben wurde. Später wurde sie nach Norden an der Küste entlang bis nach Toamasina ausgebaut. In südlicher Richtung folgte ein Anschlussstück von der Hauptstadt nach Antsirabe und in nördlicher Richtung kam ein Abzweig von Moramanga nach Ambatondrazaka hinzu. Das 1923 fertiggestellte Eisenbahnsystem erhielt den Namen Tananarive-Côte-Est-Linie.

Eine vollkommen separate Bahnlinie bauten die Franzosen zwischen 1926 und 1936 von der Hafenstadt Manakara an der Südostküste nach Fianarantsoa im Binnenland. Die als Fianarantsoa-Côte Est Railway bekannte Strecke wurde von Zwangsarbeitern gebaut. Das Material hatte man nach dem Ersten Weltkrieg von den Deutschen beschlagnahmt. Diese 163 Kilometer lange meterspurige Linie steigt vom Meeresniveau in Manakara bis auf eine Höhe von 1190 Metern an. Unterwegs durchquert sie unwegsame Gebiete und steilwandige Flusstäler.

Während des Zweiten Weltkriegs fielen beide Bahnlinien unter staatliche französische Kontrolle. 1960 erlangte Madagaskar seine Unabhängigkeit und verstaatlichte 1974 die Bahnen unter dem Namen Réseau National des Chemins de Fer Malagasy. In den folgenden 20 Jahren wurden sie aber so heruntergewirtschaftet, dass ihnen die Stilllegung bevorstand. 2002 kam das nördliche Netz rund um die Hauptstadt jedoch in private Hände und wird heute von Madarail betrieben. Finanziert wurde das Ganze von der Weltbank und der Europäischen Investitionsbank. Die separate Strecke des Fianarantsoa-Côte Est Railway befindet sich noch immer in staatlichem Besitz.

DIE LINIE ANTANANARIVO-CÔTE EST (MADARAIL)

Seit der Privatisierung im Jahr 2002 haben Madarail und seine französischen und belgischen Anteilseigner in die Modernisie-

Vorige Seite: Der Michelin-Schienenbus »Viko-Viko« Nr. ZM516 mit Luftbereifung auf der Strecke von Antananarivo nach Antsirabe legt einen Stopp ein, damit die Fahrgäste die Aussicht auf das Tal zwischen Ambatofotsy und Behenjy genießen können.

rung des heruntergekommenen Eisenbahnnetzes investiert. Auf den meisten Strecken verkehren nur selten Personenzüge, aber die Waggons sind sauber und die Preise sehr niedrig. Einen Touristenzug mit drei Waggons, den »Trans Lemurie Express«, kann man chartern. Der originelle Schienenbus »Viko-Viko« von 1953 aus dem Hause Michelin hat Platz für 19 Fahrgäste und bietet Wochenendausflüge von der Hauptstadt nach Andasibe mit Anschluss an den Mantadia-Nationalpark sowie nach Antsirabe an. Da der Bus auf luftgefüllten Gummireifen rollt, liegen hinten im Kofferraum immer ein paar Ersatzreifen.

Hauptsächlich lebt die Bahn vom Güterverkehr. Die wenigen Straßen in dem Land kann man bestenfalls passierbar nennen, und in der Regenzeit sind sowohl Straßen als auch Schienenwege von Erdrutschen und Überschwemmungen betroffen. Auf den Steilabschnitten der Hauptlinie zwischen Antananarivo und der Küste werden die schwereren Güterzüge oft in zwei

Der dreimal wöchentlich verkehrende Zug hält in Manampatrana, der wichtigsten Station zwischen Manakara und Fianarantsoa.

Teile geteilt. Chrom und Nickelerz, Erdöl, Beton, Metallerzeugnisse, Reis, Mehl und Containertransporte bilden den Hauptanteil des Güterverkehrs, der 2011 über 400 000 Tonnen beförderte. Angetrieben werden Güter- wie Personenzüge von Alstom Bo'Bo'-Einkabinen-Diesellokomotiven aus den 1970er und 80er Jahren und einer kleineren Flotte modernerer Bo'Bo'-Doppelkabinen-Dieselloks aus China.

DIE LINIE FIANARANTSOA-CÔTE EST

Diese staatliche Bahnlinie verläuft größtenteils durch ein steilwandiges, dicht bewaldetes Tal ohne Zufahrtsstraßen. Als eine der steilsten Adhäsionsbahnen der Welt durchquert sie einige besonders schöne Landstriche Madagaskars und passiert auf ihrem Anstieg von der Küste nach Fianarantsoa mehr als 67 Brücken und 48 Tunnel. Mit seinen 17 Zwischenhalten ist der gemischte Zug, der jeden zweiten Tag (außer montags) in beide Richtungen verkehrt, für die Ortsansässigen das einzige Trans-

portmittel. Die Züge bestehen aus ein paar gedeckten Güterwagen, zwei Reisewagen der zweiten Klasse und einem Touristenwagen der ersten Klasse. Die 163 Kilometer lange Fahrt durch die hinreißende Landschaft dauert rund zehn Stunden. An jeder Haltestelle werden Güterwaggons be- oder entladen.

Daneben kann man den 1952 von Michelin gebauten Schienenbus »Fandrasa« mit 19 Plätzen für die Strecke von Fianarantsoa nach Sahambavy chartern. Nach der 21 Kilometer langen Fahrt wird er dort auf einem Dreieck gedreht. Die Eisenbahnwerkstätten befinden sich in Fianarantsoa, doch wenn ernsthafte Reparaturen anstehen, werden die Lokomotiven über die Straße nach Norden in die Werkstätten von Antananarivo gebracht. Derzeit ist lediglich eine Diesellokomotive in Betrieb und die Zukunft der Bahnlinie scheint fraglich – falls sich nicht ein ausländischer Retter, am liebsten ein Chinese, findet.

Der Michelin-Schienenbus »Viko-Viko« Nr. ZM516 hat soeben das 170 Meter lange Viadukt unmittelbar südlich des Bahnhofs Andriambilany überquert.

VON SWAKOPMUND NACH WINDHOEK

NAMIBIA

SPURWEITE: 1067 MILLIMETER • **LÄNGE:** 354 KILOMETER •
ROUTE: VON SWAKOPMUND NACH WINDHOEK

Die deutschen Kolonialherren bauten eine Schmalspurbahnlinie zwischen der Hauptstadt Windhoek und Swakopmund durch die Namib. Nach ihrer Zerstörung im Ersten Weltkrieg wurde sie wiederaufgebaut und umgespurt.

A N G O L A
N A M I B I A
BOTSWANA
REPUBLIK SÜDAFRIKA
ATLANTIK
OVAMBOLAND
Kaokoveld
DAMARALAND
Namib Desert
K A L A H A R I D E S E R T
GREAT NAMAQUALAND
CAPRIVI STRIP
Etosha Pan
Etosha National Park
Parque Nacional do Bicuari
Parque Nacional da Mupa
Parque Nacional do Iona
Serra da Chela
Mangetti National Park
Kaudom National Park
Bwabwata National Park
Tsodilo Hills
Gemsbok National Park
Kgalagadi Transfrontier Park
Kalahari Gemsbok National Park
Sperrgebiet National Park
Ai-Ais/Richtersveld Transfrontier Park
Richtersveld Cultural and Botanical Landscape
Augrabies Falls National Park
Twyfelfontein Rock Engravings
Khomas Highland
Hakos Mts
Schwarzrand
Huib-Hoch Plateau
Huns Mountains
Groot Karas Berg
Onjati Mountain
Tropic of Capricorn
São João do Sul
Virei
Chiange
Chibemba
Tchihepepe
Mulondo
Cuvelai
Capico
Caiundo
Baixo-Longa
Capuna
Chiliba
Mavinga
Gonga
Neriquinha
Tambor
Munda
Pediva
Quiteve
Mupa
Evale
Mucundi
Embundo
Bambe
Nankova
Rivungo
Cahama
Ompupa
Otchinjau
Ediva
Mucope
Oncócua
Humbe
Xangongo
Cafu
Mongua
Nehone
Onai
Rito
Calunga
Uamanda
Espinheira
Iona
Donguena
Savate
Tandaue
Cauno
Xequessa
Matende
Ondjiva
Chiede
Cuamato
Naulila
Namacunde
Chitado
Mavengue
Acampamento de Caça do Mucusso
Bambangando
Mienga
Caputene
Ametinho
Ruacana
Uutapi
Oshikango
Cuangar
Marunga
Oshikuku
Oshakati
Nkurenkuru
Bengo
Calai
Xamavera
Ongandjera
Ondangwa
Rundu
Dirico
Okavango
Andara
Bagani
Mohembo
Opuwo
1866
Shakawe
Oshivelo
Numkaub
Namutoni
Tsintsabis
Sepupa
Nxaunxau
Sesfontein
Okaukuejo
Karakuwisa
Nhoma
Etsha
Tsumeb
Abenab
Jakkalsberg
Kanovlei
Gumare
Otavi
Kombat
Grootfontein
Kamanjab
Otjitambi
Otjikondo
Tsumkwe
Fransfontein
Outjo
Vridskap
Okaputa
Hartseer
Okawe
Khorixas
Otjitasu
Otjiwarongo
Waterberg
Okakarara
Sorris Sorris
Omangambo
Kalkfeld
Omatjette
Brandberg 2621
Uis Mine
Sukses
Osire
Otjosondu
Otjinene
Okombahe
Epako
Hochfeld
Summerdown
Omaruru
Epukiro
Labora
2216
Steinhausen
Ghanzi
Ouguati
Okasise
Waldau
Usakos
Wilhelmstal
Okahandja
Hentiesbaai
Ebony
Karibib
Gross Barmen
Teufelsbach
Omitara
Xanagas
Tshootsha
Charles Hill
Mamuno
Buitepos
Brakwater
Orumbo
Arandis
Ondekaremba
Witvlei
Gobabis
Swakopmund
Rössing
WINDHOEK
2483
Aris
Doreenville
Tswaane
Takatshwaane
Walvis Bay
Bergland
Wortel
Dordabis
Kule
Ncojane
Gross Ums
Rehoboth
Louwater-Suid
Leonardville
Ukwi
Hornkranz
Nauchas
Heide
Aminuis
One
Solitaire
Tsumis Park
Derm
Hoachanas
Lehututu
Hukuntsi
Tshane
Lokgwabe
Lidfontein
Bullsport
1992
Kuis
Narib
Stampriet
Aranos
Salzbrunn
Mariental
Maltahöhe
Ebenerde
Gochas
Fischersbrunn
Bossiesvlei
Gibeon
Witbooisvlei
Twee Rivier
Helmeringhausen
Mooifontein
2040
Tses
Brukkaros
Berseba
Koës
Omaweneno
Wasser
Tshabong
Bethanie
Keetmanshoop
Garub
Tsaukaib
Schakalskuppe
Aus
Gobas
Lüderitz
Kolmanskop (abandoned)
Grasplatz
Goageb
Sandverhaar
Seeheim
Aroab
Rietfontein
Kolonkwaneng
Bokspits
Khuis
Van Zylsrus
Gawachab
Pomona
2202
Holoog
1556
Klein Karas
Grünau
Rosh Pinah
Kanus
Ai-Ais
Karasburg
Kums
Kokerboom
Ariamsvlei
Olifantshoek
Ditloung
Oranjemund
Alexander Bay
Wambad
Langklip
Lutzputs
Upington
Paballelo
Groot Drink
Onseepkans
Augrabies
Keimoes
Kakamas
Kleinbegin
Groblershoop
Eksteenfontein
Lekkersing
Pella
Kunene
Cunene
Culto
Cuando
Cubango
Okavango
Omatako
Eiseb
Groot Laagte
Black Nossob
White Nossob
Nossob
Auob
Swakop
Kuiseb
Hoarusib
Hoanib
Unjab
Ugab
Huab
Fish
Konkiep
Orange
Molopo
Kuruman
Gaub
Luengue
Lomba
Xaudum
Hanahai
Okwa
Langberg
Olifants

Namibia ist eines der am dünnsten besiedelten Länder der Welt. Es liegt in Südwestafrika und grenzt im Westen an den Atlantik, im Norden an Angola und Sambia, im Osten an Botswana und im Süden und Osten an Südafrika. Wegen seiner Lage zwischen den Wüsten Namib und Kalahari sind die Niederschläge gering. Dafür gibt es viele Bodenschätze.

Als die europäischen Mächte daran gingen, Afrika unter sich aufzuteilen, wurde Namibia mit Ausnahme des von den Briten annektierten Tiefwasserhafens Walvis Bay 1884 eine deutsche Kolonie, genannt Deutsch-Südwestafrika. Nach der Niederlage Deutschlands im Ersten Weltkrieg wurde das Gebiet 1920 in die Südafrikanische Union eingegliedert und blieb unter deren Verwaltung bis zu seiner Unabhängigkeit im Jahr 1990.

Die erste, kurze Eisenbahnlinie Namibias, die 1895 in Betrieb ging, sollte Guano zum Kreuzkap an der Skelettküste befördern, etwa 110 Kilometer nördlich von Swakopmund. Sie wurde vor langer Zeit stillgelegt. Da die Briten ihnen den Zugang zum Tiefwasserhafen Walvis Bay verweigerten, gründeten die Deutschen 1892 die Küstenstadt Swakopmund als Haupthafen ihrer Kolonie. Anfangs waren die Transporte von hier nach Windhoek äußerst mühsam. Zehn Tage brauchte man, um die Wüste mit Ochsenkarren zu durchqueren und dann die Große Randstufe zum Khomashochland zu erklimmen. Bis zur Hauptstadt mussten 1700 Meter Höhenunterschied auf einer Entfernung von 354 Kilometern überwunden werden. Als Mitte der 1890er Jahre eine Rinderpest ausbrach, kollabierte das träge Transportsystem vollends. Daraufhin begannen die Deutschen eiligst mit dem Bau der ersten großen namibischen Eisenbahnroute von Swakopmund nach Windhoek.

Unter Aufsicht der deutschen Kolonialbehörde starteten 1897 die Bauarbeiten. Man verwendete das vorhandene Material der 600-Millimeter-spurigen Feldbahn. Der Bautrupp aus deutschen Armeeoffizieren und Soldaten wurde durch 800 einheimische Arbeiter ergänzt, sodass am 1. Juni 1900 das erste Teilstück der Strecke bis nach Karibib eröffnet werden konnte. Der kleine Ort entwickelte sich infolge des Anschlusses an die Bahnlinie bald zu einer Eisenbahnersiedlung mit großen Werkstätten. Von hier aus wurden die Bauarbeiten Richtung Windhoek fortgesetzt, sodass die gesamte Strecke am 19. Juni 1902 eingeweiht werden konnte.

***Vorige Seite:** Die von deutschen Soldaten und einheimischen Arbeitskräften gebaute, 354 Kilometer lange, einspurige Bahnlinie durch die Namib zwischen Swakopmund und Windhoek nahm 1902 ihren Betrieb auf.*

Um die Kupferminen von Tsumeb mit dem Hafen in Swakopmund zu verbinden, baute die Otavi Mining & Railway Company eine weitere 600-Millimeter-Bahnlinie. Sie führte von einer Kreuzung in Kranzberg, unmittelbar westlich von Karibib, Richtung Nordwesten an die Küste. Diese 400 Kilometer lange Route mit Werkstätten in Usakos ging 1906 in Betrieb. 1908 folgte ein 87 Kilometer langer Abzweig von Otavi zu den Zink- und Vanadiumminen von Grootfontein. Der Bau dieser Bahnlinie fiel zeitlich zusammen mit dem Völkermord an den Herero und Nama. Etwa 100 000 Angehörige beider Völker wurden damals von deutschen Soldaten in die Wüste getrieben, wo sie elendig verdursteten.

Trotz der primitiven Ausrüstung – die Ct-Lokomotiven wurden meist paarweise vor die Züge gespannt – konnten die Reisezeiten zwischen Swakopmund an der Küste und der Hauptstadt Windhoek drastisch verkürzt werden. Hatten die Ochsenkarren zehn Tage für die Tour gebraucht, so konnte die neue Eisenbahn bald zweitägige Fahrten mit Übernachtung in Karibib anbieten. 1911 wurde der Abschnitt zwischen Windhoek und Karibib auf das Kapspur-Maß von 1067 Millimetern umgespurt, um ihn an das südafrikanische System anzupassen. Fracht und Passagiere von und nach Swakopmund mussten fortan in Karibib die Züge wechseln, aber dafür dauerte die Reise von der Küste zur Hauptstadt nur noch einen Tag.

1914 wurde die Bahnlinie Richtung Süden entlang der Küste bis zur südafrikanischen Enklave Walvis Bay erweitert. Deutsche

Truppen nahmen diese gleich nach Ausbruch des Ersten Weltkriegs ein, allerdings nur für kurze Zeit. Denn schon im Januar 1915 hatten die südafrikanischen Streitkräfte ihren Hafen zurückerobert und waren bis nach Swakopmund vorgedrungen. Die zurückweichenden Deutschen zogen sich ins Landesinnere zurück, zerstörten dabei die Eisenbahnlinie und kapitulierten in Otavi im Juli desselben Jahres. Danach bauten die Briten die Schmalspurlinie von Swakopmund nach Karibib wieder auf und spurten sie dabei auf das 1067-Millimeter-Maß um, damit die Züge erneut die gesamte Strecke befahren konnten. Auch die Otavibahn wurde umgespurt, aber erst 1961 eröffnet.

Von 1915 bis zur Unabhängigkeit im Jahr 1990 befanden sich Namibias Eisenbahnen unter der Kontrolle Südafrikas. Danach ging das Liniennetz in die Hände der staatseigenen TransNamib über, die gegenwärtig fast 3220 Streckenkilometer im ganzen Land betreibt, inklusive einer Güterverbindung zum südafrikanischen Eisenbahnnetz am südwestlichen Ende. 2006 ging außerdem eine 258 Kilometer lange Verlängerung in nordwestlicher Richtung von Tsumeb nach Ondangwa in Betrieb, die gegenwärtig bis zur angolanischen Grenze ausgebaut wird.

Die 396 Kilometer lange einspurige Strecke von Walvis Bay und Swakopmund nach Windhoek stellt eine wichtige Transportroute für Namibias Im- und Exporte dar. Sie ist die einzige Verbindung zwischen Küste und Hinterland innerhalb der Landesgrenzen und wird deshalb von intermodalen Containerzügen genutzt. Seit 1998 setzt die Eisenbahngesellschaft TransNamib auch einen Touristenzug auf der Strecke ein. Der dieselbetriebene »Desert Express« verkehrt an den Wochenenden zwischen Windhoek und Swakopmund. Da der Großteil der Fahrt am Tag stattfindet, kann man dabei die atemberaubende namibische Landschaft wunderbar in sich aufnehmen. Der moderne Zug besteht aus neun Waggons mit Schlafabteilen für 48 Fahrgäste, dem Spitzkoppe-Salonwagen, dem Welwitschia-Restaurant und einem Autotransportwaggon. Freitagmorgens geht es in Windhoek los, und samstagabends kommt der Zug in Swakopmund an. Übernachtet wird auf sicheren Nebengleisen. Zum Paket gehören auch Ausflüge zur Tierbeobachtung und in die Sanddünen der Kalahari.

Zusätzlich zum »Desert Express« verkehrt täglich außer sonntags ein gemischter Zug (Personen- und Güterwagen) auf dieser Strecke. Der Nachtzug zwischen Walvis Bay und Windhoek braucht rund zwölf Stunden.

Die Diesellokomotivenflotte der TransNamib ist seit 1968 im Einsatz. 2004 wurden außerdem vier neuere Loks aus China angeschafft. Sie entpuppten sich jedoch als Fehlkauf, weil sie aufgrund vieler technischer Probleme kaum einsatzbereit sind – Qualität hat eben ihren Preis.

Die Bahnlinie von Swakopmund nach Windhoek ist eine bedeutende Verkehrsader für Namibias Im- und Exporte. Hier zieht eine dieselelektrische Lokomotive der TransNamib einen langen Güterzug durch die fast durchgehend karge Landschaft.

VON KAPSTADT NACH KIMBERLEY

SÜDAFRIKA

SPURWEITE: 1067 MILLIMETER • **LÄNGE:** 990 KILOMETER • **ROUTE:** VON KAPSTADT NACH KIMBERLEY

Die Eisenbahnlinie von Kapstadt nach Kimberley war ein Teil der geplanten Kap-Kairo-Bahn und wurde gebaut, nachdem man im Norden der Kapkolonie Diamanten entdeckt hatte. Auf 990 Kilometern zieht sich dieses Meisterwerk spätviktorianischer Ingenieurskunst durch die Hex River Mountains und die trockenen Hochebenen der Halbwüste Karoo.

K A L A H A R I
D E S E R T
BOTSWANA
NAMIBIA
REPUBLIK
SÜDAFRIKA
Gemsbok National Park
Kgalagadi Transfrontier Park
Kalahari Gemsbok National Park
Mariental
Keetmanshoop
Groot Karas Berg
2202
Molepolole
Mochudi
Mogoditshane
GABORONE
Thamaga
Tlokweng
Ramotswa
Kanye
Lobatse
Jwaneng
Zeerust
Ikageleng
Mmabatho
Mahikeng
Boikhutso
Lichtenburg
Tshabong
Morokweng
Madibogo
Vryburg
Huhudi
Klerksdorp
Jouberton
Letsopa
Ipelegeng
Tswelelang
Kgotsong
Boitumelong
Kuruman
Ghaap Plateau
Gakarosa 1855
Valspan
Thabong
Welkom
Phagameng
Masilo
Postmasburg
Lime Acres
Langberg
Upington
Paballelo
Augrabies Falls National Park
Keimoes
Kakamas
Mokala National Park
Galeshewe
Kimberley
Majwemasweu
Modder
Bloemfontein
Mangaung
Botshabelo
Douglas
Vaal
Asbestos Mountains
Orange
Hopetown
Prieska
Riet
Steinkopf
Springbok
1106
Namaqua National Park
Kamiesberge
Kaiingveld
De Aar
Nonzwakazi
Gariep Dam
Aliwal North
Dukathole
Kareeberge
Carnarvon
Mzamomhle
Khayamnandi
Nomonde
Middelburg
KwaNonzame
2207
Calvinia
Great Karoo
Sak
Sneeuberge
Queenstown
Mlungisi
Vredendal
Sandveld
Olifants
Doring
Roggeveld
Roggeveldberge
Nuweveldberge
1966
Karoo National Park
Beaufort West
Toorberg 2280
Oubergpas 1200
2430
Camdeboo National Park
Graaff-Reinet
Cradock
Lingelihle
Groot Winterberg 2371
Tankwa-Karoo National Park
Somerset East
KwaNojoli
Lingelethu
Fort Beaufort
Kwatinidubu
Great Fish
St Helena Bay
Piketberg
Vredenburg
Saldanha
Moorreesburg
Malmesbury
Atlantis
Matroosberg 2250
Touwsrivier
2325
Addo Elephant National Park
1989
Willowmore
Grahamstown
Ceres
Wellington
Worcester
Paarl
Robertson
Montagu
Little Karoo
Dysselsdorp
Oudtshoorn
Baviaanskloofberge
Cockscomb 1759
Uitenhage
Nkwenkwezi
Bellville
CAPE TOWN
Khayelitsha
Stellenbosch
Somerset West
Swellendam
Heidelberg
Riversdale
George
Garden Route National Park
Joubertina
KwaNobuhle
Port Elizabeth
Knysna
Plettenberg Bay
Kruisfontein
Jeffreys Bay
Table Mountain National Park
False Bay
Strand
Caledon
Gourits
Mossel Bay
Cape of Good Hope
Hermanus
Bredasdorp
Agulhas National Park

Der Eisenbahnbau in Südafrika begann in den frühen 1860er Jahren vorerst auf lokaler Ebene rund um Durban und Kapstadt. Ein Ausbau ins Landesinnere erschien damals unmöglich. Die Berge des Kap-Faltengürtels, die an den Küstenstreifen rund um das Kap grenzen, galten als unüberwindbares Hindernis. Diese Haltung änderte sich jedoch, als man 1871 in Kimberley, 990 Kilometer nordöstlich von Kapstadt, Diamanten fand. Schon im Jahr darauf gab der erste Premierminister der Kapkolonie, John Molteno, die Gründung der Cape Government Railways (CGR) bekannt sowie deren ehrgeizige Pläne für ein ausgedehntes Eisenbahnnetz durch das südliche Afrika. Gleichzeitig wurden die bereits existierenden privaten Bahnen von den CGR übernommen, darunter auch die kurze Strecke von Kapstadt nach Wellington, die 1863 eröffnet worden war.

1873 entschied sich die Regierung für eine Spurweite von 1067 Millimetern auf allen geplanten Linien. Mit diesem als »Kapspur« bekannten Schmalspurmaß würde man den Gleisbau durch die Berge billiger und schneller realisieren können als mit dem Standardspurmaß. Noch im selben Jahr begannen die Bauarbeiten an der Strecke nach Kimberley. Die vorhandene Normalspurlinie von Kapstadt nach Wellington wurde umgespurt und in nördlicher Richtung bis nach Gouda erweitert. Von dort führte man die Schienen in großem Bogen um die Berge herum und durch das Breede River Valley in Richtung Süden bis nach Worcester. Im Juni 1876 nahm die Linie den Betrieb auf.

Von Worcester baute man die Route in östlicher Richtung weiter. Sie führte das Hex River Valley hinauf bis nach De Doorns und erklomm anschließend mit Steigungen von bis zu 1:40 die Hex River Mountains bis zu ihrem Scheitelpunkt in 960 Metern Höhe am Matroosberg am Rande des Hochplateaus der Kleinen Karoo. Von dort ging es wieder abwärts zur Siedlung Montagu Road, die 1883 in Touws River umbenannt wurde und sich bald zur bedeutenden Eisenbahnstadt entwickelte. Hier wurden die Schiebelokomotiven aus De Doorns gedreht. Zudem gab es zwischen 1924 und 1981 einen Abzweig nach Ladysmith. 1878 erreichte die Linie das kleine, am Rande der Karoo gelegene Dorf Matjiesfontein, das sich bald darauf zu einem eleganten viktorianischen Kur- und Ferienort entwickelte. Auf ihrem weiteren Weg durch die Wüste erreichte die Route noch im selben Jahr Buffelsriver (später Laingsburg) und 1880 Beaufort West, die größte Stadt der Karoo. Sie war damals schon ein bedeutendes Zentrum der Schafzucht. Später wurde sie berühmt als Geburtsort von Dr. Christiaan Barnard, dem 1967 die weltweit erste Herztransplantation gelang.

***Vorige Seite:** Eine Kondensationslokomotive der South African Railways (SAR-Klasse 25C 2'D2') zieht in der Nähe von Riem einen Personenzug durch die endlose Weite der Halbwüste Karoo.*

Von Beaufort West verlief die Strecke in nordöstlicher Richtung durch die unwirtliche Halbwüstenlandschaft der Großen Karoo. Sie passierte Three Sisters (benannt nach einer nahegelegenen Bergkette) und Hutchinson, wo von 1905 bis 2001 eine Bahnstrecke nach Calvinia abzweigte. 1883 kam sie in De Aar an, das bald zu einem wichtigen Eisenbahnknotenpunkt anwuchs. Von hier aus wurden Hauptlinien nach Port Elizabeth am Indischen Ozean und nach Upington am Orange River im Nordwesten angelegt.

Immer weiter nach Norden arbeitete sich die Linie von De Aar durch die trockenen Ebenen und über den Orange River bis in die kleine Siedlung Belmont vor, wo sich Briten und Buren 1899 im Zweiten Burenkrieg eine Schlacht liefern sollten. 1885 wurde dann endlich die Strecke bis zur Diamantenhauptstadt Kimberley eröffnet. Aber es sollte noch weitergehen. Als im darauffolgenden Jahr in Transvaal Gold entdeckt wurde, baute der Cape Government Railway 1892 die Linie durch den burischen Oranje-Freistaat aus. Sie führte von Kimberley über Bloemfontein zur jungen Goldgräbersiedlung Johannesburg an der Grenze zum damals unabhängigen Transvaal.

Mit der Inbetriebnahme dieser wichtigen Eisenbahnroute kam der britische Geschäftsmann, Minenbesitzer und Politiker Cecil Rhodes seinem Traum, ganz Afrika von Kapstadt bis nach Kairo mit einer Eisenbahnlinie zu durchziehen, ein Stück näher. Zu großen Teilen wurde der Plan sogar umgesetzt. Nur klafft nach wie vor eine große Lücke zwischen Uganda und dem nördlichen Sudan. Seinen strategischen Wert stellte der Cape Government Railway unter Beweis, als er während des Zweiten Burenkriegs von 1899 bis 1902 britische Truppen und Ausrüstung transportierte. Nach Kriegsende verschmolzen die britischen Kolonien im Jahr 1910 zur Südafrikanischen Union und sämtliche ehemaligen Kolonialbahnlinien wurden in den South African Railways (SAR) zusammengefasst.

1923 setzte man auf der Strecke erstmals den »Union Express« und den »Union Limited« ein – die Vorläufer des berühmten Luxuszugs »Blue Train«, der bis heute unterwegs ist. Die beiden Züge hatten Anschluss an die Passagierschiffe der Union Castle Line, die bis 1977 zwischen England und Kapstadt hin- und herfuhren.

1954 wurde der steile Routenabschnitt von Kapstadt durch die Hex River Mountains bis nach Touws River elektrifiziert, was den Einsatz der Schiebelokomotiven auf den 1:40-Steigungen von De Doorns aus überflüssig machte. In Touws River tauschte man die neuen Elektrolokomotiven der SAR-Klasse 4E für den Rest der Fahrt durch die Karoo bis nach De Aar und Kimberley gegen leistungsstarke SAR-Kondensationslokomotiven der Klasse 25. Die kraftvollen Elektroloks aus der North British Locomotive Company im schottischen Glasgow waren eigentlich für eine neue elektrifizierte Strecke in Auftrag gegeben worden, die den steilen Anstieg in die Berge mithilfe von Tunneln hätte umgehen sollen. Doch dieser Plan wurde aus finanziellen Gründen auf unbestimmte Zeit verschoben. Stattdessen elektrifizierte man die vorhandene Linie und ließ die Züge von jeweils zwei Lokomotiven der Klasse 4E ziehen.

Die zwischen 1953 und 1955 eingeführten, oben bereits erwähnten Kondensationslokomotiven der SAR-Klasse 25 waren speziell für schwere Züge auf der Strecke von Touws River nach De Aar und Kimberley konzipiert. Da eine ausreichende Wasserzufuhr auf dieser Route durch die Große Karoo schon immer ein Riesenproblem war, hatte man hinter den früheren Lokomotiven der Klasse 12AR 2'D1' Tankwagen mit zusätzlichen Wasservorräten mitführen müssen. Doch mit dem ersten Exemplar der Klasse 25 2'D2' aus den deutschen Henschel-Werken erlebte der weltweite Dampflokomotivenbau eine Sternstunde: Henschel und die North British Locomotive Company, die weitere 89 Exemplare baute, entwickelten gewaltige Kondenstender, die mit knapp 18 Metern um einiges länger waren als die Lokomotiven. Jene Tender beförderten nicht nur über 20 600 Liter Wasser und 19 Tonnen Kohle, sondern hatten auch acht riesige Kühler auf jeder Seite, die von dampfbetriebenen Dachlüftern gekühlt wurden. Auf diese Art wurde der verbrauchte Dampf wieder zu Wasser kondensiert und konnte nochmals genutzt werden. Mit ihren unnachahmlichen Geräuschen zogen diese Monsterlokomotiven unermüdlich Güter- und Personenzüge zwischen Touws Rivers, Beaufort West, De Aar und Kimberley hin und her, bis sie infolge der fortschreitenden Elektrifizierung der Strecke in den 1980er Jahren aus dem Verkehr gezogen wurden.

Eine Lokomotive der SAR-Klasse 25 ohne Kondenseinrichtung wurde zwischen 1979 und 1981 umgebaut zum Prototyp der Klasse 26, dessen auffälliger Anstrich ihm den Namen »Red Devil« einbrachte. Doch obwohl er sich als noch leistungsstärker erwies als die Klasse 25, hatte der Dampfantrieb in Südafrika sein Ende erreicht und wurde durch Diesel- und Elektrolokomotiven ersetzt. So kam das zukunftsweisende Dampfprojekt zum Erliegen.

Irgendwann kam es schließlich doch dazu, dass das schwierige Teilstück durch die Hex River Mountains zwischen De Doorns und Touws River umgangen werden konnte. Mit 45 Jahren Verspätung eröffnete 1989 die 30 Kilometer lange Bahnlinie durch die Hex-River-Tunnel. Sie muss auf ihrem Weg von De Doorns bis zu den vier Tunneln durch die Berge nur noch Steigungen von maximal 1:66 bewältigen. Einer der Eisenbahntunnel ist mit knapp 14 Kilometern der längste in ganz Afrika. Die Originalstrecke über den Pass ist seit ihrer Stilllegung eine beliebte Wander- und Mountainbike-Route.

Verantwortlich für die Eisenbahnwartung und den Güterverkehr in Südafrika ist heute das 1990 gegründete staatliche Unternehmen Transnet. Auf der elektrifizierten Bahnlinie zwischen Kapstadt und Kimberley betreibt es schwere Güterzüge für den kombinierten Verkehr, für landwirtschaftliche Erzeugnisse und Flüssigmassengut.

Obwohl der Schienenpersonenverkehr in Südafrika seit einiger Zeit rückläufig ist, gibt es noch immer drei Möglichkeiten, sich an den wunderschönen Landschaften entlang dieser Route zu erfreuen, den Winelands am Kap, den Hex River Mountains und der Großen Karoo.

Die preiswerteste Variante ist der Fernzug Shosholoza Meyl mit Schlaf- und Speisewagen, der dreimal pro Woche zwischen Kapstadt und Johannesburg verkehrt. Mit Stationen in Bellville, Wellington, Worcester, Matjiesfontein, Beaufort West und De Aar dauert die Reise 17 ¾ Stunden.

Die zweite Option ist der etwas luxuriösere, wöchentliche Premier-Classe-Zug mit Lounge-, Speise- und Schlafwagen sowie einem Autotransportwaggon. Mit Zwischenhalten in Beaufort West und De Aar braucht der Zug für die Strecke 18 Stunden.

Die mit Abstand glanzvollste und definitiv kostspieligste Variante, diese Route zu bereisen, ist der »Blue Train«, der mindestens einmal pro Woche zwischen Kapstadt und Pretoria fährt und dafür 27 ½ Stunden benötigt. Die Züge von Süden nach Norden halten in Matjiesfontein, wo man das restaurierte Dorf im viktorianischen Stil besichtigen kann. In südlicher Richtung gibt es einen Aufenthalt in Kimberley, dem Ausgangspunkt für einen Ausflug zur berühmten Diamantenmine, dem »Big Hole«.

***Folgende Seiten:** Zwei Elektrolokomotiven führen den Luxuszug »Blue Train« an, der zwischen Kapstadt und Pretoria pendelt, hier kurz vor seinem Aufstieg durch die Hex River Mountains.*

14 106
THE BLUE TRAIN

DIE EISENBAHN IM SUDAN

SUDAN

SPURWEITE: 1067 MILLIMETER

Ursprünglich wurden die Eisenbahnlinien im Sudan angelegt, um die britischen Militäroperationen gegen das Mahdi-Reich zu unterstützen. Bis in die 1970er Jahre hinein spielten sie eine bedeutende Rolle in der nationalen Wirtschaft. Später zwangen jedoch der Bürgerkrieg, die US-Wirtschaftssanktionen, Arbeitskämpfe sowie mangelnde Wartung und Investitionen die Eisenbahn landesweit in die Knie.

ÄGYPTEN
LIBYEN
TSCHAD
SUDAN
SÜD-SUDAN
ZENTRAL-
AFRIKANISCHE
REPUBLIK
DEMOKRAT. REPUBLIK
KONGO
UGANDA
KENIA
ÄTHIOPIEN
ERITREA
SAUDI-ARABIEN
KHARTOUM
Omdurman
JUBA
ADDIS ABEBA
ASMARA
Jiddah (Jeddah)
Port Sudan (Būr Sudan)
Wadi Halfa
Abū Sunbul
Buhayrat Nāşir
Bi'r Shalatayn
ADMINISTERED BY EGYPT CLAIMED BY SUDAN
HALAIB TRIANGLE
BIR TAWIL
NUBIAN DESERT
Red Sea Hills
Red Sea
Abu Hamed
Dongola
Kerma
Kareima
Merowe
Atbara
Berber
Shendi
Kassala
Wad Madani
Gedaref
Sennar
Kosti
El Obeid
El Fasher
El Geneina
Nyala
Ed Da'ein
Babanusa
Kadugli
Nuba Mountains
ABYEI
Malakal
Bentiu
Aweil
Wau
Rumbek
Bor
Yei
Torit
Nimule
Kapoeta
Akobo
Nasir
Gambēla
Jebel Marra
Baiyuda Desert
Jebel Abyad Plateau
Merga Oasis
Wadi Howar National Park
White Nile
Blue Nile
Nile
Sudd
Jonglei Canal
Roseires Reservoir
Dinder National Park
Southern National Park
Boma
Lake Turkana
GREAT RIFT VALLEY
T'ana Hāyk'
Bahir Dar
Gonder
Gulu
Lira
Arua
Lake Albert
Kidepo Valley National Park
Parc National de la Garamba
Bondo
Buta
Isiro
Kumu

Bis 2011 war der Sudan das größte Land Afrikas. Seine Geschichte war jahrtausendelang eng mit der seines nördlichen Nachbarn Ägypten verbunden. Bis zur Eroberung im frühen 19. Jahrhundert durch die von den Briten unterstützten osmanischen Herrscher Ägyptens war er unabhängig. Im Mahdi-Aufstand ab 1881 begehrte das Land noch einmal gegen die Fremdherrschaft auf. Doch 1898 fügte die von Lord Kitchener angeführte anglo-ägyptische Armee der mahdistischen Armee unter Abdullah al-Taashi eine entscheidende Niederlage zu. Von diesem Tag an stand der Sudan, ungeachtet der anhaltenden Forderungen Ägyptens, die beiden Länder zu vereinigen, unter britischer Kontrolle. Erst 1956 erlangte er seine vollständige Unabhängigkeit. Der langjährige Bürgerkrieg in Ost-Darfur endete 2011 endlich. In der Folge spaltete sich der Südsudan nach einem Referendum als unabhängiger Staat ab.

Die ersten Eisenbahnlinien im Sudan entstanden, um die Feldzüge der anglo-ägyptischen Armee gegen das Mahdi-Reich zu unterstützen. 1874 begannen die Bauarbeiten an der allerersten Linie während der Regierungszeit Muhammad Ali Paschas, des damaligen Gouverneurs von Ägypten und dem Sudan. Mit einer Spurweite von 1067 Millimetern startete sie in Wadi Halfa an der ägyptischen Grenze und folgte dem Ostufer des Nils bis nach Saras (1877) und Ukasha (1885). Dort kamen die Arbeiten nach einem Sieg der Mahdi-Truppen in Khartum vorerst zum Stillstand. Erst 1896 nahm man die Streckenarbeiten wieder auf und erreichte im Jahr darauf den südlichsten Punkt der Linie in Kerma. Zu jener Zeit hatte die Bahnlinie ihren Zweck allerdings schon verloren, weil der Krieg zu Ende war. So wurde sie 1905 aufgegeben.

Erfolgreicher war die zweite Bahnlinie des Sudan von 1898, die aus Wadi Halfa in südöstlicher Richtung durch die Nubische Wüste bis nach Abu Hamad verlief. Die 350 Kilometer lange Route auf Kapspur kürzte die riesige S-Kurve des Nils ab und reduzierte dadurch die Reisezeiten zwischen den beiden Städten drastisch. Nach der Niederlage der Mahdisten in der Schlacht von Omdurman im Jahr 1898 wurde der Schienenweg am Ostufer des Nils entlang bis nach Atbara verlängert. Und Ende 1899 traf er schließlich nach insgesamt 906 Streckenkilometern in der Hauptstadt Khartum ein.

Die neue Eisenbahnlinie eröffnete eine neue Handelsroute vom Zentralsudan bis zum Mittelmeer – von Wadi Halfa auf dem Nil bis nach Assuan in Ägypten und von dort mit der Eisenbahn bis nach Alexandria. Jedoch sorgte das langwierige Be- und Entladen der Nildampfer für endlose Verzögerungen. Eine 1906 eröffnete 473 Kilometer lange Bahnstrecke zwischen Atbara und Port Sudan am Roten Meer löste das Problem. 23 Jahre lang sollte sie die Hauptbahnverbindung des Landes bleiben, mit deren Hilfe landwirtschaftliche Erzeugnisse wie Baumwolle und Sorghum aus dem fruchtbaren Niltal in andere Länder transportiert werden konnten.

Unter britischer Herrschaft entstand auch die 222 Kilometer lange Bahnlinie von Station 10 nördlich von Abu Hamad, die in westlicher Richtung bis nach Karima am Nil führte. Sie ging 1905 in Betrieb. 1911 folgte eine 690 Kilometer lange Route in südlicher Richtung. Sie verlief von Khartum durch das Tal des Blauen Nils bis nach Sannar und von dort gen Westen nach Kusti und El Obeid. Sannar, das Zentrum des sudanesischen Baumwollanbaus, wurde 1929 zum wichtigen Eisenbahnknotenpunkt, als die 800 Kilometer lange Route nach al-Qadarif, Kassala und Haija (mit Anschluss an die Linie nach Port Sudan) fertiggestellt wurde. Diese neue, direktere Route bediente wichtige Baumwoll- und Getreideanbaugebiete und übernahm einen Großteil des Exportverkehrs nach Port Sudan, der zuvor auf der Strecke über Khartum und Atbara abgewickelt worden war. Etwa zur selben Zeit entstand eine Nebenlinie von Malawiya über die eritreische Grenze bis nach Teseney.

Ab 1929 wurden im Sudan keine neuen Eisenbahnlinien in Kapspur mehr gebaut. Erst 1954 eröffnete wieder eine 227 Kilometer lange Zweigstrecke von Sannar nach Ad Damazin durch das Tal des Blauen Nils. Nachdem das Land 1959 seine Unabhängigkeit erlangt hatte, baute man ein 690 Kilometer langes Anschlussstück an die El-Obeid-Linie in westlicher Richtung von Aradeiba Junction nach Babanusa und Nyala in Süd-Darfur. 1962 folgte eine 444 Kilometer lange Route von Babanusa südwärts bis nach Wau. Zusammen mit dem ausgedehnten Bahnnetz durch die Baumwollanbaugebiete, das zwischen den 1920er und 1960er Jahren südlich von Khartum in der Dschazira-Ebene entstanden war, gab es in den 1970er Jahren im Sudan Bahnlinien mit insgesamt rund 4800 Streckenkilometern. Ausländische Investitionen und eine blühende Agrarwirtschaft sorgten in den 1960er und 70er Jahren dafür, dass der Eisenbahnverkehr blühte, aber am Horizont zogen bald düstere Wolken auf.

Bis in die 1950er Jahre hinein wurde das eingleisige 1067-Millimeter-spurige Bahnnetz komplett mit Dampfloks betrieben. Dann führte man britische Diesellokomotiven von English Electric ein, wobei die Dampfloks von der North British Locomotive Company in Glasgow weiterhin ihren Dienst taten. Erst gegen Ende der 1970er Jahre mussten sie nach und nach ameri-

Vorige Seite: In der guten alten Dampfära, als die sudanesischen Eisenbahnen noch funktionierten, zieht die Lok Nr. 306 1'D1' unweit von Singa einen Zug von Ad Damazin nach Sannar.

kanischen Dieselloks von General Electric weichen. Sogar in den 1980er Jahren gab es noch Dampfbetrieb, was zum einen an fehlenden Ersatzteilen für die Dieselloks und zum anderen an der Konjunkturflaute im Land lag. Doch 1990 kam das Ende.

In den vergangenen Jahren war es aufgrund der US-Wirtschaftssanktionen nicht möglich, Ersatzteile für die Diesellokomotiven der Sudan Railways Corporation zu besorgen. Allerdings beschaffte man sich einige neue Lokomotiven aus China.

Die Entlassung von ungefähr 20 000 Eisenbahnarbeitern durch die Regierung im Jahr 1992 infolge jahrelanger Arbeitskämpfe war nur eine Ursache für den Niedergang des riesigen sudanesischen Eisenbahnnetzes. Hinzu kamen die US-Wirtschaftssanktionen, der Bürgerkrieg in Darfur, schlechtes Management, mangelnde Wartung, Vernachlässigung, unzuverlässiger Betrieb und die allgemeine Stagnation der Wirtschaft. Heute werden gerade noch fünf Prozent des nationalen Gütertransports über die Schiene abgewickelt. Somit kann die Bahn nicht mehr mit dem Transport auf der Straße konkurrieren und steht vor dem Aus. Personenzüge fahren gar nicht mehr – einer der letzten, der zweimal wöchentlich zwischen Khartum und Wadi Halfa verkehrte, wurde im Herbst 2010 stillgelegt. Züge, die überhaupt noch fahren, können aufgrund des katastrophalen Zustands der Gleise nur noch mit maximal 40 Kilometern pro Stunde dahinschleichen.

Seit die sudanesische Regierung durch die Abspaltung des Südsudan im Jahr 2011 ihre wertvolle Ölindustrie verloren hat, setzt sie auf China, Südkorea und die Ukraine, um den Wiederaufbau ihres heruntergekommenen Eisenbahnnetzes zu finanzieren. Derzeit erneuert ein chinesisches Unternehmen den Schienenweg von Khartum nach Port Sudan über Atbara unter Verwendung von Betonschwellen. Wenn er fertig ist, soll die Linie von Khartum nach Nyala neu verlegt und bis nach Tschad verlängert werden. Auf diesem Weg könnte dann auch Öl aus dem Südsudan transportiert werden, sofern die Meinungsverschiedenheiten zwischen beiden Ländern beigelegt werden können. Die Zukunft wird zeigen, ob das einst gewaltige Eisenbahnsystem des Sudan vor der Vergessenheit bewahrt werden kann.

Bis 1990 gab es im Sudan dampfbetriebene Eisenbahnen. Hier fährt die Lok Nr. 326 1'D1' der North British Locomotive Company auf der Route zwischen Ad Damazin und Khor Doniya an einem Termitenhügel vorbei.

***Folgende Seiten:** Ein seltener Anblick in einem Land, in dem es kaum noch Eisenbahnverkehr gibt: Eine klapprige sudanesische Dieselelektrolokomotive zockelt mit einem wackeligen Güterzug durch die weite Wüstenlandschaft.*

ASIEN

QINGHAI-TIBET-BAHN

PROVINZ QINGHAI UND AUTONOMES GEBIET TIBET, CHINA

SPURWEITE: 1435 MILLIMETER • **LÄNGE:** 1955 KILOMETER • **ROUTE:** VON XINING NACH LHASA

2006 ging die Qinghai-Tibet-Bahn in Betrieb. Es war nicht nur die allererste Eisenbahnlinie in der Gebirgswelt von Tibet, sondern auch die höchstgelegene der Welt. Letzterer Superlativ gilt auch für einen Eisenbahntunnel und einen Bahnhof auf der Linie. Sie verläuft zum Teil auf Permafrostboden, was angesichts der Klimaerwärmung zu Problemen mit der Stabilität führt.

Lop Nur
Guazhou
Dunhuang
Tiancang
Badain Jaran Shamo
Laojunmiao (Yumen)
Jiayuguan
Ehen Hudag (Alxa Youqi)
Zhangye (Ganzhou)
Shandan
Jinchang
Aksay
Altun Shan 5798
Qargan He
Ruoqiang
Xorkol
QILIAN SHAN
5808
ALTUN SHAN
Lao Mangnai
Da Qaidam
Lenglong Ling
Qaidam Pendi
Delhi
Qinghai Hu
Huangyuan
Xining
Qinghai Nanshan
KUNLUN SHAN
Muz Tag 6973
Golmud
Gonghe (Qabqa)
Burhan Budai Shan
Huang He (Yellow River)
Hoh Xil Shan
Xinghai
Qumar He
Maqên Kangri 6282
Bayan Har Shan
Machali
Xiqing Shan
Ulan Ul Hu
Anyêmaqên Shan
Huang He (Yellow River)
NGZANG GAOYUAN
PLATEAU OF TIBET)
Tongtian He (Yangtze)
Mus Qu
Tarlag
Jigzhi
Tanggula Shan 6099
Tanggula Shan
Ningjing Shan
Chindu
Yushu (Gyêgu)
Sêrxü
Aba
Baima
Za Qu
Ji Qu
Cozhê
Siling Co
Lharigarbo
Sog (Garqêntang)
Dêgê
Garzê
Nagqu
Jomda
CHINA
Tanianfaweng Shan
Nu Jiang
Riwoqê
Qamdo (Chamdo)
Dawu
Shaluli Shan
Daxue Shan
Nam Co
Gongtang
7114
Nyainqêntanglha Feng
Nyainqêntanglha Shan
Lancang Jiang (Mekong)
Hengduan Shan
Litang
Baxoi (Baima)
Markam
Batang
Yajiang
Jinsha Jiang (Yangtze)
Ngamring
Xigazê
Lhasa
Yarlung Zangbo
Namjagbarwa Feng 7782
Lhazê (Quxar)
Yamzho Yumco
CLAIMED BY CHINA
Zayü
Dêqên
Hkakabo Razi 5881
Kula Kangri 7554
Kangchenjunga 8586
Kangto 7102
4036
Xamgyi'nyilha
Yulongxue Shan 5596
Punakha
THIMPHU
BHUTAN
Gangtok
Darjiling
Bomdila
Ziro
Dibrugarh
Tezu
Makum
North Lakhimpur
Namrup
Itanagar
Shiliguri
Jalpaiguri
Sibsagar
Koch Bihar
Tezpur
Bongaigaon
Jorhat
Patkai Bum
Brahmaputra
Goalpara
Nagaon
Golaghat
Maingkwan
Kumon Range
The Triangle
Jianchuan
Purnia
Saidpur
Rangpur
Guwahati
Dispur
INDIEN
Dimapur
Nu Jiang
Dali (Xiaguan)
Ingraj Bazar
Jamuna
Shillong
Kohima
Chindwin
Mogaung
Baoshan
Jamalpur
Myitkyina
Sylhet
Silchar
Imphal
Rajshahi
Mymensingh
BANGLADESCH
MYANMAR (BIRMA)
Tangail
Pabna
DHAKA (Dacca)
Katha
Wuliang Shan
Kushtia
Agartala
Aizawl
Wuntho

Als die Qinghai-Tibet-Bahn, auch bekannt als Lhasa-Bahn, 2006 eröffnet wurde, lief sie dem Ferrocarril Central Andino (siehe Seiten 288–293) in Peru den Rang als höchstgelegene Eisenbahnlinie der Welt ab. Die Idee einer Bahnverbindung zwischen China und Tibet kam erstmals 1950 auf. Allerdings standen die hohen Kosten und das mangelnde technische Know-how zu jener Zeit jedem Fortschritt im Weg.

Tibet heißt nicht umsonst »das Dach der Welt«. Viele der höchsten Berge der Erde befinden sich dort, darunter auch der Mount Everest an Tibets südlicher Grenze zu Nepal. Nördlich davon liegt das Hochland von Tibet, das sich mit einer durchschnittlichen Höhe von 4500 Metern in westlicher Richtung bis nach Indien erstreckt und ungefähr viermal so groß ist wie Frankreich. Im Norden grenzt Tibet an das Kunlun-Gebirge und im Westen an den Karakorum. Trotz seiner Größe leben in Tibet nur etwa drei Millionen Menschen. Damit nimmt es Platz drei der am dünnsten besiedelten Regionen der Erde ein, hinter Nordgrönland und der Antarktis. Seine Verwaltungshauptstadt Lhasa liegt auf 3490 Metern Höhe in den nördlichen Ausläufern des Himalaya.

1951 marschierte die chinesische Armee in Tibet ein. Das vorwiegend nomadisch und weit verstreut lebende Volk und seine Armee aus buddhistischen Mönchen hatten der modernen Kriegsmaschinerie der Invasoren nichts entgegenzusetzen. Seit die tibetische Regierung unter dem 14. Dalai Lama, Tendzin Gyatsho, 1959 ins indische Exil ging, hat Tibet den Status eines Autonomen Gebiets der Volksrepublik China. Und der nach jahrhundertelanger Isolation unberührte Reichtum an Bodenschätzen steht seither zur Ausbeutung bereit, um das chinesische Wirtschaftswachstum mit Energie zu versorgen.

Xining, die Hauptstadt der chinesischen Provinz Qinghai, erhielt erstmals 1959 einen Anschluss ans Eisenbahnnetz, als die 188 Kilometer lange Lanqing-Bahn von Lanzhou in Betrieb ging. Damit war der erste Schritt zum Bau der ehrgeizigen Qingzang-Bahn nach Lhasa getan. Doch bis zu ihrer Fertigstellung sollten noch 47 Jahre vergehen.

Den zweiten Bauabschnitt bildete die 814 Kilometer lange Erweiterung nach Westen von Xining nach Golmud am Nordufer des Qinghai-Sees entlang. Die Strecke wurde 1984 eröffnet, aber ihr Ausbau in südlicher Richtung über den Kunlun-Pass bis nach Lhasa wurde bis 2001 aufgeschoben, weil die Verlegung eines Schienenwegs auf Permafrostboden enorme technische Probleme aufwarf. Gelöst wurden sie schließlich durch eine Kombination aus Steinbrockendämmen und erhöhten Gleisen, die von tief in den Boden gerammten Betonpfeilern getragen werden. Im Moment funktioniert dieses System, aber schon der kleinste Temperaturanstieg infolge des Klimawandels könnte die Gleisinfrastruktur der Bahnlinie ernsthaft gefährden.

20 000 Arbeiter bauten von beiden Enden der Strecke und erreichten 2005 den höchsten Punkt am Tanggula-Pass auf 5072 Metern. Damit war dies die höchste Eisenbahnlinie der Welt, und der Bahnhof Tanggula (5068 Meter) der höchstgelegene der Welt. Offiziell wurde die Bahnlinie am 1. Juli 2006 eingeweiht und von der chinesischen Führung als Meisterwerk gefeiert. Die Zahlen können sich sehen lassen: 675 Brücken, 547 Kilometer auf Permafrostboden, höchste Eisenbahnlinie und höchster Bahnhof der Welt, höchster Eisenbahntunnel (4905 Meter), 45 Stationen (zum größten Teil unbesetzt, weil sie sehr abgeschieden sind) zwischen Golmud und Lhasa.

Die Züge der Qinghai-Tibet-Bahn werden von jeweils zwei Dieselelektrolokomotiven der Klasse NJ2 Co'Co' mit 5100 PS gezogen, die speziell für den Betrieb in großen Höhen umgerüstet wurden. General Electric Transportation Systems in Erie, Pennsylvania, baute für die Bahnlinie insgesamt 78 solcher Lokomotiven. Weitere GE-Lokomotiven wurden in Lizenz bei Qishuyan Locomotive Co. im chinesischen Changzhou montiert. Die Personenreisewagen kommen von der Bombardier Sifang Corporation und sind mit einer Sauerstoffversorgung an jedem Sitzplatz speziell auf Reisen in großen Höhen ausgerichtet. Dennoch fährt in jedem Zug ein Arzt mit.

Seit der Fertigstellung der Qinghai-Tibet-Bahn wird an einer 253 Kilometer langen Erweiterung Richtung Westen nach Shigatse gearbeitet. Es ist die zweitgrößte Stadt Tibets. Auch andere Anschlussstrecken sind in Planung, darunter Verbindungen nach Nepal und Indien.

Zu den Personenzügen, die derzeit auf der Strecke fahren, gehören tägliche Verbindungen zwischen Peking und Lhasa sowie zwischen Shanghai und Lhasa. Außerdem gibt es alle zwei Tage Züge nach Lhasa von Chengdu, Chongqing, Xining und Lanzhou. Die Reisezeit von Xining nach Lhasa beträgt gut 24 Stunden, von Golmud etwa 14 ½ Stunden. Unerschrockene Langzeitbahnreisende benötigen für die Tour von Peking und Shanghai nach Lhasa fast zwei Tage.

Zwischen Xining und Golmud folgen die Gleise dem Nordufer des Qinghai-Sees, der mit einer Fläche von rund 4403 Quadratkilometern eher wie ein Binnenmeer wirkt. Der Salzsee, an dem

---

Vorige Seite: *Eine der 675 Brücken, die an der 1955 Kilometer langen Bahnlinie über das Hochland von Tibet errichtet wurden.*

sich wichtige Vogelzugrouten kreuzen, liegt auf einer Höhe von 3205 Metern inmitten des tibetischen Hochlands. Doch in den vergangenen 50 Jahren sind viele seiner Zuflüsse ausgetrocknet, sodass er sich insgesamt verkleinert hat. Die Gegend um die Stadt Golmud ist reich an Rohstoff- und Erdgasvorkommen. Ganz in der Nähe liegt auch der Qarhan-Salzsee – der größte Salzsee der Erde.

Von Golmud nimmt die Bahnlinie in südlicher Richtung Kurs auf den Kunlun-Pass in 4772 Metern Höhe, wo sich 1939 chinesische und japanische Truppen eine erbitterte Schlacht lieferten. Anschließend folgt sie in südwestlicher Richtung der Ostgrenze der Region Hoh Xil, einem entlegenen und dünn besiedelten Naturschutzgebiet, in dem über 200 Wildtierarten leben, darunter der vom Aussterben bedrohte Wildyak und die Tibetantilope. Unterwegs geht es durch den 1338 Meter langen Fenghuoshan-Tunnel in 4905 Metern Höhe – den höchsten Eisenbahntunnel der Welt.

Durch das tibetische Hochland fahren die Züge weiter in südwestlicher Richtung und überqueren den Tuotuo-Fluss, den eine 1398 Meter lange Brücke überspannt. Danach erreichen sie den Bahnhof Tanggula, der mit seiner Lage auf 5068 Metern die höchste Bahnstation der Welt ist. Als höchster Gipfel des Tanggula-Gebirges türmt sich der Geladaindong (6621 Meter) auf, wo der Jangtsekiang seine lange Reise zum Ostchinesischen Meer beginnt. Vom Bahnhof Tanggula führt die Bahnstrecke bergab Richtung Süden in das Grasland der Region Amdo. Dort befindet sich der Cona-See, der höchstgelegene Süßwassersee der Erde mit großer spiritueller Bedeutung für tibetische Buddhisten. Südlich des Sees überquert die Bahnlinie das Gebirge Nyenchen Tanglha und erfreut die Fahrgäste mit traumhaften Aussichten auf die schneebedeckten Berge, von denen mehr als 240 über 6000 Meter hoch sind, und auf rund 2900 Gletscher.

Das letzte Stück dieser langen und abenteuerlichen Reise führt durch die üppigen Weidegebiete der Region Damxung mit dem Namtso-See. Den Buddhisten Tibets ist er heilig. Seit die Eisenbahnlinie hierher gelegt wurde, hat er sich zudem zu einem beliebten Reiseziel für chinesische Touristen entwickelt. Kurz vor Lhasa macht die Strecke noch eine Schleife in östlicher Richtung über den Lhasa-Fluss (auch Kyi genannt) und erreicht dann den nüchternen Betonbahnhof der Stadt in 3490 Metern Höhe. Das Dach des riesigen Bauwerks überspannt vier Bahnsteige, aber es bleibt noch viel Raum zum Ausbauen, wenn die geplanten Erweiterungen der Schienenwege erst einmal fertig sind.

Seit der Eröffnung der Eisenbahnroute hat sich die uralte, abgeschiedene Stadt Lhasa in ein Mekka für Touristen aus China verwandelt. Sie alle wollen einen Blick auf die bedeutenden Stätten des tibetischen Buddhismus wie den erhabenen Potala-Palast, den Jokhang-Tempel und die ausgedehnten Parkanlagen des Norbulingka-Palasts werfen. Alle drei Bauwerke gehören auch zum Unesco-Welterbe.

Manche Abschnitte der Qinghai-Tibet-Bahn zwischen dem Kunlun-Pass und Lhasa verlaufen über erhöhte Gleise auf wuchtigen Betonpfeilern, die tief in den Permafrostboden gerammt wurden.

***Folgende Seiten:** Im Hochland von Tibet überquert die Qinghai-Tibet-Bahn den Tuotuo-Fluss, die Quelle des Jangtse, auf einer 1398 Meter langen Brücke. Bald darauf erreicht sie ihren höchsten Punkt am Bahnhof Tanggula.*

DAMPFBETRIEB

IM 21. JAHRHUNDERT IM NORDOSTEN

CHINAS

RUSSISCHE FÖDERATION
HEILONGJIANG
DONGBEI
CHINA
(MANCHURIA)
JILIN
NORDKOREA
RUSSISCHE
FÖDERATION
JAPANISCHES
MEER
(OSTMEER)
Xiao Hinggan Ling
Arkhara
Obluch'ye
Teploozersk
Birobidzhan
Nikolayevka
Khabarovsk
Fuyuan
Korfovskiy
Pereyaslavka
Khor
Leninskoye
Jiayin
Bei'an
Kedong
Xinqing
Daheiding Shan
1046
1013
Yichun
Cuiluan
Meixi
Amurzet
Amur
Heilong Jiang
Tongjiang
Luobei
(Fengxiang)
Vyazemskiy
Hailun
Suileng
Nancha
Hegang
Songhua Jiang
Fujin
Tieli
Shenshu
Qing'an
Suihua
Jiamusi
Huachuan
Tangyuan
Jixian
(Fuli)
Shuangyashan
Raohe
Bikin
Shending Shan
831
Luchegorsk
Xinglong
Baoqing
Wanda Shan
Yilan
Huanan
Hulan
Bayan
Mulan
Tonghe
Harbin
Binxian
(Binzhou)
Acheng
Fangzheng
Dal'nerechensk
Boli
Qitaihe
Mishan
Hulin
Udegeyskaya Legenda Natsional'nyy Park
Yanshou
Lianzhushan
Lesozavodsk
Daguokui Shan
1183
Jixi
Linkou
Hengshan
Gornyye Klyuchi
Kirovskiy
Shangzhi
Yimianpo
Wuchang
Yabuli
Muling
Lake Khanka
Yushu
Shanhe
Mudanjiang
Hailin
Kamen'-Rybolov
Spassk-Dal'niy
Yakovlevka
Krasnorechenskiy
Shulan
Changting
Ning'an
Pogranichnyy
Khorol
Khrustal'nyy
Suifenhe
Yaroslavskiy
Chernigovka
Kavalerovo
Jilin
(Kirin)
Pipa Dingzi
1393
Lipovtsy
Novochuguyevka
Arsen'yev
Chuguyevka
Poltavka
Sibirtsevo
Novoshakhtinskiy
Dongning
Pokrovka
Mikhaylovka
Anuchino
Jiaohe
Naizishan
Ussuriysk
Huangnihe
Erlong Shan
1194
Razdol'noye
1854
Gora Oblachnaya
Zov Tigra Natsional'nyy Park
Dunhua
Tianqiaoling
Vol'no-Nadezhdinskoye
Tavrichanka
Artem
Artemovskiy
Shkotovo
Uglekamensk
Uglovoye
Smolyaninovo
Trudovoye
Wangqing
Senlin Shan
1498
Vladivostok
Bol'shoy Kamen'
Partizansk
Onsŏng
Yanji
Tumen
Vladimiro-Aleksandrovskoye
Preobrazheniye
Laotougou
Hunchun
Slavyanka
Livadiya
Nakhodka
Vrangel'
Zapovednyy
Kaishantun
Songjiang
Zengfeng Shan
1677
Helong
Zarubino
Fusong
Hoeryŏng
Sŏnbong
Songjianghe
Baitou Shan
(Paektu-san)
2750
Musan
Puryŏng
Najin
Linjiang
Dalizi
Changbai Shan
Kwanmo-bong
2541
Ch'ŏngjin
Changbai
Ŏrang
Huch'ang
Sinp'a
Hyesan
Hamgyŏng-sanmaek
Tuun-bong
Myŏnggan
Kilchu
Zhangguangcai Ling
Laoye Ling
Mudan Jiang
Ussuri
Muling He
Woken He
Suifen He
Da Suifen He
Tumen
Gaya He
Erdao Jiang
Fu'er He
Gudong He
Qixing He
Naoli He
Nongjiang He
Bikin
Malinovka
Zhan He
Kurbin He
Xun He
Wutong He
Tangwang
Numin He
Bidzhan
Bira
Urmi
Kur
In
Nemta
Kukan

Die Provinz Heilongjiang im äußersten Nordosten Chinas grenzt im Norden und Osten an Russland und im Westen an die Innere Mongolei. Der Fluss Amur, an dem sich schon diverse Grenzkonflikte zwischen Russland und China abgespielt haben, markiert die Grenze zwischen den beiden Staaten im chinesischen Norden. Sein Nebenfluss Ussuri bildet einen Großteil der Ostgrenze. In der Region herrscht ein vom Monsun geprägtes, feuchtes Kontinentalklima mit bitterkalten Wintern bei Temperaturen bis zu minus 40 Grad Celsius. Die Sommer sind feuchtwarm, nur im Osten können sie aufgrund der Nähe zum Japanischen Meer vergleichsweise kühl und frisch sein.

Ein Großteil der Provinz wird bestimmt vom Großen und Kleinen Hinggan-Gebirge und den Wanda-Bergen. Ersteres birgt Chinas größten Urwald und ist damit ein wichtiges Forstwirtschaftsgebiet. Das Inland ist eben und wird von zahlreichen Nebenflüssen des Amur durchzogen. Mit ihrem Reichtum an Bodenschätzen wie Öl, Kohle, Gold und Grafit gilt als eine der bedeutendsten Industrieregionen des Landes. Die Rohstoffvorkommen waren einer der Hauptgründe für die japanische Invasion in Nordostchina im Jahr 1931. Mancher Historiker hält dieses Ereignis sogar für den eigentlichen Beginn des Zweiten Weltkriegs. Unter japanischer Herrschaft erhielt die Region den Namen Mandschukuo. Bei dem »Kaiserreich« handelte es sich um einen Marionettenstaat unter der formellen Kontrolle des 1912 abgesetzten chinesischen Kaisers Aisin-Gioro Puyi. Mit dem Einmarsch der Sowjetunion war die japanische Herrschaft beendet.

Heute gibt es ein Normalspur-Eisenbahnnetz in der Provinz Heilongjiang, das die Hauptstadt Harbin mit anderen Industriestädten wie Suihua und Yichun im Norden sowie Changchun und Jilin (beide in der Provinz Jilin) im Süden verbindet. Die Ost-West-Route von Suifenhe an der russischen Grenze, nördlich von Wladiwostok, über Harbin nach Mandschuli in der Inneren Mongolei und weiter nach Russland bildet einen wichtigen Abschnitt der »Kontinentalbrücke« zwischen Asien und Europa. Da es lokal geförderte Kohle und billige Arbeitskräfte in Hülle und Fülle gab, waren Dampflokomotiven auf der Hauptlinie zwischen Harbin und Changchun bis weit in die 1980er Jahre hinein unangefochten in Betrieb. Noch bis vor Kurzem arbeitete man in der Provinz mit dampfbetriebenen Schmalspurbahnen. Viele von ihnen waren nach dem Zweiten Weltkrieg für die Kohle- und Holzindustrie gebaut worden. Ein großes Problem ist die Umweltverschmutzung durch die Kohlekraftwerke im Nordosten Chinas, die die Lebenserwartung in der Region um schätzungsweise fünfeinhalb Jahre verkürzt.

Vorige Seite: *Im Winter weht der Schnee aus Sibirien in die Provinz Heilongjiang hinüber. Die Lok Nr. 6805 der QJ-Klasse 1'E1' der Kohlebahn von Shuangyashan ist mit dem Zug 83 auf dem Weg von Shuangyashan nach Dianchang, hier in der Nähe des Dorfes Tudingshan.*

Mit Temperaturen von bis zu minus 40 Grad Celsius (plus Wind) hat der eisige Winter Chinas Provinz Heilongjiang fest im Griff. Auf der 762-Millimeter-Spur kämpfen sich die Lokomotiven 041 und 168 C2 D der Kohlebahn von Huanan durch die Ebene voran; Schneeverwehungen auf den Gleisen behindern sie zusätzlich. Im Dorf Changlonggang, unweit von Huanan, machen Schäfer mit ihren Tieren der Bahn Platz.

Folgende drei Industriebahnen im Osten der Provinz wurden bis ins 21. Jahrhundert hinein mit Dampf betrieben:

DIE KOHLEBAHN VON SHUANGYASHAN

Ein Standardspur-Eisenbahnnetz verbindet die Bergwerke rund um die Kohlestadt Shuangyashan. Bevor im Jahr 2002 Diesellokomotiven eingeführt wurden, zogen die Dampfloks der Baureihe QJ 1'E1' nicht nur die Kohlezüge, sondern auch Personenzüge von Shuangyashan nach Dianchang, Fushan und Dongbaowei.

DIE WALDBAHN VON HUANAN

Etwa 80 Kilometer südlich von Jiamusi eröffnete 1952 diese 762-Millimeter-Bahnlinie mit einer ursprünglichen Streckenlänge von 367 Kilometern. Als der forstwirtschaftliche Betrieb im Laufe der Zeit zurückging, ließ man nur noch 32 Kilometer für die Nutzung durch ein Kohlebergwerk offen. Bis zum Ende unter Dampf, wurden auch sie im April 2011 stillgelegt.

DIE BAHN DER BERGBAUBEHÖRDE VON JIXI

Unweit der russischen Grenze am Muling-Fluss betreibt die Bergbaubehörde von Jixi Normalspurstrecken zwischen den Bergwerken rund um die Stadt. Trotz Elektrifizierung und der Einführung von Dieselloks auf mehreren Routen fuhren noch bis 2010 Kohlezüge in Dampftraktion mit Lokomotiven der SY-Klasse 1'D1'. Und Ende 2012 war endgültig Schluss.

Die Lok Nr. 1213 1'D1' der SY-Klasse von der Bergbaubehörde in Jixi schiebt einen Zug vom Bergwerk Wanjia im Dorf Sangagli hinauf zur Kohlewäscherei in Didao in der Provinz Heilongjiang.

Folgende Seiten: *Im Morgennebel über dem Flusstal führt die Lokomotive Nr. 1417 1'D1' der SY-Klasse den gemischten Zug von Sipo nach Pingdingshan-Bailau über den Fluss Zhanhe, südlich der Stadt Pindingshan in der Provinz Henan. Anfang des Jahrtausends betrieb das Stahlunternehmen in Wugang täglich noch zwei dampfbetriebene Personenzüge in beide Richtungen auf der 32 Kilometer langen Strecke. Dazu kamen zwei von Dieselloks gezogene Güterzüge zu den Stahlwerken von Sipo und Wugang sowie Transporte aus den Bergwerken der Region Sipo.*

JITONG-BAHN

PROVINZ JILIN, CHINA

SPURWEITE: 1435 MILLIMETER • **LÄNGE:** 945 KILOMETER • **ROUTE:** VON JINING NACH TONGLIAO

In der Inneren Mongolei eröffnete 1995 diese spektakuläre Eisenbahnlinie, die vor allem die Rohstofflagerstätten der Region bedienen sollte. Bis Ende 2005 fuhren die Güter- und Personenzüge noch mit QJ-Dampfloks, dann wurde auf Dieselbetrieb umgestellt. Damit war die Jitong-Bahn die letzte dampfbetriebene Hauptbahnlinie der Welt.

Rampart of Genghis Khan
Choybalsan
Öndörhaan
MONGOLEI
Baruun-Urt
Matad (Jargalant)
Taiping Ling 1712
Da Hinggan Ling
Nehe
Bei'an
Fuyu
Qiqihar
Longjiang
Mingshui
Daqing (Anda)
Suihua
DONGBEI (MANCHURIA)
Zhaodong
Harbin
Ulanhot (Horqin Youyi Qianqi)
Baicheng
Da'an
Shangzhi
Taonan
Songyuan (Fuyu)
Fuyu (Sanchahe)
Tongyu (Kaitong)
Dehui
Jilin (Kirin)
Changchun
Jiaohe
Saynshand
Xilinhot
Tianshan (Ar Horqin Qi)
Linxi
Tongliao
Siping
Dunhua
Huadian
Dongbei Pingyuan
Panshi
Huinan (Chaoyang)
Liaoyuan
Meihekou
Fusong
Chifeng (Ulanhad)
Baishan (Hunjiang)
Tieling
Baochang (Taibus Qi)
Fuxin
Fushun
Shenyang
Tonghua
Chaoyang
Ji'an
Liaoyang
Benxi
Hohhot
Jining (Tsining)
Chengde
Jinzhou
Anshan
Puksubaek-san 2521
Baotou
Zhangjiakou (Kalgan)
Lianshan
Huang He (Yellow
Fengzhen
Huludao
Yingkou
Liaodong Bandao
NORD-
Liaodong Wan
Huich'ŏn
Ordos (Dongsheng)
Great Wall
Dandong (Andong)
Sinŭiju
Hamhŭng
Datong
BEIJING (Peking)
Hŭngnam
Qinhuangdao
Chŏngju
Anju
CHINA
Tangshan
Wafangdian
KOREA
Wŏnsan
P'YŎNGYANG
Xinkou (Xinxian)
Baoding
Tianjin (Tientsin)
Dalian (Lüda)
Korea Bay
Namp'o
Bo Hai
Sariwŏn
MILITARY DEMARCATION LINE 1953
Taiyuan
Yangquan
Cangzhou
Haeju
SŎUL (Seoul)
Jinzhong (Yuci)
Shijiazhuang
Suide
Dezhou
Dongying
Yantai
Weihai
Laizhou Wan
Inch'ŏn
Lüliang Shan
Xingtai
Huabei Pingyuan (North China Plain)
Jinghang Yunhe
Shandong Bandao
Suwŏn
Huang He (Yellow River)
SÜD-
Handan
Jinan
Zibo
Weifang
Laiyang
Taejŏn (Daejeon)
Changzhi
Anyang (Zhangde)
Yellow Sea (Huang Hai)
Linfen
Shancheng (Hebi)
Tai'an
Jiaozhou
Qingdao (Tsingtao)
Kunsan
Xintai
Zhucheng
KOREA
Houma
Puyang
Kwangju (Gwangju)
Yuncheng
Xinxiang
Rizhao (Shijiusuo)
Jiaozuo
Heze
Jining
Linyi
Sanmenxia
Kaifeng
Mokp'o
Zaozhuang
Luoyang (Loyang)
Zhengzhou
Lianyungang
Xuzhou (Tongshan)
Suiyang
Xuchang
Cheju-haehyŏp
Suqian
Pingdingshan
Zhoukou
Huaibei
Huai'an (Huayin)
Cheju-do
Halla-san 1950
Luohe
Suzhou
Hongze Hu
Nanyang
Yancheng
Biyang
Fuyang
Bengbu
Xinghua
Danjiangkou
Zhumadian (Yicheng)
Gaoyou Hu
EAST CHINA SEA (DONG HAI)
Taizhou
Laohekou
Huainan
Yangzhou (Hanjiang)
Xiangfan (Xiangyang)
Xinyang
Nantong
Hefei
Nanjing
Suizhou (Pudu)
Changzhou (Wujin)
Lu'an
Wuxi
Wuhu
Ma'anshan
Shanghai
Jingmen
Tai Hu
Zhongxiang
Suzhou
Pudong
Tianmen

Seit 1947 ist die Innere Mongolei ein autonomes Gebiet der Volksrepublik China, das im Norden an Russland und die Mongolei grenzt. Die Innere Mongolei ist mehr als doppelt so groß wie Frankreich und besteht größtenteils aus windgepeitschten Graslandebenen, in denen es im Winter bis zu minus 40 Grad Celsius kalt werden kann. Doch unter der Erde verbergen sich gewaltige Rohstoffvorkommen wie Kohle und Eisenerz, die die Innere Mongolei zu einer der bedeutendsten Bergbauregionen Chinas machen.

Der Eisenbahnbau in der Inneren Mongolei begann erst spät. 1955 wurde die internationale Transmongolische Eisenbahn fertiggestellt, die Peking mit Moskau verband, mit Stationen in Jining in der Inneren Mongolei und der mongolischen Hauptstadt Ulan Bator. Als zu Beginn der 1990er Jahre Chinas Wirtschaft rapide zu wachsen begann, kamen die gewaltigen Rohstoffreserven der Inneren Mongolei wie gerufen. Das war die Geburtsstunde der 945 Kilometer langen Jitong-Bahn.

Sie verlief zwischen Jining und Tongliao und sollte an beiden Enden Anschluss an die bereits existierenden Normalspurbahnlinien erhalten. Die Chinesische Staatsbahn und die Regierung der Inneren Mongolei gründeten für das Projekt ein Joint Venture. Infrastruktur und Gleisanlagen der 1995 eröffneten Strecke befinden sich technisch auf hohem Niveau und wurden mithilfe modernster Technologie gebaut. Zahlreiche Tunnel, gebogene Viadukte und Wendeschleifen waren nötig, um die Steigungen auf der langen Route durch die Berge zum Jingpeng-Pass zu reduzieren. An Kohle mangelte es in der Region nicht, und die Lohnkosten hielten sich in Grenzen. Anfangs arbeitete man daher mit Dampflokomotiven und handbetätigten Flügelsignalanlagen. Als im Rest der Welt längst keine Dampfloks mehr auf den Hauptbahnlinien fuhren, besorgte sich die Jitong-Bahn 100 Lokomotiven der QJ-Klasse 1'E1', die andernorts in China durch Diesel- und Elektroloks ersetzt worden waren.

Die leistungsstarken QJ-Lokomotiven aus den Jahren 1964 bis 1988 waren weltweit die letzten Dampflokomotiven, die für den Einsatz auf Hauptbahnlinien bestimmt waren. Die Lokomotivwerke von Datong produzierten über 4500 Exemplare dieser Baureihe. Sie verfügten über zwölfrädrige Tender, mechanische Kohlebeschickung und elektrisches Licht. Bei 30 Metern Länge wogen sie 133 Tonnen, hatten eine Leistung von 2900 PS und konnten maximal 80 Stundenkilometer fahren.

Vorige Seite: Zwei Lokomotiven der QJ-Klasse 1'E1', an der Spitze die Nr. 7012, überqueren das Viadukt in der Nähe des Dorfes Erdi. Zu Recht wird das Tal, durch das der Güterzug Richtung Osten fährt, als »Happy Valley« bezeichnet.

Die Dampflok Nr. 6811 der QJ-Klasse 1'E1' durchquert die einsame Landschaft der Inneren Mongolei. Aus Linxi über Nanawayingzi fährt sie mit einem Personenzug Richtung Westen. 2005 wurde sie von einer Diesellokomotive abgelöst.

ABSCHIED VOM DAMPFBETRIEB 1995–2005

Die Bahnlinie war von Anfang an ein voller Erfolg. Bereits 1995 hatte sie fünf Millionen Tonnen Frachtgut befördert, und bis zum Jahr 2000 hatte sich diese Menge nahezu verdoppelt. Ungefähr in der Mitte der Strecke in Daban entstanden Wartungs- und Reparaturwerkstätten für die Lokomotiven. Sie wurden dort mitsamt den Besatzungen ausgetauscht, bevor sie den beschwerlichen Anstieg in westlicher Richtung zum 982 Meter langen Shang-Dian-Tunnel in rund 1500 Metern Höhe antraten. Auf der Bahnlinie verkehrte auch regelmäßig ein Personenzug, der für die Strecke fast einen ganzen Tag brauchte. Er war bis 2005 nicht nur der letzte dampfbetriebene Personenzug der Welt, der auf einer Hauptlinie fuhr, sondern auch der letzte, der mehrere Schlafwagen und einen Speisewagen besaß.

Der Abschied vom Dampfbetrieb auf der Jitong-Bahn dauerte ganze zehn Jahre. Während dieser Zeit pilgerten Dampflok-Enthusiasten aus aller Welt dorthin, um zu fotografieren und den unvergesslichen Anblick noch zu erleben. Im Dezember 2005 zog man die QJs schließlich aus dem Verkehr und ersetzte sie durch 3260 PS starke Dieselelektrolokomotiven der Klasse DF4. Doch obwohl die Wartungsanlagen bereits abgebaut wurden, veranstaltet die Jitong-Bahn hin und wieder QJ-Sonderfahrten für Dampfliebhaber.

Dampfkraft pur! Die Loks Nr. 6389 und 7009 der QJ-Klasse 1'E1' der Jitong-Bahn verlassen mit einem Güterzug gerade den Tunnel 3 des Jingpeng-Passes.

***Folgende Seiten:** Die Lokomotiven Nr. 6996 und 6351 der QJ-Baureihe 1'E1' führen in der Nähe des Dorfes Xiakengzi einen Güterzug in Richtung Osten über den Jingpeng-Pass.*

CHANGBAI-GEBIRGSREGION

PROVINZ JILIN, CHINA

SPURWEITE: 1435 MILLIMETER • **LÄNGE:** 170 KILOMETER • **ROUTE:** TONGHUA–BAISHAN (EHEMALS HUNJIANG)–SONGSHUZEN–SONGJIANGHE

Die steile Eisenbahnlinie nahe der nordkoreanischen Grenze ist landschaftlich äußerst reizvoll und besaß einst eine große strategische Bedeutung. Einen Großteil bauten die Japaner in den 1930er Jahren, während sie die Mandschurei besetzt hielten. Bis 2002 verkehrten hier Dampflokomotiven.

C H I N A
N O R D K O R E A
SÜDKOREA
RUSS. FÖD.
JAPANISCHES MEER
Korea Bay
Kyŏnggi-man
Harbin
Hulan
Binxian (Binzhou)
Acheng
Zhenlai
Zhaozhou
Baicheng
Anguang
Da'an
Zhaoyuan
Songhua Jiang
Taonan
Tao'er
Songyuan (Fuyu)
Qagan Nur
Hulin Gol
Qian'an
Tongyu (Kaitong)
Shuangcheng
Lalin He
Fuyu (Sanchahe)
Yushu
Wuchang
Shangzhi
Yimianpo
Yanshou
Fangzheng
Mayi He
Yabuli
Shanhe
Boli
Qitaihe
Jixi
Linkou
Hengshan
Daguokui Shan 1183
Mudan Jiang
Muling
Mudanjiang
Hailin
Pogranichnyy
Suifenhe
Changting
Ning'an
Muling He
Poltavka
Dongning
Da Suifen He
Nong'an
Yitong He
Dehui
Changling
Jiutai
Changchun
Jilin (Kirin)
Shulan
Pipa Dingzi 1393
Jiaohe
Naizishan
Yongji
Shuangyang
Huangnihe
Erlong Shan 1194
Dunhua
Tianqiaoling
Wangqing
Gaya He
Senlin Shan 1498
Shuangliao
Donglian He
Bamiancheng
Lishu
Yitong
Siping
Liaoyuan
Huadian
Panshi
Huifa He
Kangping
Zhaosutai He
Changtu
Xifeng
Huinan (Chaoyang)
Dongfeng
Erdao Jiang
Fu'er He
Gudong He
Laotougou
Yanji
Tumen
Onsŏng
Hunchun
Hunchun He
Slavyanka
Zarubino
Kaishantun
Helong
Zengfeng Shan 1677
Songjiang
Baihe
Tumen
Hoeryŏng
Sŏnbong
Najin
Faku
Kaiyuan
Diaobingshan (Tiefa)
Meihekou
Santong He
Liao He
Tieling
Qing He
Morihong Shan 1014
Chai He
Qingyuan
Liuhe
Jingyu
Fusong
Songjianghe
Baishan (Hunjiang)
Sanchazi
Man Jiang
2750
Baitou Shan (Paektu-san)
Musan
Puryŏng
Kwanmo-bong 2541
Ch'ŏngjin
Xinmin
Hun He
Fushun
Suzi He
Tonghua (Kuaidamao)
Tonghua
Linjiang
Dalizi
Changbai
Ŏrang
Liaozhong
Laotuding Shan 1367
Hun Jiang
Huch'ang
Sinp'a
Hyesan
Chasŏng
Changjin-gang
Tuun-bong 2487
Kapsan
Myŏnggan
Benxi
Anshan
Motian Ling 969
Taizi He
Tianshifu
Huanren
Ji'an
Manp'o
Kilchu
Haicheng
Cao He
Qingchengzi
Ai He
Kuandian
Yalu Jiang
Wiwon
Sŏnggan
Yŏnhwa-san 2310
Puksubaek-san 2522
P'ungsan
Hwadae
Kimch'aek (Sŏngjin)
Maokui Shan 1110
Ch'osan
Pyŏktong
Tanch'ŏn
Pengcheng
Supung
Sakchu
Dandong (Andong)
Dayang He
Ŭiju
Pukchin
Changjin
Sinhŭng
Pukch'ŏng
Sinŭiju
Gushan
Donggang
Huich'ŏn
Hongwŏn
Sinp'o
Taedasa-do
Kusŏng
Ch'ŏngch'ŏn-gang
Kujang
Oro
Hamhŭng
Hamju
Hŭngnam
Zhuanghe
Sŏnch'ŏn
Pakch'ŏn
Tŏkch'ŏn
Chŏngp'yŏng
Chŏngju
Kaechon
Sinsang
Sinanju
Anju
Taedong-gang
Sunch'ŏn
Yŏnghŭng
Sukch'ŏn
Ŭnsan
Sunan
P'yŏngsong
Munch'ŏn
Kangdong
Yangdok
P'YŎNGYANG
Wŏnsan
Anbyon
Taedong-gan
Nam-gang
Sinp'yŏng
Kosan
Songnim
Namp'o
Chinghwa
Hwangju
Hoeyang
Sep'o
Imjin-gang
Kŭmgang-san 1638
Kosŏng
Chaeryŏng-gang
Changnyŏn
Sariwŏn
Ch'angdo
P'yŏnggang
Chaeryŏng
Ŭnp'a
Ich'ŏn
MILITARY DEMARCATION LINE 1953
Sorak-san National Park
Sŏrak-san 1708
Sokch'o
Changyŏn
Ayang
P'yŏngsan
Ch'ŏrwŏn
Yangyang
Pyŏksŏng
Haeju
Kaesŏng
Yŏnan
Tongduch'ŏn
Ch'unch'ŏn
Odae-san National Park
Ongjin
Kangnŭng
Puk'an-san National Park
Kap'yŏng
Ŭijŏngbu
SŎUL (Seoul)
Puch'ŏn
Inch'ŏn
Sŏngnam
Wŏnju
Changp'yŏng
Ch'iak-san National Park
Tonghae
Samch'ŏk

Die China-Railways-Lok der JS-Klasse 1'D1' Nr. 5485 passiert mit einem Güterzug von Tonghua nach Hunjiang das Dorf Liudaojiang.

Die Route von Tonghua nach Songjianghe führt am Fuße des Changbai-Gebirges entlang im südöstlichen Zipfel der chinesischen Provinz Jilin nahe der Grenze zu Nordkorea (der Demokratischen Volksrepublik Korea). Während der japanischen Besetzung der Mandschurei entstand eine Bahnlinie, die Tonghua, Hunjiang (2006 umbenannt in Baishan) und Ji'an mit dem mandschurischen Haupteisenbahnnetz in Meihekou verbindet. Von dort bestand auch ein Anschluss an die Hauptlinie zwischen Shenyang und Jilin. 1937 erreichte die Linie Tonghua, und nach und nach wurde die Route Tonghua–Hunjiang–Ji'an bis 1940 eröffnet. Für die Japaner hatte die Bahnlinie eine große Bedeutung, weil sie zu Kriegszeiten faktisch die wichtigste strategische Route für den Transport der reichlich geförderten Bodenschätze aus der Mandschurei nach Japan war. Verschifft wurden die Rohstoffe über koreanische Häfen.

Der malerische Steilabschnitt von Hunjiang nach Songshuzen und Baihe wurde erst 1973 freigegeben. Sein Hauptzweck bestand im Transport der Holz- und Kohleressourcen des Changbai-Gebirges nordöstlich von Hunjiang. Bis in die frühen 1990er Jahre hinein waren viele dampfbetriebene Schmalspurbahnen für den Holztransport im Einsatz, die immer auch Anschluss an das Normalspurnetz hatten.

***Vorige Seite:** Eine China-Rail-Lok der JS-Klasse 1'D1' überquert den Fluss Hunjiang mit dem Zug 4097, einem Personenzug von Hunjiang nach Wangdou.*

Leicht hatten es die Eisenbahningenieure beim Bau der Route nicht. Denn es galt, steile, bewaldete Bergregionen und tiefe Flusstäler zu überwinden. Kein Wunder also, dass die Strecke vor Ingenieurbauwerken, starken Anstiegen und Gefällen sowie engen Kurven nur so strotzt. Aus diesem Grund setzte man hier auch auf die kleineren und leichteren Lokomotiven der JS-Klasse 1'D1' der China National Railways (CNR). Sie boten eine größere Streckenverfügbarkeit als die größere allgegenwärtige CNR-Klasse QJ 1'E1' und blieben bis Februar 2002 im Dienst – bis zum offiziellen Ende der Dampftraktion auf den CNR-Schienenwegen. Gewartet wurden die Loks im regionalen Bahnbetriebswerk Tonghua, das der Shenyang-Eisenbahnbehörde der CNR unterstand. Die Langlebigkeit der Dampflokomotiven, die auf dieser Route unter extrem schwierigen Bedingungen unermüdlich arbeiteten, zog Dampflokfans aus aller Welt an, die dieses geradezu unglaubliche historische Spektakel im dritten Jahrtausend mit eigenen Augen sehen wollten.

Die JS-Klasse 1'D1' entstand aus einer Zusammenarbeit zwischen China und der UdSSR in den 1950er Jahren. In ganz China waren die Loks im Einsatz, im Güterverkehr auf sekundären Hauptlinien sowie zum Rangieren und im Arbeitszugdienst. Zwischen 1957 und 1965 baute man 1135 JS-Lokomotiven; weitere 781 folgten zwischen 1981 und 1988. Viele der

Loks aus den 1980er Jahren gingen an Industrie- oder Lokalbahnlinien. Andere, relativ neue Exemplare wurden an die Industrie weiterverkauft, als sie von CNR nicht mehr gebraucht wurden. Zur Jahrtausendwende war eine Vielzahl von ihnen noch immer im Betrieb. Ein paar Dutzend taten sogar Anfang 2014 noch ihren Dienst im riesigen Kohletagebaugebiet von Sandaoling in der Provinz Xinjiang am Rande der Wüste Gobi und des Tian-Shan-Gebirges.

Tonghua liegt im äußersten Südosten der Provinz Jilin am Fluss Hunjiang in den Ausläufern des Changbai-Gebirges. Es ist durch die 129 Kilometer lange »Meiji-Linie« mit der Stadt Meihekou verbunden, wo Anschluss an die Haupteisenbahnlinie von Shenyang nach Jilin besteht. Die Stadt unterhält nicht nur eine lebenswichtige Verbindung nach Nordkorea, sondern bildet auch eine strategische Kreuzung mit der neuen, 1380 Kilometer langen Hegang-Dandong-Bahn, die im September 2012 fertig wurde.

Mit ihren umfangreichen natürlichen Ressourcen ist die Industriestadt Tonghua ein Zentrum der Stahlproduktion und ein wichtiger Eisenbahnknotenpunkt in dieser Region Chinas, die traditionell für ihren Handel mit Ginseng, Marderfellen und Hirschhornprodukten bekannt war. In den 1980er Jahren konnte Tonghua erste Erfolge bei der Produktion lieblicher Rotweine erzielen. Auf dem chinesischen Markt waren sie durchaus beliebt, rentable Exportmärkte konnten sie aber nicht erobern. Zu den Touristenattraktionen der Region Tonghua gehören das Naturschutzgebiet Changbai Shan, die Alten Gräber am Donggou-Fluss und die Bergstadt Wandu.

Die Bahnlinie verlässt Tonghua in östlicher Richtung und kommt auf ihrem Weg nach Baishan bald an großen Stahlwerken vorbei, die ungefähr 30 000 Arbeitskräfte beschäftigen. 2012 arbeitete in dem Komplex noch eine kleine Flotte chinesischer Dampflokomotiven der Standardindustrieklasse SY 1'D1'. An diesem Abschnitt verläuft die Bahn ganz nah am Flusslauf des Hunjiang. Während sie immer höher steigt, überquert sie ihn sogar einige Male. Dann passiert sie einige Siedlungen, die aus kleinen Kohlebergbauunternehmen hervorgingen, bevor sie sich in schrofferes Gelände vorwagt. Etwa 20 Kilometer hinter Tonghua, bei Yayuan, zweigt die 95 Kilometer lange Strecke nach Ji'an ab, einem der fünf Grenzübergänge nach Nordkorea.

Nach 60 Kilometern erreicht die Bahn Baishan, die »Internationale Mineralwasserstadt Chinas«, wo das 1939 erbaute Bahnhofsgebäude im mandschurischen Stil noch immer das Auge erfreut. Von hier geht auch ein kleiner Abzweig zu einem weiteren chinesisch-nordkoreanischen Grenzübergang in Dalizi ab. Früher hieß die Stadt Hunjiang, was wörtlich übersetzt »dreckiger Fluss« bedeutet. Der neue Name Baishan, der »schneeweiße Berge« bedeutet, passt viel besser zum Image der Stadt, die sich ihres lupenreinen Mineralwassers rühmt. Daneben gilt sie als eine der Geburtsstätten der Mandschu-Kultur, was sie zur Pilgerstadt der Qing-Dynastie machte. Sie liegt in der südöstlichen Ecke der Provinz Jilin am Westrand des Changbai-Gebirges und zählt mit ihren sanften Gebirgszügen und zahlreichen Tälern und Flüssen zu den Top Ten der anerkannten Ökotourismus-Reiseziele Chinas. Ein beliebtes Ziel ist der Vulkan Changbai (koreanisch Paektusan) mit seinem schneebedeckten Gipfel und seinem Kratersee, dem Tianchi- oder Himmelssee, der die Flüsse Songhua, Tumen und Yalu speist. Letzterer bildet die Grenze zwischen China und Nordkorea. Rund um Baishan lagern enorme Rohstoffvorkommen. Zudem gehört die Region zu den wichtigsten Holzproduktionsgebieten Chinas. Sie besteht zu rund 75 Prozent aus Wäldern.

Zwischen Baishan und Songjianghe schlängeln sich die übrigen 110 Streckenkilometer durch tiefe, bewaldete Täler am Rande des Naturschutzgebiets Changbai Shan. Rund um den Changbai gibt es noch über 100 weitere Vulkane sowie eine 69 Kilometer lange Schlucht. Solch eine Landschaft ist in China ziemlich einzigartig.

Auf der Route fahren heute Standard-Dieselelektrolokomotiven der China-Rail-Klassen DF4B und DF4C Co'Co' in der Bauweise der 1980er Jahre. Kurzstreckengüterzüge und Rangieraufgaben übernehmen die Loks der Klasse DF5 Co'Co' in der Ausführung der 1970er Jahre, die im Depot von Tonghua stehen. 2012 wurde eine neue Gebirgsbahnlinie zwischen Baihe und Helong freigegeben, die ehemals gekappte Routen unweit der nordkoreanischen Grenze wieder miteinander verknüpfte. Damit eröffnete sie direkte Transportwege zu 13 der wichtigsten Städte im Nordosten Chinas und bildet eine durchgehende Bahnverbindung zwischen den Kohlelagerstätten der Provinz Heilongjiang an der Grenze zu Russland und den Häfen Dandong und Dalian am Gelben Meer. Daher dient sie als Hauptgüterverkehrsarterie durch den Nordosten Chinas. Die Gesamtstrecke zwischen Tonghua und Mudanjiang gehört heute zu den schönsten und faszinierendsten Eisenbahnstrecken der Region.

***Folgende Seiten:** Ein toller Ausblick aus dem Wohnblock in der ersten Reihe! Die China-Railways-Lok der JS-Klasse 1'D1' Nr. 5480 führt den gemischten Güterzug 8531 von Tonghua nach Hunjiang an und überquert bei Dong Tonghua die Brücke über den Hunjiang-Fluss.*

VON YANGON (RANGUN) NACH MANDALAY

MYANMAR (BIRMA)

SPURWEITE: 1000 MILLIMETER • **LÄNGE:** 624 KILOMETER • **ROUTE:** VON YANGON (RANGUN) NACH MANDALAY

Unter britischer Kolonialherrschaft entstand in Birma ein Eisenbahnliniennetz, zu dem auch die Route von Rangun nach Mandalay gehörte. Nach dem japanischen Einmarsch 1942 wurde es schwer beschädigt. Und obwohl man es wieder aufbaute, wurde das Schmalspurnetz 50 Jahre lang, bis zum Ende der Militärdiktatur im Jahr 2011, kaum genutzt.

NDIEN
BANGLADESCH
MYANMAR
(BIRMA)
THAILAND
GOLF VON BENGALEN
Gulf of Mottama (Gulf of Martaban)
Mouths of the Irrawaddy
Shan Plateau
Tropic of Cancer
Kolasib
Aizawl
Champhai
Serchhip
Lunglei
Saiha
Rangamati
Bandarban
Karnafuli Reservoir
Blue Mountain 2164
Chapa Tong 1478
Betling Sib
919
2140
Haka
Falam
Kalemyo
Kalewa
Mawlaik
Kindat
Yazagyo
Mingin
Wuntho
Kawlin
Katha
Kanbalu
Ye-U
Kin-U
Shwebo
Budalin
Kani
Monywa
Myinmu
Yinmabin
Salingyi
Mandalay
Sagaing
Ava
Amarapura
Madaya
Nawnghkio
Pyin-U-Lwin
Mogok
Shweudaung 1896
Tangte 1258
Loi Song 2359
Namtu
Lashio
2675
Kyaukse
Myittha
Natogyi
Myingyan
Taungtha
Pakokku
Pauk
Nyaungu
Mahlaing
Meiktila
Thazi
Popa Mountain 1518
Chauk
Kyaukpadaung
Sale
Sinbyugyun
Yenangyaung
Pyawbwe
Yamethin
Taunggyi
Loi Sang 2475
Hsi-hseng
Sagu
Minbu
Magwe
Minhla
Tatkon
Taungdwingyi
NAY PYI TAW
Pyinmana
Lewe
Ela
Kyidaunggan
Loikaw
Sinbaungwe
Aunglan
Thayetmyo
Taung-ngu
Oktwin
Tantabin
Kywebwe
Nattaung 2620
Phyu
Penwegon
Pyè
Shwedaung
Paungde
Nattalin
Zigon
Gyobingauk
Kyangin
Myanaung
Minhla
Letpadan
Nyaunglebin
Pyuntaza
Daik-U
Shwegyin
Thayawadi
Okkan
Hinthada
Lemyethna
Ngathainggyaung
Kyonpyaw
Danubyu
Taikkyi
Pegu
Hlegu
Waw
Kyaikto
Thanatpin
Bilin
Kawa
Dabein
Kayan
Thongwa
Yandoon
Insein
Yangon (Rangoon)
Thanlyin
Kyauktan
Kangyidaung
Kyaunggon
Bassein (Pathein)
Wakema
Myaungmya
Kyaiklat
Kungyangon
Dedaye
Mawlamyainggyum
Bogale
Pyapon
Labutta
Thaton
Hpa-an
Mottama
Mawlamyaing
Bilugyun Island
Kawkareik
Mudon
Thanbyuzayat
Ye
Kyaukhnyat
Hpapun
Buthidaung
Teknaf
Mrauk-U
Rathedaung
Sittwe (Akyab)
Combermere Bay
Kyaukpyu
Ramree Island
Man-aung Kyun
Taungup
Thandwè
Aisatung Mountain 2742
Mount Victoria 3053
Ponnyadaung Range
Letha Range
Rongklang Range
Arakan Yoma
Pegu Yoma
Kabaw Valley
Irrawaddy
Chindwin
Salween
Sittaung
Mu
Yaw Chaung
Mae Hong Son
Chiang Ma
Lamphun
Huai Nam Dung National Park
Si Lanna National Park
Nam Tok Mae Surin National Park
Doi Suthep-Pui National Park
Doi Inthanon National Park
Op Luang National Park
Mae Ping National Park
Khlong Wang Chao National Park
Khao Ply Huey Wai 2079
Loi Lan 2163
Tanen Taunggyi
1918
Liang Shan 2548
2200
2241
Dawna Range
Taungnyo Range

In drei aufeinanderfolgenden Kriegen zwischen 1824 und 1885 erlangten die Briten nach und nach die Kontrolle über Birma und beherrschten es bis 1937 als Teil Britisch-Indiens. Dann wurde es eine eigenständige Kolonie. Im Zweiten Weltkrieg marschierte Japan in Birma ein, unterlag jedoch 1945 der britisch-indischen Armee. 1948 erlangte Birma seine Unabhängigkeit. Nach einem Staatsstreich im Jahr 1962 wurde das Land bis 2011 von einer Militärdiktatur beherrscht, die inzwischen durch eine Zivilregierung abgelöst wurde.

Die erste Eisenbahnstrecke in Birma war die 262 Kilometer lange Linie von der damaligen Hauptstadt Rangun durch das Irrawaddy Valley nach Prome. Der meterspurige Irrawaddy Valley State Railway wurde von Eisenbahnbauern aus dem indischen Bundesstaat Bihar angelegt und war für den Reistransport zum Hafen von Rangun bestimmt. 1884 folgte die Eröffnung des 267 Kilometer langen Sittang Valley State Railway (ebenfalls in Meterspur), der von Rangun Richtung Norden durch das Sittang-Tal bis nach Taungoo führte. Im Jahr darauf kam Oberbirma nach dem dritten Britisch-Burmesischen Krieg unter britische Kontrolle. Während des Kriegs hatte der Sittang Valley State Railway große strategische Bedeutung als Transportweg für Truppen und Ausrüstung in die Kriegsgebiete.

Nach Kriegsende wurde der Sittang Valley State Railway in nördlicher Richtung nach Pyinmana und Mandalay, die frühere Hauptstadt von Oberbirma, erweitert. Eine dritte Eisenbahnlinie, der Mu Valley State Railway von Mandalay nach Myitkyina unweit der chinesischen Grenze, wurde schrittweise zwischen 1891 und 1898 in Betrieb genommen. Abgesehen von einer Fährüberfahrt über den Fluss Irrawaddy westlich von Mandalay bot die neue Linie eine durchgehende, 1165 Kilometer lange Verbindung von Rangun bis zu den Wäldern von Nord-Birma. Damit konnte nun wertvolles Hartholz für den Export in die Hauptstadt transportiert werden.

1896 wurden alle drei Bahnlinien zur Burma Railway Company zusammengeschlossen. Bis zum Ende des Ersten Weltkriegs entstanden diverse Nebenlinien der Hauptlinie Rangun–Mandalay: von Pegu nach Mulmein und weiter südwärts an der Küste entlang nach Ye; von Pegu nach Nyaungkashe; von Nyaunglebin nach Madauk; von Pyinmana nach Lewe; von Thazi in östlicher Richtung nach Kalaw, Heho und Shwenyaung (zum Inle-See); von Thazi westwärts bis nach Meiktila und Myingyan und von Mandalay nach Lashio über das Gokteik-Stahlviadukt.

Vorige Seite: Die in Großbritannien gebaute Lok Nr. 627 der YC-Klasse Pacific führt den von der Zweigstrecke aus Madauk kommenden Morgenzug in südlicher Richtung entlang der Hauptlinie Mandalay–Rangun, hier bei der Einfahrt in Pyuntaza.

Angesichts der zunehmenden Konkurrenz durch den Straßentransport wurde die Burma Railway Company 1928 verstaatlicht. Zu jener Zeit machten die Bahnen bereits große finanzielle Verluste. Das lag nicht zuletzt daran, dass die Kohle für die Lokomotiven aus Indien und Lokomotiven und Rollmaterial aus Großbritannien importiert werden mussten. Als schließlich die Japaner 1942 einmarschierten, litten das Land, seine Menschen und seine Infrastruktur schrecklich darunter. Mit Zwangsarbeitern und alliierten Kriegsgefangenen baute Japan eine 415 Kilometer lange Meterspurlinie von Thanbyuzayat, der Stadt am Abzweig von Pego nach Ye, über die thailändische Grenze und den Drei-Pagoden-Pass. Auf dieser Route befindet sich die berühmte Brücke am Fluss Kwai, die im Februar 1945 von der Royal Air Force zerstört wurde. Der birmesische Abschnitt der Bahnlinie wurde danach aufgegeben, die 130 Kilometer in Thailand sind noch in Betrieb. Unter der japanischen Besatzung schrumpfte das betriebsfähige birmesische Schmalspurbahnnetz von 3314 Streckenkilometern auf 1085 Kilometer.

Als das Land 1948 seine Unabhängigkeit erlangt hatte, wurde das birmesische Eisenbahnnetz nach und nach wiederhergestellt, sodass es zu Beginn der 1960er Jahre seine Vorkriegsstreckenlänge fast wieder erreicht hatte. Unter der Militärdiktatur kam es zu einem sprunghaften Anstieg des Eisenbahnbaus. Neue Linien und der zweigleisige Ausbau einspuriger Schienenwege erhöhten die Streckenkilometerzahl auf 5403 Kilometer. Bis 2011 allerdings verharrten die Bahnen wie der Rest des Landes in einer Art Zeitschleife, abgeschnitten von der Außenwelt.

Inzwischen werden die meterspurigen Eisenbahnlinien des Landes von Myanmar Railways betrieben. Viele Routen sind nach wie vor eingleisig, wobei die Hauptlinie zwischen Rangun und Mandalay mittlerweile zweigleisig ausgebaut wurde. Der schlechte Zustand der Gleise und der Infrastruktur zwingt die Züge, sehr langsam zu fahren. Immerhin wurden alte deutsche und japanische Diesellokomotiven in den vergangenen Jahren durch moderne Maschinen aus Indien ersetzt. Auch China stiftete einige Loks. Außerdem besitzt Myanmar Railways eine kleine Flotte ölbefeuerter Dampflokomotiven, die 1949 in der Vulcan Foundry von Newton-le-Willows in Lancashire gebaut wurden. Einige waren noch bis ins 21. Jahrhundert hinein im Einsatz. Auf Nebenstrecken verkehren auch lokal hergestellte Schienenbusse aus LKW-Teilen mit Gummireifen.

Momentan sind täglich drei Personenzüge zwischen Rangun und Mandalay unterwegs, ein Tagzug und zwei Nachtzüge, beide mit Schlafwagen und einer mit Speisewagen. Die Reisezeiten für die 624 Kilometer lange Strecke bewegen sich zwischen gemächlichen 15 ½ und 16 ½ Stunden.

Die Dieselzüge aus chinesischer Produktion mit dem Ziel Mandalay fahren am Hauptbahnhof von Rangun ab. Das Original-Bahnhofsgebäude im viktorianischen Stil von 1877 wurde im Zweiten Weltkrieg durch japanische Bombenangriffe beschädigt und 1943 von den zurückweichenden britischen Truppen zerstört. 1954 entstand das heutige Gebäude nach Entwürfen des birmesischen Architekten U Tin im traditionellen Landesstil mit Stufendächern. Trotz zögerlicher Modernisierungen arbeitet die von den Briten gebaute Bahnlinie noch immer mit veralteten Flügelsignalen, die von Stellwerken im Neu-Tudorstil aus der Gegend von London betätigt werden. Ein Großteil der Bahnlinie verläuft durch die ebenen Kulturlandschaften von Birma, wo man kleine Dörfer mit strohbedeckten Hütten auf Stelzen sieht und Menschen, die auf ihrem Land und ihren Palmenplantagen arbeiten. Dazwischen leuchten die vergoldeten Dächer buddhistischer Pagoden, und bei jedem Halt stürmen lokale Händler den Zug.

Auf ihrem Weg nach Norden durch das Sittang-Tal halten die Züge in den uralten Städten Bago (Pegu) und Taungoo. Taungoo mit seiner 1000-jährigen Shwesandaw-Pagode ist heute ein Zentrum der Forstwirtschaft. Weiter geht es von hier in nördlicher Richtung nach Naypyitaw, das seit 2005 die Hauptstadt des Landes ist. Fast eine Million Menschen leben in der nach einem rechtwinkligen Raster angelegten modernen Stadt, die immer noch unfertig wirkt. Sie beherbergt sämtliche Landesministerien, die aus Rangun hierher umgezogen sind, sowie die nagelneue, 99 Meter hohe Uppatasanti-Pagode. Weiter Richtung Norden halten die Züge in der Kleinstadt Thazi, wo sie eine Linie kreuzen, die in westlicher Richtung nach Meiktila und Myingyan und in östlicher Richtung zu den Bergstädten Kalaw, Heho und Shwenyaung führt. Von Shwenyaung kann man Ausflüge zum Inle-See unternehmen, Birmas zweitgrößtem See, in 884 Metern Höhe auf dem Shan-Plateau gelegen.

Auf ihrer letzten Etappe fahren die Züge weiter gen Norden über Thabyedaung, Myittha und Singaing bis zur Endstation in Mandalay mit ihrem ultramodernen Bahnhof. Von dort gehen Linien ab in westlicher Richtung nach Monywa, nordwärts nach Myitkyina und in östlicher Richtung nach Lashio. Bis 1885 die Briten einmarschierten, war Mandalay die Hauptstadt des Königreichs Birma. Heute ist die Stadt am Ostufer des Flusses Irrawaddy die zweitgrößte des Landes. Eine große Bevölkerungsgruppe bilden die Chinesen, die in den vergangenen 25 Jahren aus der Provinz Yunnan über die Grenze gekommen sind. Mit ihren Klöstern und Pagoden ist die Stadt auch ein bedeutendes Zentrum des Buddhismus. Ein besonderes Schmuckstück ist die Kuthodaw-Pagode, in der das größte Buch der Welt zu bewundern ist – 1460 Seiten aus Stein (ca. 1 x 1,50 Meter) mit eingemeißelten Inschriften.

Die britische Lok Nr. 962 der YD-Klasse 1'D1' steht in Myutki an der Spitze des täglich in beide Richtungen verkehrenden gemischten Zugs nach Bago (Pegu) über Nyaungkashe.

***Folgende Seiten:** Am Vorabend des Unabhängigkeitstags von Myanmar zieht die Lok Nr. 536 der YB-Klasse Pacific von Myanmar Railways einen »Personenzug« von Pyinmana nach Pyi Win, Ela und Thawatti. Allerdings müssen die Reisenden bis tief in die Nacht hinein in Zuckerrohrtransportwaggons ausharren.*

M R
536

»SEVEN STARS« IN KYŪSHŪ

KYŪSHŪ, JAPAN

SPURWEITE: 1067 MILLIMETER • **LÄNGE:** 1120 KILOMETER •
ROUTE: FUKUOKA–ŌITA–MIYAZAKI–KAGOSHIMA–ASO–FUKUOKA

In Japan begann der Eisenbahnbau eher zögerlich. Vier Jahrzehnte hinkte das Land Europa und Nordamerika hinterher. Heute lässt sich im Südwesten des Landes das 1067-Millimeter-spurige Liniennetz der Vulkan- und Gebirgsinsel Kyūshū an Bord des Luxuszugs »Seven Stars« erkunden.

JAPANISCHES MEER
Korea-straße
SÜD-KOREA
Pusan
(Busan)
Tongnae
Tsushima
Higashi-suidō
Iki-shima
Genkai-nada
Gotō-rettō
Saikai Kokuritsu-kōen
Hirado
Matsuura
Sasebo
Imari
Takeo
Karatsu
Fukuoka
Kasuga
Ōnojō
Dazaifu
Chikushino
Tosu
Ogōri
Amagi
Munakata
Nōgata
Iizuka
Kita-Kyūshū
Shimonoseki
Mojikō
Nakama
Tagawa
Yamada
Hiko-san
1200
Yukuhashi
Nakatsu
Buzen
Usa
Futago-san
721
Bungo-Takada
Kitsuki
Beppu
Ōita
Yufu-dake
1584
Hita
Kurume
Saga
Taku
Okawa
Yanagawa
Yame
Chikugo
Kashima
Ariake-kai
Ōmuta
Yamaga
Kikuchi
Aso-Kuju Kokuritsu-kōen
Kujū-san
1788
Aso-san
1592
Taketa
Sobo-san
1759
Usuki
Tsukumi
Saiki
Bungo-suidō
Nishi-Sonogi-hantō
Ōmura
Isahaya
Arao
Tamana
Kumamoto
Nagasaki
Fukue
Unzen-dake
1359
Shimabara
Uto
Amakusa-nada
Hondo
Unzen-Amakusa Kokuritsu-kōen
Yatsushiro
Yatsushiro-kai
Ushibuka
Midori-gawa
Kunimi-dake
1739
Kyūshū-sanchi
Nobeoka
Hyūga
Ichifusa-yama
1722
Hitoyoshi
Minamata
Ōkuchi
Izumi
Akune
Saito
KYŪSHŪ
Ebino
Kirishima-yama
1700
Kobayashi
Kirishima-Yaku Kokuritsu-kōen
Miyazaki
Miyanojō
Sendai-gawa
Sendai
Koshikijima-rettō
Koshiki-kaikyō
Kagoshima
Kushikino
Kokubu
Miyakonojō
Nichinan
Sakura-jima
1118
Tarumizu
Kanoya
Kushima
Satsuma-hantō
Kaseda
Makurazaki
Ibusuki
Ōsumi-hantō
Kaimon-dake
924
Ōsumi-kaikyō
OSTCHINESISCHES MEER
(DONG HAI)
PAZIFIK
Kuro-shima
Iō-jima
Take-shima
Kishika-zaki
Mage-shima
Nishino-omote
Ōsumi-shotō
Yaku-shima
Shin-dake
649
Kuchino-Erabu-shima
Miyanoura-dake
1935
Kamiyaku
Kirishima-Yaku Kokuritsu-kōen
Tanega-shima
JAPAN
Ōda
Sanbe-san
1126
Iwami Ginzan Silver Mine
Gōtsu
Gō-gawa
Chūgoku-sanchi
Hamada
Miyoshi
Masuda
Garyū-zan
1223
Kanmuri-yama
1339
Higashi-Hiroshima
Hiroshima
Hatsukaichi
Itsukushima Shrine
Kure
1004
Hagi
Nagato
Yamaguchi
Iwakuni
Mine
Hōfu
Shinnan-yō
Tokuyama
Kudamatsu
Hikari
Yanai
Seto-naikai Kokuritsu-kōen
Onoda
Ube
Suō-nada
Hōjō
Matsuyama
Iyo
Ōzu
Yawatahama
Uwajima
1229
Takatsuki-yama
Ashizuri-Uwakai Kokuritsu-kōen
Sukumo
SHIKOKU

Kyūshū ist die südwestlichste der vier japanischen Hauptinseln und reicht an der engsten Stelle bis auf 200 Kilometer an das südkoreanische Festland heran. Im gebirgigen Inneren der Insel befinden sich Japans aktivster Vulkan Aso (1591 Meter) und zahlreiche heiße Schlammquellen. Einwohner und Industrie konzentrieren sich hauptsächlich auf die Städte Kitakyūshū, Fukuoka, Sasebo und Nagasaki im Nordwesten der Insel. Im ländlicheren Osten und Süden werden Reis, Soja, Tabak und Tee angebaut.

Im 19. Jahrhundert konnte der Eisenbahnbau in Japan mit den Entwicklungen in Europa in keiner Weise Schritt halten. Die ersten Schienenwege stammten von ausländischen Ingenieuren, und die erste Dampflokomotive führte 1868 ein Schotte auf einer 13 Kilometer langen Strecke bei Nagasaki vor. Mit finanzieller und ingenieurtechnischer Hilfe aus Großbritannien wurde die erste öffentliche Eisenbahnlinie zwischen Shimbashi und Yokohama auf der Insel Honshū gebaut und 1872 freigegeben. Die Spurweite von 1067 Millimetern, für die man sich damals entschied, wurde auf japanischen Bahnlinien zum Standard, bis 1964 die erste Shinkansen-Hochgeschwindigkeitsstrecke mit 1435-Millimeter-Spurmaß in Betrieb ging.

Auf Kyūshū eröffnete die 1888 gegründete Gesellschaft Kyushu Railway im darauffolgenden Jahr ihre erste, 35 Kilometer lange Eisenbahnstrecke zwischen Fukuoka und Chitosegawa. Als 1907 die japanischen Eisenbahnen verstaatlicht wurden, hatte das Unternehmen es auf fast 724 Streckenkilometer gebracht, vornehmlich im Inselnorden. Ab 1907 managten Japanese Government Railways (JGR) die Bahnlinien des Landes. Nach Japans Niederlage im Zweiten Weltkrieg wurden die JGR jedoch 1949 umstrukturiert. Daraus hervor ging das staatliche Unternehmen Japanese National Railways (JNR). Mit umfangreichen Hilfen im Rahmen des US-Marshallplans wurden die zerbombten und heruntergekommenen Bahnlinien wiederaufgebaut. 1964 eröffneten die JNR zwischen Tokio und Ōsaka die weltweit erste speziell entwickelte Hochgeschwindigkeits-Bahnlinie: den Shinkansen. Seit 1975 wurde dessen Netz um die Schnellfahrstrecke Sanyō Shinkansen erweitert. Sie verbindet Fukuoka im Norden der Insel Kyūshū mit Ōsaka auf der Insel Honshū.

1987 wurden die staatlichen Japanese National Railways privatisiert. Bekannt unter dem übergreifenden Namen Japanese Railways Group, liegt das Eisenbahnsystem nun in den Händen von sieben unabhängigen Unternehmen, von denen drei an der Tokioter Börse notiert sind.

Auf Kyūshū werden die Eisenbahnen von der Kyushu Railway Company betrieben. 2004 ging der Kyūshū-Shinkansen zwischen Fukuoka und Kagoshima im Süden der Insel in Betrieb; die Fertigstellung des Nagasaki-Shinkansen ist für 2023 geplant.

Neben der Standardspurstrecke des Kyūshū-Shinkansen betreibt die Kyushu Railway Company auch Züge auf den älteren, 1067-Millimeter-spurigen Routen. Viele von ihnen führen durch das äußerst malerische Inselinnere, so auch die 141 Kilometer lange Kyudai-Hauptlinie, die zwischen Kurume und Ōita durch das Chikugo-Tal verläuft, und die 148 Kilometer lange Hohi-Hauptlinie zwischen Kumamoto und Ōita. Die 330 Kilometer lange Nippō-Hauptlinie folgt der Ostküste in südlicher Richtung von Ōita nach Nobeoka und Miyazaki und in westlicher Richtung weiter ins Binnenland über Miyakonojo und Hayato nach Kagoshima. Als landschaftlich schönste Route der Insel gilt die 124 Kilometer lange Hitatsu-Linie von Hayato im Süden durch die Berge nach Yatsushiro an der Westküste. Um

***Vorige Seite:** Seit Oktober 2013 nimmt der Luxuszug »Seven Stars« seine Fahrgäste mit auf eine Rundreise über die Insel Kyūshū. Gezogen wird er von einer schnittigen DF200-7000-Dieselelektrolokomotive mit Art-déco-Kühlergrill.*

die Rundreise komplett zu machen, umfährt die 148 Kilometer lange Hohi-Hauptlinie den aktiven Vulkan Aso auf ihrer herrlichen Route durch die Berge zwischen Kumamoto und Ōita.

Das Eisenbahnmuseum in Kyūshū befindet sich im ehemaligen Hauptsitz des Kyushu Railway neben dem liebevoll restaurierten Bahnhof von Mojiko in Kitakyūshū. Vom Museum aus verkehrt ein Touristenzug anderthalb Kilometer auf einer alten Güterverkehrsstrecke.

»SEVEN STARS«

Im Oktober 2013 wurde der »Seven Stars« eröffnet, ein Luxuszug mit kastanienbraunem Anstrich, der zwei- und viertägige Touren über die Insel Kyūshū unternimmt. Gezogen von einer eigens konstruierten Diesellokomotive DF200-7000, besteht er aus sieben Luxusreisewagen – fünf Schlafwagen, einem Salon- und einem Speisewagen. Start und Zielpunkt der Touren ist der moderne Bahnhof von Hakata im nordwestlich gelegenen Fukuoka, der südlichen Endhaltestelle des Sanyō-Shinkansen aus Ōsaka. Hier beginnt die viertägige Rundfahrt in Richtung Osten über Bungomori bis nach Yufuin, wo ein Stopp bei den heißen Schlammquellen eingelegt wird, und zum See Kinrin am Fuße des 1584 Meter hohen Bergs Yufudake. Von Yufuin fährt der Zug weiter ostwärts bis nach Ōita und folgt über Nacht der Route der Nippō-Hauptlinie an der Ostküste nach Miyazaki.

Am zweiten Tag schlägt der »Seven Stars« von Miyazaki einen westlichen Kurs ein und nutzt die Nippō-Hauptlinie über Miyakonojō und Hayato nach Kagoshima. Nachdem sie einen traditionellen japanischen Garten besucht haben, steigen die Passagiere wieder ein für die nächtliche Fahrt zurück nach Hayato und dann nordwärts entlang der Hitatsu-Linie nach Yatsushiro und Kummamoto. Von dort geht es entlang der Hohi-Hauptlinie nach Osten in die Berge, wo am frühen Morgen des vierten Tages der Aso auftaucht. Nach dem Frühstück im Schatten des Vulkans bewegt sich der Zug weiter in östlicher Richtung durch die Berge bis nach Ōita, von wo er denselben Weg zurück nach Fukuoka nimmt.

Zum Luxuszug »Seven Stars« gehören fünf Schlafwagen, ein Lounge-Wagen, ein Speisewagen sowie ein Panoramawagen, die allen 28 Gästen eine Unterbringung auf hohem Niveau bieten.

JANAKPUR RAILWAY

INDIEN UND NEPAL

SPURWEITE: 762 MILLIMETER • **LÄNGE:** 50 KILOMETER (DERZEIT NUR 29 KILOMETER IN BETRIEB) • **ROUTE:** VON JAYNAGAR IM INDISCHEN BIHAR NACH JANAKPUR IM SÜDOSTEN VON NEPAL

Nur durch Subventionen der indischen Regierung konnte diese kurze Schmalspurbahn überleben, die als einzige den Personenverkehr im Bergland von Nepal sichert. Die marode Linie lebt auf, wenn anlässlich der jährlichen Hindufeste in Janakpur die Züge vor Pilgern aus allen Nähten platzen.

CHINA
HIMALAYA
NEPAL
INDIEN
Paikū Co
Saula Himal
6235
Thaple Bhanjyan
5104
Shringi Himal
7187
Gang Benchhen
7211
Lalung La
5050
Pum Qu
Ganesh I
7415
Langtang Ri
7205
Xixabangma Feng
8027
Choksiam
7316
Langtang Lirung
7254
Dorjet Lapka
6990
5870
Langtang National Park
Trisuli
Buri Gandak
Risangumba
5398
6109
Chomolpamari
Cho Oyu (Qowowuyag)
8201
Nup La
5986
Mt Everest (Qomolangma Feng) (Sagarmatha)
8848
Nuptse
7885
Lhotse
8516
6719
Yairu Zangbo
6556
Tadi
4778
5959
Phuma Pass
Gauri Sankar
7145
6300
Tawoche
6542
Sagarmatha National Park
6856
Makalu
8463
4387
Popti Pass
4230
Rakha Pass
4935
6829
5095
Ohmikangri
7028
Jongsang
7483
Chhiranchoma Pass
Tiptala Bhanjyang
KATHMANDU
Bhaktapur (Bhadgaon)
Patan (Lalitpur)
Numbur
6959
Transerku
6608
Chamlang
7319
4250
Barun Pass
Thanla Pass
4826
Kangchenjunga
8586
Kabru
7353
Makalu Barun National Park
Zatr Teng
4973
Tamba Kosi
Pike
4070
Indravati
Mahabharat Range
2528
Chitwan National Park
Hetauda
3574
Arun
3124
Kabeli
Dudh Khosi
Sun Kosi
Phalut Peak
3596
Sandakphu Peak
3630
3307
Darjiling
Churia Ghati Hills
Kamla
2370
Tamur
Ilam
Raxaul
Dharan Bazar
Majhwalia
Janakpur
Bairagnia
Sitamarhi
Jaynagar
Rajbiraj
Sun Kosi
Motihari
Sheohar
Biratnagar
Jogbani
Andhra Tharhi
Madhubani
Rajnagar
Jhanjharpur
Nirmali
Pawakhali
Islampur
Burhi Gandak
Lakhandai
Baikunthpur
Great Gandak
Kanti
Katra
Dabihan
Darbhanga
Madhepur
Kosi
Chhatapur
Forbesganj
Araria
Madanpur
Kishanganj
Panjipara
Kunkai
Muzaffarpur
Supaul
Kumarkad
Kosi
Kosi Dhar
Rauta
Hanti
Nauhata
Madhepura
Banmanki
Jalalgarh
Dalkola
Bheldi
Lalganj
Parsa
Samastipur
Saharsa
Murliganj
Purnia
Chhapra
Sonepur
Rusera
Biharigan
Dhamdaha
Biadola
Dinapur
Hajipur
Shahpur Patori
Koparia
Bhawanipur Rajdham
Rautara
Kumari
Maner
Patna
Mahnar Bazar
Ghugri
Sonaili Bazar
Raiganj
Khagaul
Teghra
Khagaria
Katihar
Fatwa
Bakhtiyarpur
Burhi Gandak
Chautham
Phulaut
Barh
Barauni
Begusarai
Gogri
Bihpur
Manihari
Masaurhi
Hilsa
Mokama
Munger
Naugachhia
Amdabad
Jamalpur
Sultanganj
Bhagalpur
Colgong
Son
Punpun
Asthanwan
Barbigha
Barhiva
Dharhara
Shahkund
Sahibganj
Jehanabad
Lakhisarai
Kharagpur
Ingraj Bazar
Islampur
Bihar Sharif
Sheikhpura
Sambhuganj
Kurtha
Rajgir
Ariari
Rajmahal
Ganga (Ganges)
Waris Aliganj
Badua
Jamui
Khaira
Hisua
Nawada
Kauakol
Banka
Godda
Rafiganj
Gaya
Morhar
Narhat
Jha Jha
Dhamni
Farakka Barrage
Dhulian
Bodh Gaya
Satgawan
Sono
Chandan
Pakaur
Madanpur
Bamdah
Sareya
Bansloi
Sherghati
Dhab
Khajuri
Deoghar
Trikut Parvat
753
Jangipur

Zwischen China und Indien eingezwängt liegt Nepal, die Heimat von acht der höchsten Berge der Welt, die sich im Norden des Landes im Himalaya auftürmen. Seit dem Ende des Anglo-Nepalesischen Kriegs 1816 pflegt das Land freundschaftliche Beziehungen zu Großbritannien. Nepalesische Soldaten dienten als sogenannte Gurkhas lange Zeit in der britischen Armee, und 1923 unterzeichneten die beiden Staaten ein Freundschaftsabkommen. Während sein Nachbar Indien zu Beginn des 20. Jahrhunderts schon über ein ausgedehntes, von den Briten angelegtes Eisenbahnnetz verfügte, war das verarmte Nepal noch völlig unerschlossen. Irgendwann eröffneten zwei kurze Strecken über die Grenze nach Indien. Davon sind heute nur noch die eine und ein kurzes Teilstück der anderen übrig.

Nepals erste Bahnlinie war die 45 Kilometer lange Schmalspurstrecke des Nepal Government Railway (NGR) von Raxaul im indischen Bundesstaat Bihar nach Amlekhganj. Mit einer Spurweite von 762 Millimetern wurde sie 1927 eröffnet. Sie transportierte nicht nur Holz über die Grenze nach Indien, sondern bildete auch die einzige Verbindungslinie von der Hauptstadt Kathmandu nach Indien. Das Reststück von Amlekhganj nach Kathmandu musste zu Fuß oder mit dem Lastwagen zurückgelegt werden, bis 1956 der Tribhuvan Highway in Betrieb ging. 1965 wurde die Bahnlinie stillgelegt, weil man eine Fernstraße über die Grenze gebaut hatte. Ein sechs Kilometer langer Abschnitt wurde in jüngerer Zeit auf Breitspur umgestellt, sodass Güterzüge aus Indien die Grenze passieren und zum Inland Container Depot in Sirsiya gelangen können.

Die zweite Eisenbahnlinie Nepals ist die 1937 eröffnete, 762-Millimeter-spurige Strecke von Jaynagar im indischen Bundesstaat Bihar nach Janakpur im Südosten Nepals. Ursprünglich führte sie noch weiter nach Norden bis Bijalpura, doch dieses 22 Kilometer lange Teilstück wurde 2001 stillgelegt, weil Überschwemmungen zwei Brücken beschädigt hatten. Die allererste Dampflok auf der Strecke benannte man nach dem Hindu-Gott Vishnu. Sie wurde erst 1994 aus dem Verkehr gezogen, als die indische Regierung vier Diesellokomotiven zur Verfügung stellte. Andere alte Dampfloks verrotten im Depot von Janakpur. Seit 2004 wird die Bahnlinie unter dem Namen Nepal Railways Corporation betrieben.

2012 wäre es fast zur Katastrophe gekommen, als sich eine Diesellokomotive in Jaynagar ohne ihren Lokführer (er wollte nur ein Glas Wasser trinken) in Bewegung setzte und mit einer Geschwindigkeit von knapp 50 Stundenkilometern über die Grenze rollte. Glücklicherweise gelang es, sie auf einen Rangierbahnhof unweit von Janakpur umzuleiten und dort zum Stillstand zu bringen, sodass es keine Verletzten gab.

Die Stadt Jaynagar mit rund 30 000 Einwohnern liegt am Ufer des heiligen Flusses Kamala im nordostindischen Bundesstaat Bihar. Mit Breitspurbahnlinien aus sieben indischen Städten wie Kalkutta, Amritsar und Danapur ist die Stadt gut angebunden. Janakpur mit 61 000 Einwohnern am anderen Ende der Strecke ist eine der bedeutendsten religiösen Städte Nepals und somit auch ein gefragtes Reiseziel bei Pilgern und Besuchern. Es heißt sogar, dass der Buddha und Mahavira, der Gründer des Jainismus, hier einst lebten. Neben zahlreichen heiligen Teichen und Brunnen besitzt Janakpur über 120 Tempel, unter denen der herrliche Janaki Mandir besonders heraussticht. Alljährlich reisen Tausende von Pilgern mit der Bahn in die Stadt, um große Hindu-Festivals wie Deepawali, Chhath Parva und Sita Vivaha Panchami zu feiern.

Die Bahnlinie zieht sich über die flache und sumpfige Tiefebene von Nepal. Sie kann im Grunde nur überleben, weil es keine Straße zwischen Jaynagar und Janakpur gibt. Station macht sie am indisch-nepalesischen Grenzposten, dann in Khajuri, Mahinathpur, Baidhee und Parhaba. Normalerweise verkehren täglich drei Züge in beide Richtungen. Wenn allerdings religiöse Feierlichkeiten in den Hindutempeln von Janakpur anstehen, gibt es einen permanenten Shuttle-Service. Und selbst dann müssen sich die Fahrgäste in extrem überfüllte Züge quetschen und sitzen teilweise sogar auf dem Waggondach. Gleisinfrastruktur, Lokomotiven, Rollmaterial und Schienen sind in bedauernswertem Zustand, Entgleisungen an der Tagesordnung, und Sicherheits- und Gesundheitsmaßnahmen sucht man vergebens. Dennoch arbeitet die Bahn unermüdlich weiter. Es gibt sogar Pläne, sie zu modernisieren und auf Breitspurmaß umzuspuren. Sogar ein Ausbau in nördlicher Richtung bis nach Barbidas ist angedacht.

Die topmodernen Signale stehen auf Fahrt, die Fahrgäste hängen seitlich am Zug oder sitzen auf den Waggondächern. So nimmt der gut beladene Morgenzug des Nepal Government Railway von Janakpur nach Jaynagar bei Khajuri seine Fahrt auf.

Vorige Seite: *Die Fahrgäste eines Zugs von Jaynagar nach Janakpur warten auf die Abfahrt, während auf dem benachbarten Bahnsteig ein Zug nach Jaynagar hält mit der Lok »Gorakhpur« C1t, gebaut 1926 von der Avonside Engine Company.*

Folgende Seiten: *Eine in die Jahre gekommene Lok Nr. ZDM535 des Nepal Government Railway führt einen voll besetzten Zug der Linie Jaynagar–Janakpur–Bijalpura auf einer Nebenstrecke nach Bilaspur. Der Abschnitt wurde wegen Hochwasserschäden stillgelegt, doch man hofft auf seine Wiedereröffnung.*

533

DARJEELING HIMALAYAN RAILWAY

WESTBENGALEN, INDIEN

SPURWEITE: 610 MILLIMETER • **LÄNGE**: 84 KILOMETER • **ROUTE**: VON NEW JALPAIGURI NACH DARJEELING

Der Darjeeling Himalayan Railway wurde zur Zeit der britischen Kolonialherrschaft in Indien gebaut. Die steil ansteigende Route durchfährt auf ihrem Weg in die Vorgebirge des Himalaya eine Reihe spektakulärer Spitzkehren und Kehrschleifen, bis sie die einstige *Hill Station* Darjeeling erreicht. In den vergangenen Jahren haben politische Unruhen, Überschwemmungen und Erdrutsche den Betrieb zum Erliegen gebracht.

CHINA
HIMALAYA
NEPAL
BHUTAN
INDIEN
BANGLADESCH
Rhe Chu
Nagarzê
7223
Lhagoi Kangri
6482
Gyangzê
(Gyangtse)
6093
Pum Qu
Yairu Zangbo
6719
Cho Oyu
(Qowowuyag)
8201
Mt Everest
(Qomolangma Feng) (Sagarmatha)
8848
Nuptse
7885
Lhotse
8516
Tawoche
6542
Sagarmatha
National Park
6856
Transerku
6608
Chamlang
7319
Makalu
8463
4230
Chhiranchoma
Pass
6829
Ohmikangri
7028
Jongsang
7483
Chomo
Yummo
6829
Khanchenchao
6838
Pauhunri
7125
Dongkya La
Masang Gang
7194
Jejekangphu
Gang
7194
Gangchen Ta
6794
Chomo
Lhari
7313
Pho Chhu
Mo Chhu
Pa Chhu
Punakha
Paro
THIMPHU
Ha
Tarka La
4736
Sunkosh Chhu
Torsa Chhu
Wong Chhu
Daga
Damphu
6556
Makalu Barun
National Park
Arun
3574
3124
Kangchenjunga
8586
Kabru
7353
Lachung
Tista
Mangan
Yuksam
Gangtok
Kabeli
Phalut Peak
3596
Sandakphu Peak
3630
3307
Rangli
Darjiling
(Darjeeling)
Kalimpang
Thode
Darjiling Hills
Gorubathan
2551
Mahabharat Range
Tamur
2370
Udh Khosi
Churia Ghati Hills
Ilam
Matiali
Bangrakot
Karsiyang
Samchi
Phuentsholing
Nagrakara
Mal
Banarhat
Lankapara Hat
Dharan
Bazar
Mahendranagar
Madhumalla
Mirik
Bahundangi
Shiliguri
Bagdogra
Goyerkata
Birpara
Madari
Hat
Jayanti
Pengkhua
Kalchini
Kumargram
Damak
Naksalbari
Kakarbhitta
TARAI
Phansidewa
Alipur
Duar
Chakchoka
Gossaigaon
Rajbiraj
Sapta Kosi
Birpur
Biratnagar
Bhadrapur
Kharibari
Jalpaiguri
Mainaguri
Falakata
Bhimnagar
Jogbani
Dighalbank
Terhagachh
Chopra
Haldibari
Patgram
Matabhanga
Koch Bihar
Sapatgram
Nirmali
Kursakatta
Pawakhali
Pothia
Mekhliganj
Kishanpur
Narpatganj
Forbesganj
Panchagarh
Tufanganj
Tamarhat
Chhatapur
Palasi
Bahadurganj
Islampur
Malipara
Sitalkuchi
Agamani
Madanpur
Kochadhamin
Boda
Dinhata
Pipra
Araria
Kishanganj
Panjipara
Phultola
Hatibandha
Sitai
Golakganj
Gauripur
Raniganj
Tribeniganj
Kamalpur
Goalpokhar
Thakurgaon
Baman
Hat
Dhubri
Kumarkad
Rauta
Hariharpur
Raidak
Brahmaputra
Jalalgarh
Bishunpur
Bhotemari
Madhepura
Nilphamari
Lalmonirhat
Noonkha
South Salmara
Banmanki
Dalkola
Birganj
Saharsa
Murliganj
Belgachhi
Pirganj
Kalidaha
Kurigram
Purnia
Kaunia
Biharigani
Karandighi
Biadola
Saidpur
Rangpur
Simri Bakhtiarpur
Dhamdaha
Koparia
Bhawanipur
Falka
Kora
Rautara
Kumari
Parbatipur
Ulipur
Garobadha
Rajdham
Beldaur
Phulaut
Katihar
Sonaili
Bazar
Raiganj
Kaliyaganj
Dinajpur
Sundarganj
Mankachar
Azamnagar
Kushmandi
Baradarga
Chilmari
Barari
Phulbari
Kumarganj
Chintaman
Pirganj
Gangrampur
Bihpur
Manihari
Harishchandrapur
Nawabganj
Sadullapur
Naugachhia
Amdabad
Daulatpur
Gaibandha
Bhagalpur
Sultanganj
Colgong
Patiram
Rajendraganj
Lashkarhat
Balurghat
Shahkund
Sahibganj
Ratua
Saidpur
Shagbatta
Asarganj
Sonaula
Rijapur
Joypurhat
Pahapur
Islampur
Bara
Boarijor
Borio
Habibpur
Sherpur
Amarpur
Rajaun
Mahagama
Rajmahal
Ganga (Ganges)
Ingraj Bazar
Barahat
Pathargama
Berhait
Atura
Akkelpur
Jamalpur
Banka
Godda
Bangahari
Dupchanchia
Bogra
Rohanpur
Shariakandi
Katuria
Dhamni
Farakka Barrage
Naogaon
Nichole
Chandanbaisa
Simaltala
Sundarpahar
Kanseth
Chandan
Litipara
Pakaur
Daluabari
Chhatardighi
Sarishabari
Narundi

Die *Hill Station* Darjeeling wurde Mitte des 19. Jahrhunderts von den britischen Kolonialherren als Rückzugsort während der langen heißen Sommermonate Indiens gegründet. Etwa 2100 Meter hoch in den Ausläufern des Himalaya gelegen, entwickelte sich Darjeeling zu einem Luftkurort, in dem die britischen Beamten mit ihren Familien in gemäßigtem Klima entspannen konnten. 1842 legte man einen befestigten Weg von Siliguri in der Ebene nach Darjeeling an. Außerdem entstanden ein Militärdepot für britische Offiziere und ein Sanatorium. Schottische Missionare bauten Schulen und Sozialstationen auf, und 1864 wurde der Ort zur formellen Sommerhauptstadt der Präsidentschaft Bengalen, einer der drei Verwaltungseinheiten Britisch-Indiens. Und nicht zuletzt führten die Briten den Teeanbau in Darjeeling ein.

Mit der wachsenden Bedeutung Darjeelings als Tee-Zentrum und als Kurort war die befestigte Straße, die sich von Siliguri aus in die Berge schlängelte, bald überlastet. Die Stadt am Ufer des Flusses Mahananda war 1878 an eine Meterspurbahnlinie (1947 auf Breitspur umgestellt) aus Kalkutta angeschlossen worden. So entstand bald der Plan, parallel zur Straße eine Dampfstraßenbahnlinie zwischen Siliguri und Darjeeling anzulegen. 1879 gab es grünes Licht von einem Komitee unter Leitung des stellvertretenden Gouverneurs von Bengalen. Angesichts des Erfolgs der Schmalspureisenbahnen – besonders des dampfbetriebenen Ffestiniog Railway – in der Gebirgsregion von Nordwales in Großbritannien entschied man sich bei der neuen, steil ansteigenden Route für eine Spurweite von 610 Millimetern.

Den Auftrag zum Bau der Bahnlinie sicherte sich 1879 Gillanders Arbuthnot & Company, und die Arbeiten begannen umgehend. Im März 1880 erreichte die Linie bereits Tindharia, wo Werkstätten eingerichtet wurden, und im August desselben Jahres Kurseong. Anfangs folgte die Strecke dem Lauf der Straße, doch als die Steigungen zunahmen, musste eine Reihe von Kreiskehrschleifen und Spitzkehren eingebaut werden. Darjeeling erreichte man im Juli 1881. Im gleichen Jahr benannte sich die Eisenbahngesellschaft von Darjeeling Steam Tramway Company in Darjeeling Himalayan Railway Company um.

In ihren ersten Jahren wurde die Bahnstrecke von mehreren Naturkatastrophen heimgesucht. So verursachten ein Erdbeben im Jahr 1897 und ein schwerer Wirbelsturm 1899 massive Zerstörungen. Dennoch wurde sie permanent erweitert. 1914 und 1915 erhielt sie neue Anschlusslinien nach Kishanganj bzw. Gielkhola, um den zunehmenden Personen- und Güterverkehr bewältigen zu können. Neue Drehgestellwagen ersetzten die einfachen Vierrad-Modelle und 1919 wurde die Batasia-Kehrschleife angelegt, um die starke Steigung hinter Darjeeling zu mindern. Nach einem weiteren schweren Erdbeben im Jahr 1934 wurde die Route abermals wiederaufgebaut. Im Zweiten Weltkrieg spielte sie eine bedeutende Rolle beim Transport von militärischer Ausrüstung und Personal zu den Lagern rund um Ghum und Darjeeling. Um verwundete Soldaten zu befördern, wurde damals in den Werkstätten von Tindharia extra ein Krankentransportzug gebaut.

Nachdem Indien 1948 endlich seine Unabhängigkeit erlangt hatte, wurde die Eisenbahnlinie Teil der staatlichen Indian Government Railways und kam unter die Führung der Abteilung Assam Railways.

***Vorige Seite:** Auf seinem Weg von Siliguri Junction nach Tindharia kommt der Darjeeling Himalayan Railway Nr. 786 an vielen kleinen Marktständen vorbei. Er verläuft die meiste Zeit parallel zur Hill Cart Road, der Straße zwischen Darjeeling und Siliguri.*

1962 wurde sie um gut sechs Kilometer ausgebaut – von Siliguri nach New Jalpaiguri –, um dort Anschluss an eine neue Breitspurbahnlinie zu erhalten. Noch im selben Jahr öffnete der neue Abschnitt für den Güterverkehr und 1964 für den Personenverkehr. Die Post wurde ab 1984 auf die Straße verlagert, und nach einer 18-monatigen Schließung wegen innerer Unruhen in den Jahren 1988/89 gab man 1993 auch den Güterverkehr endgültig auf. 1999 wurde der Darjeeling Himalayan Railway (DHR) zur Unesco-Welterbestätte erklärt und war damit die zweite Eisenbahnlinie, der diese Anerkennung zuteil wurde.

Die Fahrt auf der steil verlaufenden Strecke ist kein leichtes Unterfangen – schließlich klettert sie auf 82 Kilometern Länge von 100 Metern in New Jalpaiguri bis auf 2258 Meter an ihrem Scheitelpunkt in Ghum. Und von dort fällt sie wieder ab nach Darjeeling, das auf 2076 Metern Höhe liegt. Bis zur Inbetriebnahme moderner Diesellokomotiven in den Jahren 2000 und 2006 zogen Satteltank-Tenderlokomotiven der B-Klasse B die Züge. Diese Kleinlokomotiven wurden zwischen 1889 und 1925 von Sharp, Stewart & Company und der North British Company in Glasgow gebaut. Drei stammten auch aus den Baldwin Locomotive Works in Philadelphia in den USA und drei aus den eigenen Werkstätten des Darjeeling Himalayan Railway in Tindharia. Von den insgesamt 34 Maschinen sind noch elf auf der Schiene, viele andere stehen still oder werden repariert. Die Nr. 778 wurde nach Großbritannien zurückgeführt, wo sie restauriert wurde. Eine Garratt-Gelenklok der D-Klasse B'B' wurde 1910 ebenfalls für die Bahnlinie gebaut.

Heute werden die meisten Züge auf dem Darjeeling Himalayan Railway von modernen Diesellokomotiven angeführt. Die einzigen Ausnahmen bilden der täglich verkehrende Zug von Kurseong nach Darjeeling und die täglichen Touristenzüge von

Der Darjeeling Himalayan Railway Nr. 786 macht sich bereit zur Wende an der »Reverse 2«, südlich von Tindharia.

Darjeeling nach Ghum, dem höchstgelegenen Bahnhof auf der Strecke. Vor sie werden nach wie vor die altgedienten britischen Dampflokomotiven der Klasse B gespannt. In den vergangenen Jahren kam es auf der Strecke zu schwerwiegenden Störungen – einerseits durch Erdrutsche und Hochwasser in den Monsunperioden, die die Bahnlinie quasi durchtrennten, und andererseits durch lokale politische Unruhen und Streiks (hier *bandhs* genannt), zu denen die wichtigste politische Partei in Darjeeling, die Gorkha Janmuti Morcha, aufrief. Es bleibt nur zu hoffen, dass bald wieder Frieden einkehren wird und der Darjeeling Himalayan Railway zur Normalität zurückkehren kann.

VON NEW JALPAIGURI NACH TINDHARIA

Die Reise auf dem Darjeeling Himalayan Railway beginnt rund fünf Kilometer südlich des Bahnhofs Siliguri Town am 1964 eröffneten Bahnhof New Jalpaiguri. An diesem wichtigen Kreuzungsbahnhof mitten in Siliguri, wo täglich rund 177 000 Fahrgäste abgefertigt werden, treffen sich die Breitspurbahnlinien (1676 Millimeter) aus Howrah, Haldibari, Samuktala Road, Barauni und Kathar sowie die Schmalspurstrecke des Darjeeling Himalayan Railway. Außerdem halten hier prestigeträchtige Langstrecken-Expressverbindungen wie der Dibrugarh-Kanyakumari Vivek Express. Er verkehrt auf der längsten Bahnstrecke des indischen Subkontinents und benötigt für seine 4286 Kilometer fast vier Tage.

Die dieselbespannten Züge des Darjeeling Himalayan Railway fahren von einem der beiden Schmalspurgleise am Bahnhof New Jalpaiguri ab und rattern von hier nordwestwärts durch die Vororte bis zum Bahnhof Siliguri Town. Dieser diente ursprünglich als südliche Endstation des DHR (1881) und nördliche Endhaltestelle der Meterspurlinie aus Kalkutta (1880 eröffnet), die 1947 auf Breitspur umgestellt wurde. Seither hat Siliguri ein rasantes Wirtschaftswachstum und eine Zunahme der Bevölkerung auf etwa eine halbe Million erlebt. Als Nächstes folgt die Station Siliguri Junction, die erst zu Beginn der 1950er Jahre zu einem großen Bahnhof wurde, als eine neue Meterspurlinie nach Assam verlegt worden war. Danach folgt der Bahnhof Sukna. Die meiste Zeit verläuft die Strecke nach Darjeeling neben der alten Straße. In bebauten Gebieten schrammen die Züge dicht an Ständen, Läden und Häusern vorbei und machen mit Hornsignalen lautstark auf sich aufmerksam.

Von Sukna aus verlassen die Züge des DHR in nordwestlicher Richtung die flachen Ebenen und beginnen ihren Anstieg in die Darjeeling Hills. Dabei kommen sie an der Stelle vorbei, wo es einst eine Kehrschleife gab, die infolge von Hochwasserschäden 1991 entfernt wurde. Nach dem nächsten Halt in Rangtong wird die Steigung immer dramatischer, während sich die Gleise an den bewaldeten Hängen entlangschlängeln. Hinter Rangtong passieren die Züge eine weitere ehemalige Kehrschleife, die 1942 abgebaut worden ist. Es folgt die erste Zickzack-Strecke der Route, wo die Züge an Höhe gewinnen, indem sie am Hang immer hin- und herfahren, um dann auf einem höheren Niveau ihre Fahrt fortzusetzen. Nach der ersten 360-Grad-Kreiskehrschleife halten die Züge in Chunabhatti und klettern dann durch noch mehr Spitzkehren hinauf in die Stadt Tindharia.

VON TINDHARIA NACH DARJEELING

Tindharia ist die wichtigste Zwischenstation der Strecke, wo der DHR Werkstätten, sein Ingenieurbüro, einen großen Lokschuppen und ein Hospital unterhält. Von dort aus setzen die Bahnen ihren langen Aufstieg in die Berge fort, passieren die Kehrschleife Agony Point Loop (den Namen erhielt sie, weil sie die engste Kurve der Strecke ist), den Bahnhof Gayabari, eine letzte Spitzkehre und den Bahnhof Mahanadi, bevor sie in Kurseong ankommen. Der Ort in 1483 Metern Höhe war in der Vergangenheit ebenfalls eine britische *Hill Station* mit zahlreichen Villen, Bungalows, Schulen und einem Sanatorium für Tuberkulosekranke. Weil es hier nur einen Kopfbahnhof gibt, müssen die Züge nach Darjeeling auf einer belebten Straßenkreuzung wenden. Dann fahren sie durch den geschäftigen Basar, wo sie zentimeterdicht an den Fassaden farbenfroher Geschäfte und Marktständen vorbeifahren.

Von Kurseong behält die Bahn ihren nördlichen Kurs bei und legt das letzte Steilstück bis zu ihrem Scheitelpunkt in Ghum zurück, mit Halt in Tung, Dilaram, Sonada, Rangbul und Jorebungalow. In 2258 Metern Höhe liegt der Bahnhof Ghum mit einem Eisenbahnmuseum, dessen größere Ausstellungsstücke im Güterbahnhof zu besichtigen sind. Der Bahnhof ist gleichzeitig die südliche Endhaltestelle der dampfbespannten Touristenzüge aus Darjeeling. In Ghum beginnt die Abfahrt nach Darjeeling mit der berühmten Batasia-Kehrschleife, die einen fantastischen, weiten Blick auf Darjeeling und den schneebedeckten Himalaya bietet, mit dem Gipfel des Kanchenjunga im Hintergrund. Hier steht auch ein Denkmal für die Gurkha-Soldaten der indischen Armee, die 1947 im Kampf für die Unabhängigkeit Indiens starben. Die letzte Etappe der Reise folgt der alten Straße bis nach Darjeeling hinein, wo die Züge wieder an Läden, Häusern und Marktständen vorbeistreifen, bevor die lange Fahrt an dem unansehnlichen Betonbau des Endbahnhofs in 2076 Metern Höhe zu Ende geht.

Etwa 130000 Menschen leben in dieser farbenprächtigen, lebendigen Stadt, in der noch immer Überbleibsel der britischen Kolonialzeit zu sehen sind. Sie ist weltberühmt für ihren unverwechselbaren Tee und kam in den 1980er Jahren zu Bekanntheit als Zentrum der Gorkhaland-Autonomiebewegung. Doch heute leiden sie und ihr Umland unter wachsenden Schäden ihres empfindlichen Ökosystems. Steigende Bevölkerungs- und Touristenzahlen und das Fehlen jeglicher sinnvoller Planung sind die Ursachen. Die für ihre Flora und Fauna international berühmte Stadt beherbergt den Lloyd's Botanical Garden und den Padmaja Naidu Himalayan Zoological Park, während der nahegelegene Jaldapara-Nationalpark als Schutzgebiet für Wälder, Nashörner, Elefanten, Tiger und Leoparden dient.

Der Darjeeling Himalayan Railway Nr. 785 B ST fährt entlang der Hill Cart Road nach Darjeeling, hier unweit von Tindharia. Dieser Streckenabschnitt wurde nach einem schweren Erdrutsch im Jahr 2011 erst kürzlich wiedereröffnet.

DIE KALKA-SHIMLA-BAHN

BUNDESSTAAT HIMACHAL PRADESH, NORDWESTINDIEN

SPURWEITE: 762 MILLIMETER • **LÄNGE**: 96 KILOMETER • **ROUTE**: VON KALKA NACH SHIMLA

2008 wurde diese steile und technisch äußerst anspruchsvolle Schmalspurbahnlinie, die einst von den britischen Kolonialherren in Indien gebaut wurde, in das Unesco-Welterbe aufgenommen. Die Fahrt zur Bergstadt Shimla ist heute sehr beliebt bei Besuchern aus dem In- und Ausland.

AKSAI CHIN
Lingzi Tang
ADMINISTERED BY CHINA
CHINA
Depsang Point
Karakoram Range
Nubra
Shyok
6943
Plains of Deosai
KASHMIR
Astor
Pangi Range
LINE OF CONTROL
Ladakh Range
Kishan Ganga
Haramukh 5143
Kolahoi 5425
Muzaffarabad
Baramulla
Srinagar
Vale of Kashmir
Pir Panjal Range
Anantnag
Nunkun 7135
Zanskar
Zanskar Mountains
ZANSKAR
ISLAMABAD
Rawalpindi
PAKISTAN
Chenab
Jhelum
Kharian
Tawi
Udhampur
Jammu
Gujrat
Sialkot
Wazirabad
Daska
Gujranwala
Kathua
Chamba
Pathankot
Hafizabad
Kamoke
Gurdaspur
Sheikhupura
Amritsar
Batala
Lahore
Beas
Mandi
Hamirpur
Hoshiarpur
Tarn Taran
Kapurthala
Jalandhar
Bilaspur
Sutlej
Phagwara
Nawanshahr
Kasur
Firozpur
Moga
Ludhiana
Shimla
Solan
Kalka
Khanna
Okara
Faridkot
Kot Kapura
Mohali
Chandigarh
Maler Kotla
Panchkula
Dehra Dun
Pakpattan
Fazilka
Muktsar
Barnala
Nabha
Rajpura
Patiala
Ambala
Sangrur
Bathinda
Abohar
Lambi
Mansa
Jagadhri
Yamunanagar
Saharanpur
Haridwar
Thanesar
Ganganagar
Kaithal
Roorkee
Deoband
Najibabad
Karnal
Nagina
Hanumangarh
Fatehabad
Muzaffarnagar
Bijnor
Sirsa
Jind
Panipat
Kairana
Mawana
Baraut
Chandpur
Hisar
Hansi
Sonipat
Meerut
Amroha
Rohtak
Hapur
Bhiwani
Bahadurgarh
Delhi
NEW DELHI
Ghaziabad
Noida
Jhajjar
Gurgaon
Faridabad
Bulandshahr
Sardarshahr
Churu
Jhunjhunun
Rewari
Palwal
Khurja
Ratangarh
Fatehpur
Narnaul
Sabi
Yamuna
Nawalgarh
Sujangarh
Sikar
Alwar
Aligarh
Mathura
Hathras
INDIEN
THAR
Nagaur
Bharatpur
Agra
Taj Mahal
Firozabad
Shikohabad
Keoladeo National Park
Makrana
Jaipur
Banganga
Dausa
Kishangarh
Hindaun
Dholpur
Bandi
Mashi
Shilla 7026
Pare Chu
Spiti
Pin
Shiquan He (Indus)
Ayila Ri'gyü
Gar Zangbo
Langqên Zangbo
5955
HIMALAYA
Lesser Himalaya
Kedar Kantha
Bandarpunch 6315
Srikanta 6133
Gangotri Group 6614
6940
7068
Chaukhamba
Kamet 7756
Uttarkashi
Alaknanda
Nanda Devi 7820
Trisul 7127
Nanda Kot 6861
Gopeshwar
Pauri
Pindar
Nyar
Kali
Pithoragarh
Corbett National Park
Nainital
Khaladhungi
Kashipur
Kosi
Haldwani
NEPAL
Rampur
Moradabad
Pilibhit
Sambhal
Chandausi
Bareilly
Kali Nadi
Sahaswan
Budaun
Shahjahanpur
Kasganj
Etah
Shahabad
Fatehgarh
Hardoi
Gomati
Mainpuri
Rind
Kannauj
Ganga (Ganges)
Etawah
Unnao
Jhelum
Okara
Bahawalnagar
Degh
Bikaner

Der Aufstieg der Stadt Shimla (172 000 Einwohner) in den Ausläufern des Himalaya begann im frühen 19. Jahrhundert. Ihr mildes, gemäßigtes Klima in einer Höhe von maximal 2200 Metern zog damals britische Armeeoffiziere und Zivilbeamte an, die während der heißen indischen Sommer ihre Ferien dort verbrachten. Shimla wuchs rasch und war bereits in den 1870er Jahren Sommerhauptstadt von Britisch-Indien und Sommersitz der britisch geführten indischen Armee. Viele Bauwerke wurden im neogotischen oder Tudorstil erbaut, sodass sich die britischen Bewohner wie zu Hause fühlten.

Die Reise nach Shimla auf den steilen, kurvigen Wegen durch die bewaldeten Berge war allerdings äußerst mühsam, besonders zur Monsunzeit, wenn die Pferdefuhrwerke regelmäßig im Schlamm stecken blieben. Besserung brachte die Eröffnung der breitspurigen Bahnlinie von Delhi nach Kalka 1891. Dennoch musste noch das rund 96 Kilometer lange Reststück bis nach Shimla mit weiteren 1524 Metern Höhenunterschied überwunden werden. So kam der Gedanke auf, eine Schmalspurbahnstrecke zwischen Kalka und Shimla zu bauen. Man wählte eine Spurweite von 610 Millimetern, um die vielen engen Biegungen und steilen Anstiege bewältigen zu können. 1898 begannen die Bauarbeiten. Doch sie zogen sich in die Länge, denn es waren immerhin 107 Tunnel, 863 Steinviadukte und 20 Bahnhöfe anzulegen, und der durchschnittliche Steigungsgrad der Route betrug 1:33. Im November 1903 war das Werk vollbracht, auch wenn die veranschlagten Kosten sich verdoppelt hatten. Zwei Jahre später spurte man die Linie auf 762 Millimeter um und passte sie damit an die anderen Schmalspursysteme des britischen Weltreichs an.

Hohe Kosten für die Bewirtschaftung und Wartung der Bahnlinie stürzten das Betreiberunternehmen bald in finanzielle Schwierigkeiten, obwohl es die Fahrscheine immer teurer machte. So wurde sie Anfang 1906 von der indischen Regierung gekauft.

Die ersten Lokomotiven waren B1t-Modelle des britischen Unternehmens Sharp, Stewart & Company und ähnelten den Loks des Darjeeling Himalayan Railway (siehe Seiten 186–191). Zwischen 1904 und 1910 kamen leistungsstärkere Maschinen mit der Achsfolge 1'C1't von Hunslet und der North British Locomotive Company hinzu. Die beiden 1928 gelieferten Gelenklokomotiven (1'C1')(1'C1') wurden bald anderswo eingesetzt, da sie zu groß für die Strecke waren. 1955 verwendete man erstmals Dieselloks, die bis 1971 den Dampfbetrieb ersetzt hatten.

2008 kürte die Unesco die Linie zusammen mit dem Darjeeling Himalayan Railway (siehe Seiten 186–191) und dem Nilgiri Mountain Railway (siehe Seiten 198–203) zur Welterbestätte Gebirgseisenbahnen in Indien.

Vorige Seite: Der Schienenbus Nr. 3 auf der 96 Kilometer langen Kalka-Shimla-Bahn überquert bei seiner Anfahrt auf Dharampur eines der zahlreichen Viadukte aus mehrgeschossigen Bogenreihen.

Auf dem Bahnhof von Shimla rangiert eine Diesellok der ZDM3-Klasse Nr. 701 aus den Chittaranjan Locomotive Works vor ihrer Abfahrt nach Kalka Waggons.

Die einzige betriebsfähige Dampflok der Kalka-Shimla-Bahn ist die Nr. 520 der KC-Klasse 1'C1't, die in Großbritannien im ersten Jahrzehnt des 20. Jahrhunderts gebaut wurde. Hier verlässt sie gerade einen Tunnel zwischen Taradevi und Shoghi.

Heute gehört Shimla zu den beliebtesten Reisezielen Indiens, und die Kalka-Shimla-Bahn trägt bis heute zur Unterstützung des lokalen Wirtschaftslebens bei. Das gemäßigte Klima und die architektonische Präsenz der kolonialen Vergangenheit, aber auch das blühende Hotelgewerbe und der Gesundheitstourismus ziehen viele Besucher aus dem In- und Ausland an.

Die 96 Kilometer lange Reise durch die Berge hinauf nach Shimla beginnt am Bahnhof von Kalka, wo auch breitspurige elektrische Eisenbahnen aus Delhi enden. Zunächst nehmen die dieselbetriebenen Züge Kurs auf Nordosten und bieten den Fahrgästen Panoramablicke auf den fernen Himalaya. Bald erreichen sie das malerische Dörfchen Taksal. Von dort winden sie sich, stetig steigend, durch enge Kurven, passieren Tunnel und überqueren Brücken. Sie halten in Gumman, Koti, Sonwara und Dharampur, wo sich das erste Tuberkulose-Sanatorium Indiens befindet. Viele der aus heimischem Stein gebauten Viadukte bestehen aus mehreren Arkadenreihen und ähneln den römischen Aquädukten in Europa. Eines der höchsten mit insgesamt fünf Geschossen überspannt eine tiefe Schlucht zwischen Sonwara und Dharampur.

Auf ihrer Weiterfahrt von Dharampur halten die Züge in Kumarhatti, bevor sie in Barog einfahren. Der Ort ist benannt nach dem Ingenieur, der den längsten Tunnel der Strecke erbaute, der sich ganz in der Nähe befindet. Doch der bemitleidenswerte Barog hatte sich verrechnet. Als die beiden Tunnelenden in der Mitte nicht aufeinandertrafen, beging er Selbstmord. Die kleine Stadt liegt in 1560 Metern Höhe und lockt viele Touristen an. Nach weiteren vier Kilometern erreicht die Bahnlinie auf halbem Wege zwischen Kalka und Shimla die große Stadt Solan, die Heimat von Indiens ältester Destillerie.

Immer weiter aufwärts geht es über Salogra, Kandaghat (Ausgangspunkt für Ausflüge zur Sommerresidenz des Maharadschas von Patiala in Chail), Kanoh und Kathleeghat bis nach Shoghi, 76 Kilometer von Kalka entfernt. Typisch für die Stadt sind die pastellfarbenen, modernen Häuser einer repräsentativen Wohnsiedlung, die 2001 an den Hängen angelegt wurde. Auf ihrer letzten Etappe klettern die Dieselzüge unermüdlich bergan über Taradevi, Totu und Summer Hill bis zu ihrer Endstation in Shimla.

Gegenwärtig verkehren täglich fünf Züge auf der Strecke. Vier von ihnen werden von Diesellokomotiven gezogen und benötigen 4¾ bis fünf Stunden und 50 Minuten. Der fünfte und schnellste Zug nennt sich »Deluxe Rail Motor Car« und ist ein historischer Schienenbus aus den 1940er Jahren mit nur 14 Sitzplätzen. Manchmal werden die Fahrten für ein Mittagessen am entzückenden Bahnhof von Barog unterbrochen, ansonsten gibt es Verpflegung an Bord und sogar Schlafplätze. Doch egal wie man die Reise auf dieser faszinierenden Bahnlinie gestaltet – sie wird unvergesslich bleiben.

Folgende Seiten: *Ein dieselbetriebener Zug auf der steilen Kalka-Shimla-Bahn überquert das Viadukt auf fünf Bogenreihen zwischen Sonwara und Dharampur.*

NILGIRI MOUNTAIN RAILWAY

BUNDESSTAAT TAMIL NADU, SÜDINDIEN

SPURWEITE: 1000 MILLIMETER • **LÄNGE:** 42 KILOMETER •
ROUTE: VON METTUPALAYAM NACH UDHAGAMANDALAM (OOTY)

Die Nilgiri-Bergeisenbahn wurde mit viel Ingenieurskunst von den Briten erbaut, damit man die *Hill Station* Ooty besser erreichen konnte. Mit dem Schweizer Zahnstangensystem »Abt« ausgestattet, bewältigt sie Steigungen bis zu acht Prozent und wird zum Teil noch mit Dampfloks befahren. Seit 2005 ist sie Teil der Welterbestätte Gebirgseisenbahnen in Indien.

INDIEN
WESTERN GHATS
EASTERN GHATS
Nallamala Hills
Velikonda Range
Malabar Coast
Coromandel Coast
INDISCHER OZEAN
SRI LANKA
Palk Strait
Palk Bay
Gulf of Mannar
Nipani
Gokak
Bagalkot
Pattadakal
Belgaum
Dharwad
Supa
Dandeli
Hubli (Hubballi)
Gadag
Gangawati
Hampi
Hospet
Raichur
Kurnool
Emmiganuru
Adoni
Guntakal
Bellary
Nandyal
Gudur
Tadpatri
Proddatur
Anantapur
Dharmavaram
Cuddapah (Kadapa)
Seshachalam Hills
Kadiri
Rayachoti
Palkonda Range
Narasaraopet
Guntur
Tenali
Chirada
Chirala
Bapatla
Mouths of the Krishna
Ongole
Kavali
Nellore
Gudur
Sri Kalahasti
Sriharikota Island
Pulicat Lake
Nagari Hills
Tirupati
Karwar
Bankapur
Sirsi
Ranibennur
Harihar
Davangere
Chitradurga
Shimoga (Shivamogga)
Bhadravati
Hindupur
Madanapalle
Chintamani
Tumkur (Tumakuru)
Dod Ballapur
Udupi
Chikmagalur
Kudremukh 1892
Hassan
Tiptur
Nelligere
Bangalore (Bengaluru)
Kolar
Kolar Gold Fields
Chittoor
Gudiyattam
Arakkonam
Tiruvottiyur
Chennai (Madras)
Alandur
Pallavaram
Mangalore
Mandya
Ramanagaram
Channapatna
Vaniyambadi
Vellore
Ambur
Arani
Arcot
Kanchipuram
Javadi Hills
Chengalpattu
Kasaragod
Mysore (Mysuru)
Tiruppattur
Dharmapuri
Tiruvannamalai
Tindivanam
Taliparamba
Kannur (Cannanore)
Thalassery (Tellicherry)
Vadakara
Bandipur National Park
Villupuram
Puducherry (Pondicherry)
Salem
Neyveli
Cuddalore
Attur
Vriddhachalam
Kozhikode (Calicut)
Beypore
Malappuram
Udagamandalam
Coonoor
Mettupalayam
Erode
Tiruchengodu
Chidambaram
Manjeri
Coimbatore
Tiruppur
Karur
Srirangam
Kumbakonam
Mayuram
Karaikal
Ponnani
Palakkad (Palghat)
Chittur
Udumalaippettai
Tiruchchirappalli
Thanjavur
Nagapattinam
Mannargudi
Thrissur (Trichur)
Pollachi
Anaimalai Hills
Palani
Valparai
Anai Mudi 2695
Palni Hills
Dindigul
Pudukkottai
Ernakulam
Kochi
Tripunittura
Bodinayakkanur
Theni
Madurai
Karaikkudi
Cherthala (Shertallai)
Cardamom Hills
Kambam
Kottayam
Virudhunagar
Paramakkudi
Alappuzha (Alleppey)
Srivilliputtur
Rajapalayam
Sivakasi
Aruppukkottai
Ramanathapuram
Pathanamthitta
Kayankulam
Kovilpatti
Kadaiyanallur
Tangasseri
Kollam (Quilon)
Ambasamudram
Tirunelveli
Palayankottai
Tuticorin (Thoothukudi)
Anchuthengu (Anjengo)
Thiruvananthapuram (Trivandrum)
1869
Tiruchchendur
Nagercoil
Cape Comorin
Jaffna
Anuradhapura
Wilpattu National Park
Puttalam Lagoon
Krishna
Tungabhadra
Malprabha
Hindri
Hagari
Penner
Chitravati
Papagni
Kaveri
Kabbani
Moyar
Bhavani
Amaravati
Periyar
Vaigai
Vellar
Kollidam
Ponnaiyar
Cheyyar
Palar
Cooum
Manneru
Gundlakamma
Sagileru
Varada
Gangavali
Kalinadi
Payaswani
Shimsha
Vaippar
Kala Oya
Yan Oya
Parangi Aru
Cotteliar

Die hübsche Bergstadt Udhagamandalam, kurz Ooty, liegt in 2240 Metern Höhe in den Nilgiri-Bergen, die zum Gebirgszug der Westghats am Rande des Dekkan-Plateaus gehören. Nach erbitterten Kämpfen zwischen lokalen und britischen Truppen kam die Region Nilgiri Ende des 18. Jahrhunderts durch den Vertrag von Srirangapatnam an die Britische Ostindien-Kompanie. Und bis 1830 hatte sich Ooty bei den Besatzern, denen die glühende Hitze in der Provinzhauptstadt Madras zusetzte, zu einem beliebten Sommer- und Wochenendausflugsort entwickelt. Alljährlich von Mai bis Oktober zog die gesamte Regierung samt dem Gouverneur und seiner Familie in die kleine Stadt um, deren saftig-grüne Täler, Seen und wunderschöne Landschaften ihr den Namen »Königin der Bergstationen« einbrachten. Die Briten bauten Ooty quasi zur zweiten Heimat aus – mit Sommerbungalows, Kirchen und Gasthöfen. Die Zeit vertrieben sie sich mit Jagen, Reiten, Golf, Kricket, Snooker, Baden und Tennis.

Nach Ooty führte jedoch nur eine steile, kurvenreiche Bergstraße, die 1832 fertiggestellt worden war. Sie begann in Mettupalayam, wo schon in den 1870er Jahren der Madras Railway hielt. Aber von hier aus musste noch eine lange und beschwerliche Fahrt mit Pferdefuhrwerken in die Nilgiri-Berge bewältigt werden. Daher wurden bald Forderungen nach einer Schmalspurbahnlinie laut. 1882 vermaß ein Schweizer Ingenieur eine Route, man gründete ein Unternehmen und die Regierung von Madras stellte kostenlos Land bereit. Doch dieser Versuch scheiterte, und so wurde 1885 ein neues Unternehmen gegründet. Diesmal sollte auf den steilsten Abschnitten das Schweizer Zahnstangensystem »Abt« zum Einsatz kommen. Dabei werden mittig zwischen den Gleisen zweilamellige Zahnstangen montiert, in die die Zähne der beiden getrennt angetriebenen Zahnräder greifen. In Großbritannien wird das System, das für Dampf- und Dieselzüge auf Strecken mit starken Steigungen besonders geeignet ist, bis heute beim Snowdon Mountain Railway angewendet.

Die Bauarbeiten an der neuen Bahnlinie begannen 1891; der Abschnitt im System »Abt« von Mettupalayam nach Coonoor ging 1899 in Betrieb. 1903 erwarb die Madras-Regierung die unvollendete Linie, setzte die Arbeiten fort und konnte das letzte Stück von Coonoor nach Ooty im Oktober 1908 freigeben. Betrieben wurde die 42 Kilometer lange Strecke mit Steigungen von über 1:12, 16 Tunneln und 250 Brücken zunächst von der Madras Railway Company. Sie fusionierte 1908 mit dem Southern Mahratta Railway zum Madras & Southern Mahratta Railway, der 1944 verstaatlicht wurde. Zunächst wurden die Züge von Dampflokomotiven aus der Schweizerischen Lokomotiv- und Maschinenfabrik in Winterthur angetrieben. Später ersetzte man sie nach und nach durch Dieselloks aus indischer Herstellung. Einige der zwölf noch erhaltenen Dampfloks werden allerdings auf vielfache Nachfrage wieder bei Sonderfahrten auf dem Abt-Abschnitt zwischen Mettupalayam und Coonoor eingesetzt. 2005 wurde die Bahnlinie als Teil der Gebirgseisenbahnen von Indien in das Unesco-Welterbe aufgenommen – die anderen beiden Strecken, denen diese Ehre zuteil wurde, sind der Darjeeling Himalayan Railway (siehe Seiten 186–191) und die Kalka-Shimla-Bahn (siehe Seiten 192–197). Passend zu ihrem historischen Status verwendet die Bahn bis heute die altmodischen kleinen Edmondson'schen Fahrkarten aus Karton.

In 326 Metern Höhe liegt in den Ausläufern der Nilgiri-Berge (»Blaue Berge«) die Stadt Mettupalayam (66 000 Einwohner), der Ausgangspunkt des Nilgiri Mountain Railway. Hier befinden sich die Wagenreparaturwerkstätten der Bahnlinie und ein Lokschuppen. Die Stadt ist angebunden an den »Nilgiri Express« auf der Breitspurbahnlinie von Chennai (ehemals Madras) über Coimbatore. Obwohl der Nilgiri Mountain Railway auf seiner 42 Kilometer langen Fahrt in die Nilgiri-Berge 1914 Meter überwindet, können die ersten acht Kilometer bis nach Kallar noch im Adhäsionsbetrieb zurückgelegt werden, weil sie relativ eben verlaufen. In Kallar beginnt dann die Abt-Zahnradbahn und die Dampfloks geben alles, um die achtprozentige Steigung zu schaffen. In Adderley halten sie zum Wasserfassen, dann klettern sie weiter steil bergauf durch die bewaldeten Berge und stoppen in Hillgrove und Runnymede, wo sie erneut Wasser aufnehmen. Nach 27 Kilometern erreichen sie Coonoor, die wichtigste Zwischenstation, wo die Zahnstange endet und sich die Lokomotivenwerkstätten befinden. Wasser stellt in dieser Gegend kein Problem dar, denn es regnet 1400 Millimeter im Jahr, hauptsächlich in der Monsunzeit.

Die Stadt Coonoor (50 000 Einwohner) in 1850 Metern Höhe ist nicht nur ein bedeutendes Zentrum der Teeindustrie, sondern als Ausgangspunkt für verschiedene Trekkingtouren in die Berge auch ein beliebtes Reiseziel. In Coonoor wird die Dampflokomotive durch eine Diesellok ausgetauscht, die ihren Zug erst mal zurücksetzen muss, um nach Ooty weiterfahren zu können. Die größte Steigung auf diesem Abschnitt beträgt 1:23. Der erste Halt ist Wellington, wo die indischen Streitkräfte ihre Führungsakademie (Defence Services Staff College) eingerichtet haben. Als nächste Station folgt Aruvankadu, wo es eine Korditfabrik gibt, die 1903 von den Briten gebaut wurde und heute die indische Armee mit dem Explosivstoff beliefert.

***Vorige Seite:** Auf dem Zahnstangen-Abschnitt zwischen Kallar und Coonoor überquert ein dampfbetriebener Zug des Nilgiri Mountain Railway ein gefährlich wirkendes Viadukt in der Nähe von Hillgove.*

Auf ihrer Weiterfahrt nach Ooty kommen die Züge durch den Ort Ketti mit einer Teefabrik und einem Produktionsbetrieb für Nadeln für Handnähmaschinen, Stricknadeln und andere Kurzwaren. Der Betrieb wurde 1949 von den Briten errichtet, um dort Grammofonnadeln herzustellen. Nicht lange nachdem sie Ketti verlassen haben, erreichen die Züge die vorletzte Station Lovedale, wo sich die 1858 von Sir Henry Montgomery Lawrence gegründete Lawrence School befindet. Bevor er beim Indischen Aufstand 1857 ums Leben kam, hatte Lawrence diese speziellen Förderschulen für Kinder entwickelt, deren Väter bei ihrem Dienst in der indischen Armee gefallen waren. Das Motto der Schule lautete: »Never Give In« (»Niemals aufgeben«).

Auf ihrer letzten Etappe folgt die Bahn dem Ufer des Ooty-Sees und beendet schließlich ihre Reise am Bahnhof von Ooty. Für die gesamten 42 Kilometer braucht sie 4¼ Stunden. Mit ihrer durchschnittlichen Geschwindigkeit von zehn Kilometern pro Stunde ist sie die langsamste Zugstrecke der Welt. Hoch in den Nilgiri-Bergen liegt der beliebte Touristenort Ooty mit 94000 Einwohnern. Er lebt allerdings nicht nur vom Tourismus, sondern auch von der Landwirtschaft, besonders dem Anbau von Gemüse und Obst. Er ist von Bergen, Seen, Wäldern, Wiesen, mehreren Nationalparks und Teeplantagen umgeben. In der Stadt befinden sich das Rosarium und der Botanische Garten der Regierung auf einer Fläche von 26 Hektar. Dazu gehören ein See, ein Wildpark und mehrere Gebäude im typisch britischen Baustil des 19. Jahrhunderts – darunter die St. Stephen's Church, die kolonialen Bungalows und der Fernhills Palace. Golf und Kricket erfreuen sich noch immer großer Beliebtheit. Schließlich kam in dieser Stadt 1932 der englische Kricket-Kapitän Colin Cowdrey zur Welt, dessen Vater hier eine Teeplantage betrieb.

Ein Dampfzug auf dem Weg nach Udhagamandalam (kurz Ooty) überquert hinter Mettupalayam, der Talstation des Nilgiri Mountain Railway, den Fluss Bhavani.

***Folgende Seiten:** Die sich an die Hänge schmiegenden Städte und Dörfer und die üppige Landschaft der Umgebung machen den Nilgiri Mountain Railway bei in- und ausländischen Besuchern beliebt.*

S R

DAMPFBETRIEB
IM 21. JAHRHUNDERT AUF **JAVA**

Pulau-pulau Karimunjawa
Bawean
Gunung Besar
695
O N E S I E N
Madura
Kepulauan Kangean
Gunung Muria
1602
Kudus
Pati
Blora
Tuban
Solo
Semarang
Lusi
Bojonegoro
Lamongan
Bangkalan
471
Sumenep
Purwodadi
Cepu
Solo
Gresik
Salatiga
Surabaya
Pamekasan
Sragen
Temanggung
Ngawi
Mojokerto
Sidoarjo
Sangiran
Jombang
Bangil
Selat Madura
Magelang
Surakarta
Madiun
Kertosono
Pasuruan
LAUT BALI
(BALI SEA)
2911
Gunung Merapi
3265
Gunung Lawu
Klaten
Nganjuk
Pare
2198
3343
Taman Nasional Bromo Tengger Semeru
Probolinggo
Situbondo
Yogyakarta
Kediri
Bondowoso
1247
Taman Nasional Baluran
Ponorogo
1731
2874
Malang
3089
Gunung Merapi
Bantul
Blitar
G. Semeru
3676
Jember
3332
2800
Banyuwangi
Singaraja
Tulungagung
Ngunut
Brantas
Lumajang
1386
1717
2276
3142
1174
Gunung Betiri
Taman Nasional Bali Barat
1223
Taman Nasional Meru Betiri
Selat Bali
Selat Lombok
Bali
Denpasar
Taman Nasional Alas Purwo
359
529
A
(JAVA)
Lombok

Java gehört zur Republik Indonesien und ist die bevölkerungsreichste Insel der Welt. Bereits am Anfang des 17. Jahrhunderts fiel sie zusammen mit dem Großteil des riesigen indonesischen Archipels an die Niederländer. Zuerst übernahm die Niederländische Ostindien-Kompanie die Kontrolle über das Gebiet, bevor es 1800 Kolonie wurde. 1867 eröffnete die holländische Kolonialregierung die erste Eisenbahnlinie von Semarang nach Yogyakarta in Zentraljava. Sie hatte das Normalspurmaß von 1435 Millimetern, alle späteren Bahnstrecken aber wurden mit einer Spurweite von 1067 Millimetern gebaut. Gegen Ende des 19. Jahrhunderts existierte zwischen der Hauptstadt Jakarta im Westen und Surabaya im Osten ein gut ausgebautes Netz dieser Linien, und zu Beginn des 20. Jahrhunderts hatten bereits die meisten mittleren und großen Städte der Vulkaninsel Eisenbahnanschluss. Um Zuckerrohrplantagen mit Zuckerfabriken und Holzeinschlagsgebiete mit Sägewerken zu verbinden, war außerdem ein Netz von Schmalspur- und Straßenbahnlinien entstanden.

Javas Zuckerindustrie geht bis in die Zeit der Niederländischen Ostindien-Kompanie im 17. Jahrhundert zurück. Die Einführung von Dampfkraft in den Fabriken und der Bau von dampfbetriebenen, schmalspurigen Zuliefer-Bahnlinien im ausgehenden 19. Jahrhundert steigerten die Produktion erheblich. In den 1930er Jahren war mit 179 Fabriken, die fast drei Millionen Tonnen Zucker produzierten, der Höhepunkt erreicht. Doch kurz darauf brach 1942 mit der japanischen Invasion in Niederländisch-Ostindien eine Katastrophe über die Inseln herein. 1945 hielten gerade noch 19 Fabriken die Zuckerindustrie aufrecht. Ein Großteil der Eisenbahnlinien auf Java war von den Invasoren abgebaut und in andere Teile des kurzlebigen japanischen Kaiserreichs verbracht worden.

1945 kapitulierte Japan und Indonesien erlangte 1949 seine Unabhängigkeit von den Niederlanden. Zuckerindustrie und Eisenbahnen konnten sich langsam erholen und wurden 1957 bzw. 1958 verstaatlicht.

Ein geringer Teil der Zuckerrohrbahnlinien von Java, die in den verschiedensten Spurweiten angelegt worden waren – von 600 und 700 Millimetern bis hin zu 720 und 750 Millimetern –, wurde bis ins 21. Jahrhundert hinein mit Dampf betrieben.

Manche der altgedienten Dampflokomotiven von unterschiedlichen europäischen Herstellern sind schon fast 90 Jahre alt. Sie waren früher vor allem während der Erntezeit im Einsatz. Unermüdlich zogen sie Züge voller Zuckerrohr zu den Raffinerien. Die Ernte hatte man zuvor auf provisorischen Wegen durch die Felder mit Ochsenkarren zu den »Hauptlinien« befördert. Sowohl die Lokomotiven als auch die dampfbetriebenen Maschinen in den Fabriken befeuerte man hauptsächlich mit Bagasse, einem Abfallprodukt der Zuckerherstellung. Nur gelegentlich verwendete man auch Holz. Leider wurden in den vergangenen Jahren viele Dampfloks durch Dieselloks oder Lastwagen ersetzt und die Gleise zwischen Feldern und Fabriken entfernt. Nur an ein paar Orten nutzt man bis heute Dampflokomotiven für das Rangieren auf den Fabrikanlagen.

Viele javanische Zuckerfabriken sind mittlerweile modernisiert worden, einige arbeiten jedoch nach wie vor mit Dampf. Die wohl berühmteste von ihnen ist die Olean Mill in der Nähe von Situbondo in Ost-Java. Dort nutzte man 2013 noch immer Dampfloks, um das Zuckerrohr von den Feldern zu holen. In der Fabrik treibt eine eindrucksvolle Sammlung traditioneller, stationärer Dampfmaschinen aus den Niederlanden und Großbritannien die Zerkleinerungsmaschinen und Mahlwerke an. Zusammen mit ihrer Dampfeisenbahn ist die Anlage ein möglicher Kandidat für die Liste der Unesco-Welterbestätten.

Von den Forstbahnen auf Java arbeitet nur noch der Cepu Forest Railway an der Grenze zwischen Zentral- und Ost-Java mit Dampf. Das während des Ersten Weltkriegs angelegte 1067-Millimeter-spurige Liniennetz hatte sich einst 300 Kilometer weit in die Teakholzplantage Perum Perhutani erstreckt. Bis zum ausgehenden 20. Jahrhundert blieb die Eisenbahn in Betrieb. Inzwischen werden aber nur noch 32 Kilometer als Touristenbahn genutzt.

***Vorige Seite:** Kurz vor Sonnenuntergang kommen Zuckerrohrschneider von den Feldern nach Hause. Die 1961 gebaute Jung-Lokomotive Ct 29 befördert indessen eine Ladung Zuckerrohr zur Semboro-Fabrik in Ost-Java.*

Der Korso von drei beladenen Zuckerrohrzügen von den Feldern zur Fabrik Olean Mill kurz vor Sonnenuntergang ist ein Schauspiel, das sich während der Zuckerrohrernte allabendlich in Ost-Java abspielt. Auf dem 700-Millimeter-Gleis zieht die 1920 gebaute Lok Nr. 5 »Bromo« von Orenstein & Koppel die beladenen Waggons durch die Straßen von Olean.

CHAIBER-PASS-BAHNLINIE

PROVINZ KHYBER PAKHTUNKHWA, NORDPAKISTAN

SPURWEITE: 1676 MILLIMETER • **LÄNGE:** 51 KILOMETER • **ROUTE:** VON PESHAWAR NACH LANDI KOTAL

1926 ging die von den britischen Kolonialherren angelegte, technisch sehr anspruchsvolle Breitspurbahnlinie zum strategisch wichtigen Chaiber-Pass an der Grenze zu Afghanistan in Betrieb. Ihre militärische Bestimmung erfüllte sie nie wirklich. Bis zu ihrer Stilllegung im Jahr 2006 beförderte sie vorwiegend lokale Stammesangehörige. Dampfbetrieben war sie bis zum Schluss.

TADSCHIKISTAN
CHINA
AFGHANISTAN
PAKISTAN
INDIEN
HINDU KUSH
Pamir
WAKHAN
HUNZA
Karakoram Range
BALTISTAN
SWAT KOHISTAN
INDUS KOHISTAN
LINE OF CONTROL
Khunjerab National Park
Plains of Deosai
Vale of Kashmir
Pir Panjal Range
ANJOMAN
NŪRESTĀN
KAFIRISTAN
BAJAUR
DIR
BUNER
KHOST
POTWAR
DERAJAT
Sind Sagar Doab
Rechna Doab
Bari Doab
Thal Desert
Sulaiman Range
Koh-e Safayd Khirs
Kūh-e Khvājeh Mohammad
DARAH-YE ANDARAB
Katah Sang Srah
Shīnkay Ghar
KHAROTI
Qatorkŭhi Vanj
Qatorkŭhi Yazgulom
Qatorkŭhi Alichuri Janubí
Qullai Revolyutsiya
Qullai Karl Marks
Qullai Mayakovskiy
Kŭli Sarez
Sarykol Range
Muztagata 7509
Concord Peak 5469
Tirich Mir 7690
Nowshāk 7485
Istragh 7367
Lunkho 6901
Daspar 6525
Rakaposhi 7788
Nanga Parbat 8126
Haramukh 5143
Kolahoi 5425
Sikaram 4761
Takht-i-Sulaiman 3374
1080 Khyber Pass
Qŭrghonteppa
Kŭlob
Khorugh
Tāloqān
Pul-e Khumri
Chārīkār
KĀBUL
Jalālābād
Gardēz
Ghaznī
Charsadda
Mardan
Nowshera
Peshawar
Kohat
Mongora
Abbottabad
Wah
Taxila
ISLAMABAD
Rawalpindi
Gilgit
Muzaffarabad
Baramulla
Srinagar
Pulwama
Anantnag
Punch
Rajouri
Udhampur
Jammu
Jhelum
Kharian
Gujrat
Sialkot
Wazirabad
Daska
Gujranwala
Gurdaspur
Hafizabad
Kamoke
Sheikhupura
Batala
Amritsar
Tarn Taran
Kapurthala
Lahore
Kasur
Firozpur
Faridkot
Moga
Muktsar
Kot Kapura
Fazilka
Abohar
Lambi
Bathinda
Mansa
Mianwali
Khushab
Sargodha
Chiniot
Faisalabad
Jhang
Gojra
Shorkot
Kamalia
Okara
Sahiwal
Harappa Road
Pakpattan
Khanewal
Multan
Vehari
Burewala
Dera Ismail Khan
Layyah
Dera Ghazi Khan
Muzaffargarh
Indus
Jhelum
Chenab
Ravi
Sutlej
Soan
Tochi
Kurram
Gumal
Zhob
Kabul
Kunar
Swat
Panjkora
Chitral
Panj
Vakhsh
Shakhdara
Gunt
Alichur
Murghob
Bartang
Gilgit
Hunza
Astor
Kishan Ganga
Tawi
Degh
Beas
Luni
Vehowa
Sanghar
Narechi
Loralai
Beji

Der 1070 Meter hohe Chaiber-Pass des Gebirgszugs Spin Ghar verbindet die Stammesgebiete des nördlichen Pakistan mit denen des östlichen Afghanistan. Jahrtausendelang diente er als wichtige Militär- und Handelsroute zwischen dem Indischen Subkontinent und Zentralasien.

Der russische Einfluss in Afghanistan um die Mitte des 19. Jahrhunderts ließ die britischen Kolonialherren in Indien eine Invasion über den Chaiber-Pass befürchten. Damals erwog man erstmals eine strategische Eisenbahnlinie, um schnell Truppen dorthin transportieren zu können. Doch erst 1879, während des Zweiten Anglo-Afghanischen Kriegs, führte man Vermessungsarbeiten durch. Die Bauarbeiten an einer meterspurigen Bahnlinie entlang des Flusses Kabul wurden sogar erst 1905 in Angriff genommen. 1907 – es waren erst 30 Kilometer Gleise von Kacha Garhi (westlich von Peshawar) in westlicher Richtung verlegt worden – hatte sich das internationale Klima jedoch verändert und Russland wurde nicht mehr als Bedrohung für Indien wahrgenommen. Zwei Jahre später wurde die unvollendete Bahnlinie demontiert.

Unterdessen hatten die Briten im heutigen Pakistan die erste Bahnlinie zwischen Karatschi am Arabischen Meer und Kotri im Landesinneren eröffnet. In den darauffolgenden 40 Jahren erweiterten sie das Eisenbahnnetz nach und nach, bis gegen Ende des 19. Jahrhunderts die breitspurige Hauptlinie (1676 Millimeter) durch das Indus-Tal bis nach Peshawar in Betrieb ging.

Westlich von Peshawar liegt die Festungsstadt Jamrud, von wo aus die Britisch-Indische Armee ihre Operationen über den Chaiber-Pass organisierte und wo die Khyber Rifles, paramilitärische Grenztruppen im Dienst der Briten, ihr Hauptquartier hatten. Eine Breitspur-Bahnlinie zwischen Peshawar und Jamrud wurde 1901 eingeweiht.

Während des Dritten Anglo-Afghanischen Kriegs 1919 ließen wachsende Spannungen zwischen Russland und Großbritannien die Gefahr einer Invasion über den Chaiber-Pass wieder größer werden. Deshalb erhielt Colonel Sir Gordon Hearn den Auftrag, die beste Route für eine Eisenbahnlinie über den Pass zu ermitteln. Hearn schlug vor, eine Breitspurlinie zwischen Jamrud und der afghanischen Grenze nahe Landi Kana zu verlegen mit durchschnittlichen Steigungen von 1:33. Zwischen Jamrud und dem Gipfel bei Landi Kotal am Pass würde die Strecke auf 34 Kilometern 610 Höhenmeter überwinden müssen. Und danach würde sie auf einer Strecke von acht Kilometern um 266 Meter mit Neigungen bis zu 1:25 abfallen.

1920 begannen die Bauarbeiten. Tiefe Einschnitte in massives Gestein mussten ausgeschachtet und 92 Brücken sowie 34 Tunnel angelegt werden. An vier Spitzkehren konnten die Züge Höhe gewinnen bzw. verlieren, indem sie im Zickzackkurs bergan bzw. bergab fuhren. Um wegrollende Züge zu stoppen, wurden an wichtigen Stellen der Route steil ansteigende Fanggleise verlegt. Der Abschnitt von Jamrud bis Landi Kotal wurde schließlich im November 1925 eröffnet, die restlichen acht Kilometer bis nach Landi Kana im April 1926. Drei weitere Streckenkilometer bis zur afghanischen Grenze bei Torkham wurden nie benutzt. Zwar hatte der Bau Unsummen gekostet, doch hielt sich der Verkehr auf der Strecke mit ein bis zwei Zügen pro Woche in Grenzen. Befördert wurden hauptsächlich lokale Stammesangehörige, die kostenlos mitfahren durften, weil die Bahnlinie durch ihr Land verlief. Den Abschnitt von Landi Kotal nach Landi Kana legte man im Dezember 1932 auf Drängen der afghanischen Regierung still, weil er als potenzielle Bedrohung angesehen wurde.

Mit dem Zweiten Weltkrieg wuchs die Furcht vor einer deutschen Invasion über den Chaiber-Pass, sodass man entlang des Tals Panzersperren aus Beton errichtete. Nach der Teilung Indiens im Jahr 1947 fielen die Eisenbahnen im Nordwesten unter die Kontrolle der neuen pakistanischen Regierung. Die neu gegründeten Pakistan Railways betrieben weiterhin einen wöchentlichen Personenzug zum Chaiber-Pass, der vorwiegend Stammesangehörige aus der Gegend beförderte. 1982 wurde der Personenverkehr in der Folge des sowjetischen Einmarschs in Afghanistan komplett ausgesetzt. Erst Mitte der 1990er Jahre nahm ein Touristenzug namens Chaiber Steam Safari mit drei historischen, ölbefeuerten Dampflokomotiven 1'D aus Großbritannien seinen Betrieb zwischen Peshawar und Landi Kotal auf. Doch die Verbindung kam 2006 zum Erliegen, nachdem Gleise und Brücken Überschwemmungen zum Opfer gefallen waren. Es bleibt zu hoffen, dass die Bahnlinie irgendwann wiederhergestellt wird. Angesichts der anhaltenden Terrorgefahr in dieser instabilen Region wird das aber wohl noch eine Weile dauern.

Bis 2006 fuhren die dampfbetriebenen Züge zum Chaiber-Pass jeden ersten Sonntag im Monat am Bahnhof Peshawar Cantt ab. Sie bestanden aus einem Salonwagen, zwei Waggons der zweiten Klasse und zwei Wasserkesselwagen. Beide Enden wurden mit Dampflokomotiven bespannt, damit die Züge auf dem steilen Zickzackabschnitt hinter Jamrud die Richtung

---

***Vorige Seite:** Mit einer Lok der SGS-Klasse C an jedem Ende (wegen der Spitzkehren) fährt der Zug in den gut erhaltenen Bahnhof in Landi Kotal ein. Die Stammesangehörigen aus der Gegend durften im wöchentlichen Zug umsonst mitfahren.*

wechseln konnten. Nach Verlassen des Bahnhofs fuhren sie sehr behutsam durch die Vororte Notia Gate, Swati Gate und Bara Gate, wo oft Fahrzeuge so nah an den wenig befahrenen Gleisen parkten, dass sie manchmal erst aus dem Weg geräumt werden mussten.

Bald hinter Bara Gate erreichte der Zug die 2743 Meter lange Start- und Landebahn des Flughafens von Peshawar. Es ist der einzige internationale Flughafen der Welt, der von einer Eisenbahnlinie gekreuzt wird. Erst nachdem der Zug vom Tower grünes Licht für die Weiterfahrt bekommen hatte, konnte er diagonal über die Startbahn poltern. Danach konnte er wieder beschleunigen und passierte Kacha Garhi und Hayatabad. Weiter ging es parallel zur Autobahn N5 bis nach Jamrud, 16 Kilometer und knapp eine Stunde von Peshawar entfernt.

Vom Bahnhof Jamrud (in 456 Metern Höhe) zuckelten die Züge bedächtig mit Dampfloks an beiden Enden hinauf nach Landi Kotal am Chaiber-Pass. Für 34 Kilometer brauchten sie drei Stunden. Von Jamrud ging es in westlicher Richtung kontinuierlich bergauf durch Bagiari bis zur ersten Spitzkehre in Medanak (636 Meter). An der zweiten Spitzkehre bei Chagai (692 Meter hoch) wiederholte sich das Zickzackfahren. Auf dem weiteren Anstieg durch die unberührte, einsame Landschaft konnte man hin und wieder eine alte Festung erspähen, die an die turbulente Vergangenheit erinnerte. Die Züge behielten die westliche Richtung bei und fuhren über Kata Kushta, Zintara und Sultan Khel bis zur Endstation Landi Kotal in 1065 Metern Höhe. Dort endete die Reise, denn das acht Kilometer lange Teilstück bis nach Landi Khana mitsamt seinen beiden Spitzkehren war bereits 1932 stillgelegt worden. Das Bahnhofsgebäude von Landi Kotal ist einer Festung nachempfunden – ohne Türen oder Fenster zum Bahnsteig hin – und verweist damit auf seine militärischen Wurzeln. Bis 2006 lockte die Ankunft des monatlichen Dampfzugs zahllose lokale Stammesangehörige nach Landi Kotal. Doch seit seiner Stilllegung blicken der Geisterbahnhof und die rostenden Gleise einer ungewissen Zukunft entgegen.

Der wöchentliche Personenzug nach Landi Kotal erreicht die Spitzkehre bei Chagai. Bemerkenswert sind die alten britischen Flügelsignale und das steil ansteigende Fanggleis zum Aufhalten wegrollender Züge im Vordergrund.

Folgende Seiten: *Banditengebiet! Vorn und hinten mit je einer Lok der SGS-Klasse C aus der britischen Vulcan Foundry bespannt, überquert der wöchentliche Personenzug von Peshawar nach Landi Kotal die Straße N5 auf der Bagiari-Brücke.*

HEDSCHASBAHN

SYRIEN UND JORDANIEN

SPURWEITE: 1050 MILLIMETER • **LÄNGE:** 222 KILOMETER • **ROUTE:** VON DAMASKUS (SYRIEN) NACH AMMAN (JORDANIEN)

Die 1908 von den Türken eröffnete Hedschasbahn sollte Pilger von Syrien und Jordanien zur heiligen Stadt Mekka befördern. Doch lange hatte sie nicht Bestand, denn schon während des Ersten Weltkriegs wurde ihr südliches Ende von Guerillakämpfern unter Führung von Lawrence von Arabien zerstört. Auf dem verbliebenen nördlichen Abschnitt wurde der Betrieb 2011 nach Ausbruch des Bürgerkriegs in Syrien eingestellt.

MITTELMEER
LIBANON
SYRIEN
ISRAEL
JORDANIEN
WEST BANK
SAMARIA
JUDAEA
PALESTINE
GOLAN
Saïda (Sidon)
Chhime
Jezzine
Jebel Liban
Nahr el Lîtânî
DIMASHQ (Damascus)
Mạḍaya
'Ayn al Fījah
Ad Dīmās
At Tall
Minīn
Dūmā
Al Qābūn
An Nashābīyah
Mulayḥah
Bāb Bīlā
Dārayyā
Qaṭanā
Ṣaḥnāyā
Al Ghizlānīyah
Rachaïya
Mount Hermon (Jabal ash Shaykh)
2814
1713
1942
1700
528
Nabatîye et Tahta
Qal'at ash Shaqīf
El Qasimiye
Khiam
Mizpe Shelagim
2224
Soûr (Tyre)
Mas'adah
CEASE-FIRE LINES 1974
Khān Arnabah
Al Qunayṭirah (abandoned)
Tall Abū an Nadā
1204
1158
Qiryat Shemona
Jordan
Enn Nâqoûra
757
882
891
Tel Hazor
Monfort National Park
Hazor HaGelilit
Nahariyya
Ma'alot-Tarshiha
1208
Har Meron
Buqei'a
Rama
Zefat
'Akko (Acre)
Majd el Kurūm
Karmi'el
Maghār
Sakhnīn
'Arrāba
Kefar Nahum (Capernaum)
ADMINISTERED BY ISRAEL, CLAIMED BY SYRIA
Yam Kinneret (Sea of Galilee) -212
Mifraz Hefa
Qiryat Yam
Qiryat Motzkin
Hefa (Haifa)
Qiryat Bialik
Shefar'am
Qiryat Ata
Tirat Karmel
HaKarmel National Park
Har Karmel (Mt Carmel) 546
Kafr Kanna
Teverya (Tiberias)
'Atlit
Qiryat Tiv'on
Daliyat el Karmil
Nazerat (Nazareth)
Nazerat 'Illit
Migdal Ha'Emeq
'Afula
'Afula 'Illit
Qishon
Tel Megiddo (Armageddon)
Al Ḥarrah
Başīr
Inkhil
Qāsim
Maḥajjah
Al Lajā
Tall 'Ammār 863
Nawá
Wādī adh Ḥarīr
Wādī ar Ruqqād
Izra'
As Sijn
Ash Shajarah
Dā'il
Al Ḥarak
Ṭafas
Khirbat al Ghazālah
Yarmuk
Tall Shihāb
Al Yaḥūdīyah
Wādī adh Dhahab
Dar'ā
Wādī az Zaydī
Aṭ Ṭayyibah
Irbid
Ar Ramthā
Al Ḥiṣn
Zikhron Ya'aqov
Binyamina
Or 'Aqiva
Caesarea
Umm el Fahm
'Ar'ara
Pardes Hanna-Karkur
WEST BANK BARRIER
Ḥadera
Hadera
Jenīn
Qabāṭiya
Bāqa el Gharbiya
Bet She'an
Dayr Abū Sa'īd
Yamma
Netanya
Jabal Umm ad Daraj 1246
'Ajlūn
Al Mafraq
Anabtā
Sabastiya
Ṭūbās
Har Gadir 712
Ṭulkarm
Jarash
Tel Mond
Tira
Ṭaiyiba
Nāblus (Shekhem)
Nahal Tirza
Dibbīn National Park
Kefar Sava
Nahr az Zarqā'
Ra'anana
Hod HaSharon
Qalqīliya
Herzliyya
Ramat HaSharon
'Aqraba
Zayy National Park
Rosh Ha'Ayin
377
1174
Az Zarqā'
Bene Beraq
Ramat Gan
Yarqon
Petah Tiqwa
Tel Aviv-Yafo (Jaffa)
Giv'atayim
Bat Yam
Holon
Yehud
Shillo
Ar Ruṣayfah
As Salṭ
Suwaylīḥ
'AMMĀN
Wādī as Sīr
Rishon LeZiyyon
Shoham
1016
Ba'al Hazor
Al Karāmah
Lod
Nes Ziyyona
Ramla
Rehovot
Bīra
Rāmallāh
Jericho (Arīḥā)
Saḥāb
Yavne
Mazkeret Batya
Gedera
Sorek
Ashdod
Mevasseret Ziyyon
Ma'ale Adummim
Abu Ghosh
JERUSALEM (El Quds) (Yerushalayim)
Queen Alia
Bet Shemesh
Soreq
Beit Jala
Bethlehem (Bayt Lahm)
Beit Sāhūr
Qiryat Mal'akhi
Mādabā
Ashqelon
Lakhish
Dead Sea
Al Ghawr
Wādī Zarqā Ma'īn
Beit Ummar
Qiryat Gat
Khārās
Beit Aulā
Halhūl
Machaerus
Beit Kāhil
1010
Wādī al Haydān
Maḥaṭṭat Ḍab'ah
Tel Hasi
Hebron (El Khalil)
BEIRUT (Beyrouth)
LIBANON
SYRIEN
DIMASHQ (Damascus)
IRAK
'AMMĀN
JORDANIEN
SAUDI-ARABIEN
Al Madīnah (Medina)

Nur 222 Kilometer sind von der Bahnlinie übrig geblieben – von der syrischen Hauptstadt Damaskus bis zur jordanischen Hauptstadt Amman –, die sich einst über 1320 Kilometer von Damaskus bis Medina in Saudi-Arabien erstreckt hatte. Die sogenannte Hedschasbahn wurde gebaut, um muslimische Pilger nach Mekka, die heiligste Stadt des Islam, zu befördern. Doch weiter als bis nach Medina kam sie nie.

Es gehört zu den Pflichten eines jeden Muslims, einmal im Leben eine Pilgerfahrt nach Mekka (Hadsch) zu unternehmen. Vor dem Bau der Eisenbahnlinie mussten die Pilger eine zweimonatige Reise mit Kamelkarawanen durch feindliches Gebiet auf sich nehmen. Der Hadsch findet im zwölften und letzten Monat des islamischen Jahres statt. Da der islamische Kalender ein Mondkalender ist, variiert das Datum nach westlicher Rechnung von Jahr zu Jahr. Im Winter mussten die Pilger sintflutartige Regenfälle und eisige Temperaturen ertragen und im Sommer die sengend heißen Wüsten durchqueren, geführt von ortskundigen Stammesangehörigen, die damit ihren Lebensunterhalt verdienten.

Anfang des 20. Jahrhunderts stand das riesige Osmanische Reich kurz vor dem Kollaps. Aber noch kontrollierte der Sultan in Istanbul nicht nur die Türkei, sondern auch Syrien, Libanon, Palästina, Jordanien, Irak und einen Großteil der Arabischen Halbinsel. Das Eisenbahnnetz hatte sich langsam vom Zentrum der Macht in Istanbul ausgebreitet und 1903 Damaskus erreicht.

Eine Eisenbahnlinie von Damaskus nach Mekka wurde erstmals 1864 diskutiert. Doch es sollte noch 40 Jahre dauern, bis die Bauarbeiten tatsächlich begannen. Finanziert wurde das Projekt von dem türkischen Sultan Abdülhamid II., der türkischen Regierung, dem Schah von Persien und dem Khedive von Ägypten. Und obgleich die Bahnlinie eigentlich für die Beförderung von Pilgern gedacht war, hatte sie auch eine enorme militärstrategische Bedeutung, die der britischen Regierung nicht verborgen blieb. Unter der Leitung deutscher Ingenieure arbeiteten rund 5000 türkische Soldaten an der Strecke. Sie hatten gewaltige Hindernisse wie die zerklüfteten Hänge des Ras an-Naqab im südlichen Jordanien und den weichen Sand der nördlichen Arabischen Wüste zu überwinden. Außerdem sahen sie sich permanent Angriffen von lokalen Stammesangehörigen und Karawanen-Betreibern ausgesetzt, die sich wütend gegen den Entzug ihrer Lebensgrundlage wehrten.

Mit Lokomotiven und Rollmaterial aus Deutschland wurde die Eisenbahnlinie nach Medina am 1. September 1908 eröffnet. Sie war sogleich ein Erfolg: Bis 1912 hatte sie 30 000 Pilger befördert und bis 1914 zehnmal so viele. Die frühere zweimonatige Reise mit Kamelkarawanen verkürzte sich für die Pilger auf sagenhafte vier Tage Zugfahrt. Allerdings wurde der geplante Ausbau der Strecke von Medina nach Mekka wegen des Ausbruchs des Ersten Weltkriegs nie realisiert. In dieser Zeit nutzte die türkische Armee die Bahnlinie auch zum Transport von Truppen und Ausrüstung zu Garnisonen entlang der Route. Als die Türkei dann 1914 den Mittelmächten beitrat, wurde die Strecke zum Ziel von Guerilla-Attacken von arabischen Kämpfern unter Führung von Emir Faisal und T. E. Lawrence (Lawrence von Arabien). Letzterer hatte vor dem Krieg unter dem Deckmantel archäologischer Expeditionen im Nahen Osten militärische Informationen für die britische Regierung zusammengetragen und war bei Ausbruch des Kriegs als Offizier des britischen Nachrichtendienstes nach Kairo gesandt worden.

1916 erhielt Lawrence die Order, mit den arabischen Streitkräften im Königreich Hedschas im Westen des heutigen Saudi-Arabien zusammenzuarbeiten. Die Hedschasbahn verlief durch das Königreich bis nach Medina, wo sich eine große türkische Garnison befand. Obwohl sich Truppen in großer Zahl dort versteckt hielten, begannen Lawrence und seine Kämpfer, die Eisenbahnlinie durch Sprengstoffanschläge zu zerstören. Sobald die Türken sie wieder repariert hatten, griffen sie erneut an. Ihren ersten Anschlag auf die Hedschasbahn verübten sie in Saudi-Arabien in Abu Na'am, wo sie die Gleise auf beiden Seiten des Bahnhofs sprengten und einen Zug durch Artilleriebeschuss zerstörten. Etwa 70 türkische Soldaten kamen ums Leben.

Nach der türkischen Niederlage am Ende des Ersten Weltkriegs und trotz späterer Wiederaufbauversuche wurde der südliche Abschnitt der Hedschasbahn mitsamt den zerstörten Zügen und Bahnhöfen in der Arabischen Wüste seinem Schicksal überlassen. Manche von ihnen konnten in der trockenen Wüstenluft überdauern und existieren bis heute. Das Teilstück im Süden zwischen Ma'an und Mudawwara unweit der saudi-arabischen Grenze wurde gegen Ende der 1960er Jahre repariert und wird heute zum Teil von den Phosphatzügen zum Hafen von Aqaba genutzt. Der nördliche Abschnitt von Damaskus nach Ma'an im Süden von Jordanien über Amman blieb noch viele Jahre in Betrieb, die 237 Kilometer lange Linie von Amman nach Ma'an ist inzwischen aufgegeben worden.

Vorige Seite: Die Nippon 2'C1' Nr. 82 überquert die Hauptstraße in Qasir mit einem Sonderzug nach Amman in Jordanien.

Hoffentlich hatten die Bewohner dieses Vororts von Amman in Jordanien keine Wäsche draußen hängen, als die Nr. 71 1'D' die Hauptstadt mit einem Güterzug durchfuhr.

Auch zwei Nebenlinien der Hedschasbahn wurden verlegt. Sie zweigten am Knotenpunkt Deraa ab, unmittelbar nördlich der syrisch-jordanischen Grenze. Eine verlief westwärts zum Hafen von Haifa, die andere ostwärts nach Bosra in Syrien. Erstere ist inzwischen geschlossen, letztere ist noch in Betrieb.

Die Mekkapilger reisen heutzutage auf der Straße oder per Flugzeug an. Alles, was von der Hedschasbahn geblieben ist, sind 222 Streckenkilometer zwischen Damaskus und Amman, die derzeit wegen des anhaltenden syrischen Bürgerkriegs nicht in Betrieb sind. Bis 2006 verkehrten zwischen den beiden Städten noch vereinzelt Personenzüge. 2010 schickte dann der Hedjaz Jordan Railway wöchentlich einen Zug zwischen Amman und Deraa auf die Schienen, der aber schon ein Jahr später wieder eingestellt wurde.

Vor der Schließung der Bahnlinie hatten Arbeiter 16 der Original-Dampfloks wieder in einen funktionsfähigen Zustand versetzt. Sie wurden bis 2006 für Touristenzüge genutzt. Das Betriebswerk der Hedschasbahn befindet sich am Bahnhof Cadem in Damaskus. Dort restaurierte man bis zum Ausbruch des Bürgerkriegs die Dampflokomotiven und das rollende Material. Das Bahngelände wirkt mit all den Dampfloks, die sich in allen denkbaren Stadien des Zerfalls befinden, wie ein Friedhof der Hedschasbahn. Im angeschlossenen Eisenbahnmuseum gibt es Artefakte und Modelle der Bahn zu sehen. Weiter südlich an der eingleisigen Strecke verfügen sämtliche Zwischenstationen über zweistöckige Bahnhofsgebäude aus Stein (viele inzwischen ohne Dach), Ausweichgleise und gelegentlich auch runde Wassertürme. In Deraa, wo sich die Hauptlinie mit der Nebenlinie mit dem Abzweig nach Bosra kreuzt, gibt es einen größeren Bahnhof mit Güterbahnhof und einem zweiständigen Lokschuppen. Der nächste verlassene Bahnhof ist Neesib; dann überquert die Bahnlinie die jordanische Grenze und führt über Mafraq, Samra und Zarqa bis zur Endstation Amman. Bei der Anfahrt auf den Bahnhof Mahattah überqueren die Züge ein

spektakuläres zweistöckiges Viadukt mit zehn Bögen, das an ein römisches Aquädukt erinnert.

Südlich von Amman ist die Bahnlinie nach Ma'an schon seit vielen Jahren außer Betrieb. An den rostenden Gleisen haben in der trockenen Halbwüstenlandschaft noch ein paar Bahnhofsgebäude und türkische Festungsanlagen überdauert. Erst in Ma'an erwacht die Bahnstrecke wieder zum Leben: Von den Bergwerken der Region transportieren heute lange, dieselbetriebene Güterzüge Phosphat zum Hafen von Aqaba. 53 Kilometer südlich von Ma'an liegt der verlassene Bahnhof Batn al-Ghul, wo die Bahnlinie einst in die Wüste eintrat und auf einer großen Schleife durch spektakuläre Felseinschnitte fast komplett wendete.

Die letzte Etappe der Hedschasbahn von der jordanisch-saudischen Grenze in Khalat Ammar nach Medina ist erneut ein regelrechter Eisenbahnfriedhof. In der trockenen Wüstenlandschaft dieser unwirtlichen Gegend liegen Bahnhöfe, türkische Festungen, Lokschuppen, Brunnen und hier und da Schienen, die teilweise von Treibsand verdeckt sind. An mehreren Stellen, vor allem an den Bahnhöfen Hadiyah und Bwaira, verharren Dampflokomotiven und die Reste des alten Rollmaterials, die Lawrence von Arabien und seine Kämpfer vor fast 100 Jahren zum Entgleisen brachten, noch immer in bizarren Stellungen in ihrem letzten Todeskampf. Ein Eisenbahnmuseum im ehemaligen Lokschuppen des Bahnhofs Medain Saleh zeigt mehrere unrestaurierte Dampflokomotiven der Hedschasbahn. In Medina, der früheren südlichen Endhaltestelle der berühmten Bahnstrecke, wurden Bahnhof und Lokschuppen 2006 als Museum wiedereröffnet. Auf einem Gleisstück sind mehrere Dampflokomotiven und rollendes Material ausgestellt.

Hirten versuchen, ihre aufgeregte Herde zu beruhigen, als die Hartmann 1'D1' Nr. 262 sich mit einem Personensonderzug Richtung Norden dem syrischen Izra nähert.

AUSTRALIEN

THE GHAN

AUSTRALIEN

SPURWEITE: 1435 MILLIMETER • **LÄNGE:** 2979 KILOMETER •
ROUTE: VON ADELAIDE (SOUTH AUSTRALIA) NACH DARWIN (NORTHERN TERRITORY)

1929 wurde die Eisenbahnlinie von Port Augusta durch das australische Outback nach Alice Springs eröffnet – mit einer Spurweite von 1067 Millimetern. 1980 leitete man sie als Normalspurstrecke nach Westen um und nahm 2004 eine nördliche Erweiterung nach Darwin in Betrieb. Heute schafft der Personenzug »The Ghan« die Route in gut zwei Tagen.

TIMOR SEA
GULF OF CARPENTARIA
Joseph Bonaparte Gulf
Darwin
Beagle Gulf
Melville Island
Bathurst Island
Cape Van Diemen
Van Diemen Gulf
Cobourg Peninsula
Croker Island
McCluer I.
Wessel Islands
Cape Wessel
Cape Arnhem
Arnhem Land
Groote Eylandt
Limmen Bight
Sir Edward Pellew Group
Vanderlin Island
Wellesley Islands
South Wellesley Islands
Cape York Peninsula
Cape Londonderry
Bonaparte Archipelago
Kununurra
Lake Argyle
Kimberley Plateau
King Leopold Ranges
Mount Ord
Mount Hann
Collier Bay
Antrim Plateau
Sturt Plain
Barkly Tableland
Lake Woods
Tarpaulin Swamp
NORTHERN TERRITORY
Tanami Desert
Lake Gregory
Great Sandy Desert
Stansmore Range
Percival Lakes
Lake Auld
Lake Mackay
Lake Macdonald
Lake Disappointment
Gibson Desert
Mount Liebig 1524
Alice Springs
Macdonnell Ranges
Davenport Range
Mount Isa
Selwyn Range
QUEENSLAND
A U S T R A L I E N
WESTERN AUSTRALIA
Simpson Desert
Lake Neale
Lake Amadeus
Petermann Ranges
Uluru (Ayers Rock) 867
Mount Whinham 1231
Mann Ranges
Musgrave Ranges
Mount Woodroffe 1440
Cavenagh Range
Pedirka Desert
Sturt Stony Desert
Lake Eyre (North)
Lake Eyre (South)
Lake Machattie
Great Victoria Desert
Serpentine Lakes
Stuart Range
SOUTH AUSTRALIA
Strzelecki Desert
Lake Blanche
Lake Frome
Lake Torrens
Flinders Ranges
Ooldea Range
Nullarbor Plain
Lake Harris
Lake Gairdner
Lake Everard
Lake Acraman
Gawler Ranges
Port Augusta
Whyalla
Port Pirie
Anxious Bay
Investigator Group
Eyre Peninsula
Spencer Gulf
Port Lincoln
Yorke Peninsula
Gulf St Vincent
Gawler
Adelaide
Murray Bridge
Investigator Strait
Cape Catastrophe
Cape Carnot
Broken Hill
Lake Menindee
Mildura
NEW SOUTH WALES
VICTORIA
Grey Range
GREAT AUSTRALIAN BIGHT
Pollock Reef

Noch in der Mitte des 19. Jahrhunderts wussten die europäischen Siedler Australiens nichts über die gewaltige Wildnis im Innern des Kontinents. Die erste Durchquerung von Süd nach Nord unternahmen 1860 Robert Burke und William Wills, doch den Rückweg vom Golf von Carpentaria nach Melbourne überlebten sie nicht.

Anfangs beschränkten sich Australiens Eisenbahnlinien auf den Südosten, also die Kolonien New South Wales, Victoria und South Australia. Als sich dann das Bahnnetz in den 1860er Jahren auszudehnen begann, dachte man leider nicht daran, eine einheitliche Spurweite zu wählen, sondern baute in drei verschiedenen – dem Schmalspurmaß von 1067 Millimetern, der Standardspurweite von 1435 Millimetern und dem irischen Breitspurmaß mit 1600 Millimetern. Das führte Jahre später, als die verschiedenen Spurweiten aufeinandertrafen, zu vielen betrieblichen Schwierigkeiten.

Nur ein Jahr nach der verhängnisvollen Expedition von Burke und Wills gelang es dem schottischen Entdeckungsreisenden John McDouall Stuart, eine Süd-Nord-Route für eine Überland-Telegrafenleitung zu kartieren, die South Australia mit Großbritannien verbinden sollte. 1865 wurde dann tatsächlich eine Telegrafenleitung zwischen Adelaide und Port Augusta verlegt, die 1872 in nördlicher Richtung durch die riesige Wildnis bis nach Darwin verlängert wurde. Man verband sie mittels Unterseekabeln mit Java und von dort mit Großbritannien. Der Bau der Leitung erschloss nicht nur das Northern Territory für Siedler, sondern löste, als man während der Arbeiten Gold entdeckte, auch indirekt einen Goldrausch aus.

Unterdessen war der Plan, eine transkontinentale Eisenbahnlinie von Port Augusta bis nach Darwin an der Nordküste zu bauen, so weit gereift, dass man 1869 die Great Northern Railway Company of South Australia gründete. Doch der Plan scheiterte. Schließlich begann die Regierung von South Australia 1878 mit dem Bau des 1067-Millimeter-spurigen Port Augusta & Government Gums Railway. Dessen südlicher Endbahnhof Port Augusta am oberen Ende des Spencer-Golfs verfügte bereits über Anschluss an die Eisenbahnlinie von Adelaide, etwa 280 Kilometer südlich. Dem Verlauf der Telegrafenleitung folgend, setzte man die Bauarbeiten in nördlicher Richtung über den Pichi-Richi-Pass im Westen der Flinders Ranges über Hawker und Beltana fort, bis man 1883 Marree erreichte. Später verlängerte man die Strecke bis in das Gebiet südlich des Lake Eyre und 1891 nordwärts bis nach Oodnadatta. Wer weiter nach Norden reisen wollte, musste auf afghanische Kamele umsteigen!

Vorige Seite: Zwei in Australien gebaute dieselelektrische Lokomotiven der Klasse NR mit 4000 PS ziehen »The Ghan« auf seiner 2979 Kilometer langen Reise zwischen Adelaide und Darwin, hier bei der Anfahrt auf Alice Springs.

Im Northern Territory wurde 1889 der 1067-Millimeter-spurige Palmerston & Pine Creek Railway freigegeben. Man plante, die von Tausenden chinesischen Arbeitern erbaute, 235 Kilometer lange Bahnlinie in südlicher Richtung zu verlängern. Durch die Sturt Plain und die Macdonnell Ranges sollte sie Alice Springs erreichen und sich dann in Oodnadatta mit der Linie aus Port Augusta verbinden. Doch dazu kam es nicht. Denn 1926 übernahm die Commonwealth-Regierung die Kontrolle über die beiden Bahnlinien und erweiterte den südlichen Abschnitt von Oodnadatta bis nach Alice Springs und den nördlichen von Pine Creek bis nach Birdum (509 Kilometer von Darwin entfernt). Beide Strecken nahmen 1929 ihren Betrieb auf, doch das 966 Kilometer lange Teilstück zwischen Birdum und Alice Springs kam wegen fehlender Geldmittel nicht zustande.

Mit der Eröffnung der Bahnlinie von Port Augusta nach Alice Springs wurde ein Personenzug eingeführt, der liebevoll »The Afghan Express« genannt wurde, oder kurz »The Ghan«. Der Name erinnerte an die afghanischen Kameltreiber, die die Forschungsreisenden im Australien des 19. Jahrhunderts begleitet hatten. Wenn sich durch anhaltende starke Regenfälle ausgetrocknete Flussbetten plötzlich in reißende Ströme verwandelten, bestand immer die Gefahr, dass die Gleise unterspült und massiv beschädigt wurden. Darum führten die Züge stets zusätzliche Schlafwagen und Werkzeug mit, sodass die Besatzungen die Strecke bei Bedarf reparieren konnten. Da auch die Wasserversorgung in dieser trockenen Landschaft stets ein Problem darstellte, waren bei jedem Zug Wassertankwagen hinter die Lokomotive gekoppelt. An strategisch wichtigen Stellen der Route richtete man zusätzlich aus artesischen Quellen gespeiste Wassertürme ein. Eine der wichtigsten Wasseraufnahmestellen befand sich in Alice Springs, benannt nach der Frau des Ingenieurs der Überland-Telegrafenleitung, Charles Todd, der die Quelle 1871 entdeckt hatte.

1957 wurde die Bahnlinie von Port Augusta nach Marree auf eine Route westlich des Pichi-Richi-Passes verlegt. Man wählte das Standardspurmaß, damit auch schwerere Güterzüge aus den Kohlerevieren von Leigh Creek zum Kraftwerk in Port Augusta darauf fahren konnten. Von diesem Zeitpunkt an gab es einen Spurwechsel in Marree, dem künftigen Startbahnhof des »Ghan« nach Alice Springs. Der Dampfbetrieb war damals bereits Diesellokomotiven gewichen.

Im Norden herrschte während des Zweiten Weltkriegs auf dem North Australia Railway, wie der Palmerston & Pine Creek

Railway seit 1911 hieß, reger Betrieb. Er musste die Versorgung von Darwin sicherstellen, wo Tausende alliierte Soldaten stationiert waren. Zu diesem Zweck wurde auch in Larrimah, nördlich von Birdum, ein neuer Kopfbahnhof eröffnet. In der Nachkriegszeit transportierte man auf der Strecke vor allem Eisenerz von Frances Creek zum Hafen von Darwin, bis sie 1976 stillgelegt wurde.

Die ursprüngliche Route von Port Augusta nach Alice Springs wurde 1980 durch eine nagelneue Standardspurbahnlinie weiter westlich ersetzt. Parallel gab man die Schmalspurlinie von Marree nach Alice Springs auf. Die neue Strecke startete an einer Kreuzung der Transaustralischen Eisenbahn nach Perth (siehe Seiten 228–233), in der Gemeinde Tarcoola (38 Einwohner), 370 Kilometer nordwestlich von Port Augusta. Sie umgeht die Woomera Prohibited Area, wo sich während des Kalten Kriegs ein anglo-australisches Raketenversuchsgelände befand, führt in nördlicher Richtung über Carnes und Manguri und folgt über 160 Kilometer dem transkontinentalen Stuart Highway. Danach verläuft sie weitere 400 Kilometer nordwärts durch die Wildnis des Northern Territory bis nach Alice Springs. Auf der Originalstrecke schloss man 1986 den Standardspurabschnitt von Leigh Creek nach Marree, während das 39 Kilometer lange Teilstück zwischen Port Augusta und Quorn als Museumsbahn »Pichi Richi Railway« (siehe Kastentext unten) weiterlebt.

Im Jahr 2000 gab es endlich grünes Licht für das fehlende Teilstück zwischen Alice Springs und Darwin. Die Regierungen von South Australia und dem Northern Territory erteilten dem Asia Pacific Transport Consortium den Auftrag zum Bau der 1420 Kilometer langen Eisenbahnlinie. 2001 begannen die Arbeiten in Alice Springs, und 2003 hatte man Darwin erreicht. Auf der Strecke, die sich nie weit vom Stuart Highway entfernt, stellte die Überbrückung von sechs großen Flüssen die größte Herausforderung für die Ingenieure dar. 2004 wurde die Bahnlinie für den Personen- und Güterverkehr freigegeben.

Der Güterverkehr zwischen Adelaide und Darwin wird von der Genesee & Wyoming Inc. betrieben. Sechs Züge pro Woche befördern jährlich rund 800 000 Tonnen intermodale Fracht und 70 000 Tonnen flüssige Güter. Intermodale Züge dürfen bis zu 1830 Meter lang und etwa 4500 Tonnen schwer sein. Im Norden betreibt das Unternehmen zusätzlich 24 Schüttgutzüge pro Woche zwischen den Bergwerken und dem Hafen von Darwin mit Mangan-, Eisen- und Kupfererzladungen.

Great Southern Rail betreibt den Personen- und Autoreisezug »The Ghan« auf der Transaustralischen Eisenbahn. Abgesehen von Dezember und Januar, wenn er nur 14-tägig fährt, verkehrt »The Ghan« das ganze Jahr hindurch einmal wöchentlich und von Juni bis September sogar zweimal pro Woche. Die Reisezeit von Süden nach Norden beträgt 53 Stunden und 10 Minuten bzw. 54 Stunden und 10 Minuten und in umgekehrter Richtung 50 Stunden und 30 Minuten bzw. 51 Stunden und 30 Minuten. Unterwegs halten die Züge in Alice Springs und Katherine, wo die Fahrgäste zu Besichtigungstouren aussteigen können. Es gibt 16 bis 20 klimatisierte Wagen inklusive Speisewagen, Club- und Schlafwagen, die von je zwei in Australien gebauten Dieselloks der Klasse NR Co-Co mit 4000 PS angetrieben werden.

Manche Abschnitte der ursprünglichen Schmalspurroute über Oodnadatta nach Alice Springs, die 1980 stillgelegt wurde, sind heute Wanderwege. Brücken, geschlossene Bahnhofsgebäude, Wassertürme und sogar stehen gelassene Diesellokomotiven erinnern an die historische Eisenbahnlinie.

***Folgende Seiten:** »The Ghan« durchquert auf seiner langen Fahrt das ausgedehnte australische Outback. Er führt sogar die Fahrzeuge der Passagiere in zwei Autowaggons mit sich.*

PICHI RICHI RAILWAY

Zwischen 1974 und 2001 entstand nach und nach der 1067-Millimeter-spurige »Pichi Richi Railway«, der auf 39 Kilometern zwischen Port Augusta und Quorn dem Verlauf der Originallinie nach Alice Springs folgt. Ihren Namen verdankt die Linie dem Pichi-Richi-Pass, den sie überquert. »The Afghan Express« besteht aus restaurierten »Ghan«-Reisewagen aus den 1920er Jahren, die von der einzigen erhaltenen Original-Dampflok 2'D NM25 von 1925 gezogen werden.

Der »Pichi Richi Explorer«, der den Pass zwischen Quorn und Woolshed Flat überquert, besteht aus Reisewagen des South Australian Railway aus dem frühen 19. Jahrhundert und wird von alten Dampfloks oder Dieseltriebwagen gezogen. Die Bahngesellschaft restauriert gerade jenen Wagen, den im Zweiten Weltkrieg General Douglas MacArthur bei seinem Besuch in Alice Springs nutzte, nachdem er vor der japanischen Invasion auf die Philippinen geflohen war.

THE GHAN
NR75
THE GHAN
NR74

TRANSAUSTRALISCHE EISENBAHN

AUSTRALIEN

SPURWEITE: 1435 MILLIMETER • **LÄNGE:** 2659 KILOMETER •
ROUTE: VON ADELAIDE (SOUTH AUSTRALIA) NACH PERTH (WESTERN AUSTRALIA)

Als Verbindung zwischen Westaustralien und den großen Städten im Osten des Landes nahm die normalspurige Transaustralische Eisenbahn 1917 ihren Betrieb auf. Auf der Strecke befindet sich der längste schnurgerade Gleisabschnitt der Welt, der durch die karge Nullarbor-Ebene führt. Heute bedient der »Indian Pacific«-Zug die Route und ihre abgelegenen Siedlungen.

INDISCHER OZEAN
Joseph Bonaparte Gulf
Arnhem Land
Groote Eylandt
GULF OF CARPENTARIA
Sir Edward Pellew Group
Kunununrra
Lake Argyle
Kimberley Plateau
King Leopold Ranges
Cape Londonderry
Bonaparte Archipelago
Cape Lévêque
King Sound
DAMPIER LAND
Broome
Rowley Shoals
Mermaid Reef
Clerke Reef
Imperieuse Reef
Sturt Plain
Barkly Tableland
Lake Woods
NORTHERN TERRITORY
Tanami Desert
Lake Gregory
Eighty Mile Beach
Cape Keraudren
Port Hedland
Great Sandy Desert
Percival Lakes
Chichester Range
Hamersley Range
AUSTRALIEN
Lake Disappointment
Gibson Desert
Lake Mackay
Mount Liebig 1524
Alice Springs
Macdonnell Ranges
Simpson Desert
WESTERN AUSTRALIA
Carnarvon Range
Robinson Ranges
Lake Carnegie
Lake Amadeus
Uluru (Ayers Rock)
Petermann Ranges
Mann Ranges
Musgrave Ranges
Pedirka Desert
Lake Eyre (North)
Lake Eyre (South)
Great Victoria Desert
Lake Carey
Lake Barlee
Lake Moore
Nullarbor Plain
SOUTH AUSTRALIA
Kalgoorlie
Boulder
Lake Cowan
Lake Johnston
Rockingham
Busselton
Albany
Lake Torrens
Flinders Ranges
Lake Gairdner
Lake Everard
Gawler Ranges
Port Augusta
Whyalla
Port Pirie
GREAT AUSTRALIAN BIGHT
Anxious Bay
Investigator Group
Eyre Peninsula
Port Lincoln
Spencer Gulf
Yorke Peninsula
Gulf St. Vincent
Adelaide
Investigator Strait
Kangaroo Island

Bis ins frühe 20. Jahrhundert hinein war Perth, die Hauptstadt von Western Australia, von den östlichen Bundesstaaten isoliert. Der Verkehr zwischen der Westküste und den Städten im Osten beschränkte sich auf lange und oft raue Schiffsreisen durch die Große Australische Bucht. Doch schließlich baute man die Transaustralische Eisenbahn, die auf 1600 Kilometern durch die unwirtliche Ebene Nullarbor (»keine Bäume«) führt. Die erste Ost-West-Durchquerung dieser Wüste war 1841 dem englischen Entdecker Edward Eyre und seinem Aborigine-Führer Wylie gelungen. 1877 baute man durch das Gebiet eine Telegrafenleitung, der 1896 Arthur Richardson auf dem Fahrrad folgte.

Im Osten war die Bahnlinie von Port Augusta nach Alice Springs (siehe Seiten 222–227) 1891 bis nach Oodnadatta verlängert worden. Im Westen hatte man die erste Eisenbahnstrecke in Western Australia 1871 eingeweiht und 1896 war der 504 Kilometer lange Eastern Goldfields Railway freigegeben worden, der von Northam in östlicher Richtung bis nach Kalgoorlie führte. Northam war bereits durch den Eastern Railway mit Perth verbunden. Die Bahntrasse von Northam nach Kalgoorlie folgte der Route der Goldfields Water Supply Scheme – einer heute noch benutzten Pipeline, die Trinkwasser zu den trockenen Goldfeldern rund um Kalgoorlie und Coolgardie leitet. All diese Eisenbahnlinien im Osten und Westen wurden mit einer Spurweite von 1067 Millimetern angelegt.

***Vorige Seite:** Mit zwei Dieselelektrolokomotiven der Klasse NR bespannt (eine vorn, eine hinten) fährt der klimatisierte »Indian Pacific« mit 25 Waggons auf seiner 4352 Kilometer langen Reise zwischen Sydney und Perth durch die unwirtliche Nullarbor-Ebene.*

1901 vereinigten sich die selbstverwalteten australischen Kolonien Queensland, New South Wales, Victoria, Tasmanien, South Australia und Western Australia zum Commonwealth of Australia. Ein Anreiz für Western Australia, sich diesem Bündnis anzuschließen, bestand in der Aussicht auf eine transkontinentale Bahnverbindung zwischen der Hauptstadt Perth und den großen Städten im Osten. Die Vermessungsarbeiten für die Route durch die eintönige Nullarbor-Ebene zwischen Port Augusta und Kalgoorlie wurden 1909 abgeschlossen. Der Bau der Strecke begann 1912 von beiden Enden aus. Trotz des Ausbruchs des Ersten Weltkriegs schritten die Arbeiten zügig voran, bis die beiden Enden 1917 mitten in der Wüste aufeinandertrafen. Zu ein wenig Berühmtheit gelangte die Eisenbahnroute, weil sie das längste vollkommen gerade Gleisstück der Welt einschließt: 478 Kilometer durch die Nullarbor-Ebene. Obgleich die bereits existierenden Bahnlinien, auf die die neue Linie an beiden Enden traf, ein Spurmaß von 1067 Millimetern hatten, entschied man sich bei der 1693 Kilometer langen Strecke für die Standard-Spurweite von 1435 Millimetern. Aufgrund dieser beiden Spurwechsel gab es eine wahre transkontinentale Bahnverbindung erst ab 1970.

Wasser für die Dampflokomotiven gab es an der Strecke nicht, denn die Trasse querte auf ihrer ganzen Länge keinerlei Fließgewässer mit ständiger Wasserführung. Um das Problem zu umgehen, forderte der Chefingenieur Diesellokomotiven an, allerdings erfolglos. Also mussten die dampfbetriebenen Züge zusätzliche Wassertankwagen mitführen. 1951 ersetzten Dieselelektroloks der Klasse GM aus australischer Herstellung die Dampfloks.

Vor allem für den Güterverkehr war die neue Eisenbahnlinie von großer Bedeutung. 1917 aber wurde erstmals der Personenzug »Trans-Australian Express« zwischen Port Augusta und Kalgoorlie eingesetzt. Die längste Zeit seines Bestehens bestand der zweimal wöchentlich verkehrende Zug nur aus Schlafwagen. Sitzwagen fuhren nur von 1981 bis 1991 mit. 1937 wurde die Route des Zugs bis nach Port Pirie im Osten erweitert und 1969 bis nach Perth im Westen, nachdem diese Schmalspurbahnlinien auf das Standardmaß umgespurt worden waren. Der Abschnitt von Port Pirie nach Adelaide wurde 1982 ebenfalls umgestellt, sodass die Route weiter verlängert werden konnte. Doch wegen der zunehmenden Konkurrenz durch den Flugverkehr rollte der letzte Zug im Juni 1991 vom Gleis.

Ein Kuriosum auf der Transaustralischen Eisenbahn war der »Tea and Sugar Train«, der ab 1917 die isolierten Gemeinden und Siedlungen an der Route mit den Dingen des täglichen Bedarfs versorgte. Aber er brachte auch eine Fleischerei, eine Bank, medizinische Einrichtungen, ein Kino und zu Weihnachten sogar den Weihnachtsmann. Der Zug wurde 1996 stillgelegt.

Trotz der Stilllegung des »Trans-Australian Express« zwischen Adelaide und Perth im Jahr 1991 verkehrt der »Indian Pacific« zwischen Sydney und Perth seit 1970. Betrieben wird der Zug vom Unternehmen Great Southern Rail, dem auch »The Ghan« von Adelaide nach Darwin (siehe Seiten 222–227) untersteht. Von Sydney verläuft die Route des »Indian Pacific« über Bathurst, Broken Hill, Adelaide und Port Augusta, bevor sie die Nullarbor-Ebene durchquert bis nach Kalgoorlie und East Perth. Zweimal pro Woche verkehrt der Zug zwischen Adelaide und Perth und einmal wöchentlich zwischen Sydney und Perth. Die Reisezeit für die 4352 Kilometer lange Strecke beträgt in westlicher Richtung 66¼ Stunden und in östlicher Richtung 71¼ Stunden.

Auf seiner Fahrt durch das Outback zwischen Port Augusta und Kalgoorlie hält der Zug bei Bedarf in den abgeschiedenen Eisenbahnsiedlungen Pimba (50 Einwohner), Kingoonya (verlassen, abgesehen von einem Hotel), Tarcoola (38 Einwohner und Kreuzung mit der Bahnlinie nach Darwin) und Cook (vier Einwohner und planmäßiger Halt für kreuzende Züge). Dann geht es durch die Nullarbor-Ebene in einer geraden, 478 Kilometer langen Linie bis nach Loongana (unbewohnt, Halt nur bei Bedarf) und Rawlinna (in der Nähe der größten Schaffarm Australiens, wo der Zug ebenfalls nur bei Bedarf hält). Erst in Kalgoorlie erreicht der Zug wieder die Zivilisation, bevor er sich auf die letzte Etappe Richtung Westen bis zum Bahnhof von East Perth begibt. Fahrgäste können zwischen vier Klassen wählen, dazu gibt es Schlafwagen, einen Speisewagen und einen Autowagen, der die Autos der Mitreisenden transportiert. Wie bei »The Ghan« wird er von zwei Dieselloks der Klasse NR angetrieben.

Folgende Seiten: *Das Outback in voller Blüte. Die Dieselelektrolokomotiven der Klasse NR mit 4000 PS, die den »Indian Pacific« durch das südliche Australien ziehen, stammen vom australischen Unternehmen A. Goninan & Co., das 1899 von zwei Brüdern aus dem englischen Cornwall gegründet wurde.*

Typisch Australien: Ein Rotes Riesenkänguru schaut zu, wie der von zwei Loks angeführte »Indian Pacific« sich seinen Weg durch eine Wüstenlandschaft in South Australia bahnt.

INDIAN PACIFIC
NR25
INDIAN PACIFIC
NR28

Canada

NORD-AMERIKA

CUMBRES & TOLTEC SCENIC RAILROAD

COLORADO UND NEW MEXICO, USA

SPURWEITE: 914 MILLIMETER • **LÄNGE:** 103 KILOMETER •
ROUTE: VON CHAMA (NEW MEXICO) NACH ANTONITO (COLORADO)

Die historische Dampfeisenbahn, die einst zum ausgedehnten Schmalspurliniennetz der Gesellschaft Denver & Rio Grande Railroad gehörte, nimmt ihre Passagiere mit auf eine ebenso haarsträubende wie malerische, 103 Kilometer lange Reise durch die Rocky Mountains.

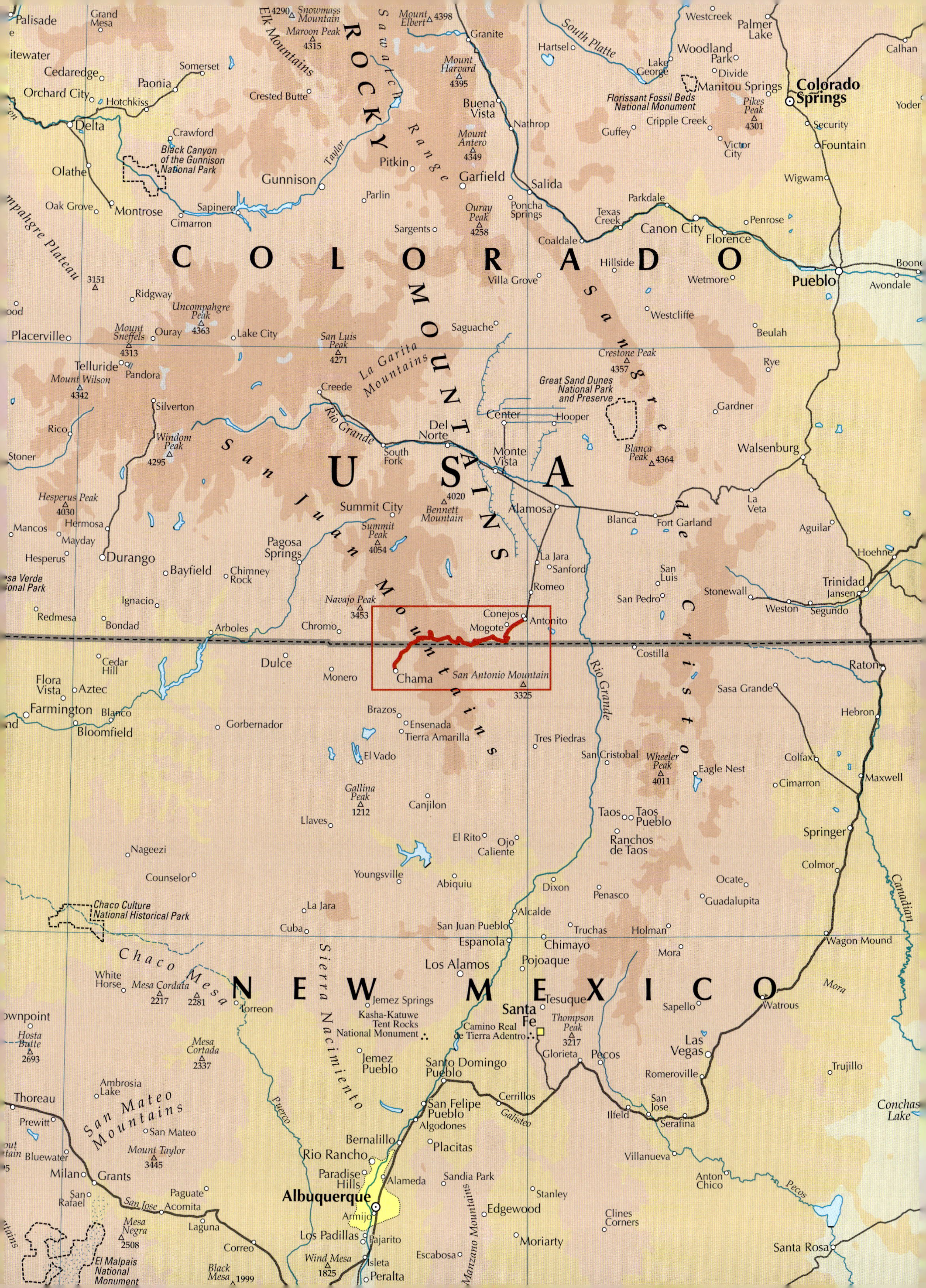

COLORADO
USA
NEW MEXICO
ROCKY MOUNTAINS
Sawatch Range
Elk Mountains
San Juan Mountains
La Garita Mountains
Sangre de Cristo
Uncompahgre Plateau
Chaco Mesa
San Mateo Mountains
Sierra Nacimiento
Manzano Mountains
Rio Grande
South Platte
Taylor
Canadian
Mora
Pecos
Puerco
Galisteo
San Jose
Colorado Springs
Pueblo
Albuquerque
Santa Fe
Palisade
Grand Mesa
Cedaredge
Orchard City
Hotchkiss
Paonia
Somerset
Delta
Olathe
Crawford
Black Canyon of the Gunnison National Park
Oak Grove
Montrose
Cimarron
Sapinero
Gunnison
Crested Butte
Snowmass Mountain 4290
Maroon Peak 4315
Mount Elbert 4398
Granite
Mount Harvard 4395
Buena Vista
Nathrop
Mount Antero 4349
Pitkin
Garfield
Parlin
Salida
Poncha Springs
Ouray Peak 4258
Sargents
Hartsel
Lake George
Florissant Fossil Beds National Monument
Guffey
Cripple Creek
Westcreek
Palmer Lake
Woodland Park
Divide
Manitou Springs
Pikes Peak 4301
Victor City
Yoder
Calhan
Security
Fountain
Wigwam
Parkdale
Texas Creek
Canon City
Florence
Penrose
Coaldale
Hillside
Villa Grove
Wetmore
Boone
Avondale
3151
Ridgway
Uncompahgre Peak 4363
Mount Sneffels 4313
Ouray
Lake City
Placerville
Telluride
Mount Wilson 4342
Pandora
San Luis Peak 4271
Saguache
Westcliffe
Beulah
Crestone Peak 4357
Rye
Great Sand Dunes National Park and Preserve
Creede
Silverton
Rico
Windom Peak 4295
Stoner
Center
Hooper
Del Norte
South Fork
Monte Vista
Gardner
Walsenburg
Blanca Peak 4364
Hesperus Peak 4030
Hermosa
Mancos
Mayday
Hesperus
Durango
Bayfield
Summit City
Summit Peak 4054
Bennett Mountain 4020
Alamosa
Blanca
Fort Garland
La Veta
Aguilar
Pagosa Springs
Chimney Rock
La Jara
Sanford
Romeo
San Luis
San Pedro
Stonewall
Hoehne
Trinidad
Jansen
Weston
Segundo
Ignacio
Redmesa
Bondad
Navajo Peak 3453
Arboles
Chromo
Conejos
Antonito
Mogote
Costilla
Raton
Cedar Hill
Flora Vista
Aztec
Farmington
Blanco
Bloomfield
Dulce
Monero
Chama
San Antonio Mountain 3325
Sasa Grande
Hebron
Gorbernador
Brazos
Ensenada
Tierra Amarilla
El Vado
Tres Piedras
San Cristobal
Wheeler Peak 4011
Eagle Nest
Colfax
Cimarron
Maxwell
Gallina Peak 1212
Canjilon
Llaves
El Rito
Ojo Caliente
Taos
Taos Pueblo
Ranchos de Taos
Springer
Nageezi
Counselor
Youngsville
Abiquiu
Dixon
Penasco
Ocate
Guadalupita
Colmor
Chaco Culture National Historical Park
La Jara
Cuba
Alcalde
San Juan Pueblo
Truchas
Holman
Espanola
Chimayo
Wagon Mound
Mora
Los Alamos
Pojoaque
White Horse
Mesa Cordata 2217
2281
Torreon
Jemez Springs
Tesuque
Sapello
Watrous
Kasha-Katuwe Tent Rocks National Monument
Camino Real de Tierra Adentro
Thompson Peak 3217
Hosta Butte 2693
Mesa Cortada 2337
Jemez Pueblo
Glorieta
Pecos
Las Vegas
Trujillo
Santo Domingo Pueblo
Romeroville
Ambrosia Lake
Thoreau
Prewitt
San Felipe Pueblo
Cerrillos
Algodones
Ilfeld
San Jose
Serafina
Conchas Lake
San Mateo
Mount Taylor 3445
Bernalillo
Placitas
Bluewater
Rio Rancho
Villanueva
Milan
Grants
Paradise Hills
Alameda
Sandia Park
Anton Chico
San Rafael
Paguate
Acomita
Stanley
Edgewood
Clines Corners
Mesa Negra 2508
Laguna
Armijo
Los Padillas
Pajarito
Moriarty
El Malpais National Monument
Correo
Wind Mesa 1825
Escabosa
Isleta
Peralta
Black Mesa 1999
Santa Rosa

Die Cumbres & Toltec Scenic Railroad geht auf das Jahr 1870 zurück, als die Gesellschaft Denver & Rio Grande Railway von General William Palmer, Soldat, Bauingenieur und Industrieller, und William Bell, britischer Mediziner und Fotograf, ins Leben gerufen wurde. Zweck der neuen Bahnlinie war es, die reichen Rohstoffvorkommen in den Rocky Mountains, westlich und südwestlich der aufstrebenden Stadt Denver in Colorado, zu erschließen. Man entschied sich für die in Amerika unübliche Spurweite von 914 Millimetern und beschloss, Kohle statt Holz zum Antrieb der Dampflokomotiven zu verbrennen. Palmer hatte sich auf seiner Hochzeitsreise nach Großbritannien 1870 persönlich vom hohen Wirkungsgrad der Kohleverbrennung und der Kosteneffizienz von Schmalspureisenbahnen überzeugen können, als der schottische Ingenieur Robert Fairlie auf der Schmalspurstrecke des Ffestiniog Railway in Nordwales seine kohlebefeuerten Gelenklokomotiven erfolgreich demonstrierte. Nach dieser Erfahrung zweifelte Palmer nicht mehr daran, dass sich das Schmalspurmaß auch ideal für

***Vorige Seite:** Mit Mühe kämpfen sich die Loks Nr. 488 und 484 der Klasse K36 1'D1' die Steigung hinter Chama hinauf und nähern sich auf ihrem Weg von Chama nach Antonito der Lobato-Trestle-Brücke.*

Herbstfarben auf der Cumbres & Toltec Scenic Railroad: Die Loks Nr. 488 und 484 der Klasse K36 1'D1' befinden sich mit dem Zug von Chama nach Antonito in Richtung Windy Point in der Nähe des Scheitelpunkts der Strecke am Cumbres Pass.

das gebirgige Terrain von Colorado eignen würde. Damit konnte man nicht nur engere Kurven und steilere Hänge bewältigen, sondern auch die Kosten niedriger halten. Für den Einsatz von Kohle sprachen die großen, hochwertigen Lagerstätten, die man in Colorado und Utah entdeckt hatte.

1871 begannen die Bauarbeiten von Denver aus in südlicher Richtung. Palmers oberstes Ziel, bis nach El Paso in Texas vorzustoßen, wurde allerdings von der rivalisierenden Eisenbahngesellschaft Atchison, Topeka & Santa Fe Railroad vereitelt. Sie erreichte den strategisch wichtigen Raton Pass an der Grenze zwischen Colorado und New Mexico zuerst. Der Wettlauf um den Pass sowie um die Route durch die Royal Gorge in Colorado führte zu einem zweijährigen Eisenbahnkrieg, der erst 1880 endete. Man einigte sich, und die Denver & Rio Grande (D&RG) richtete von nun an ihr Hauptaugenmerk auf die Route durch die Royal Gorge nach Salt Lake City in Utah.

Bereits 1878 hatte die Gesellschaft ihre Linie von Cuchara Junction und Walsenburg in westlicher Richtung über den 2896 Meter hohen La Veta Pass bis nach Alamosa verlängert. Von dort ging es weiter südwärts nach Antonito und schließlich nach New Mexico hinein bis nach Sante Fe. Von Antonito baute die D&RG außerdem bis 1881 eine Linie in westlicher Richtung entlang der Grenze zwischen Colorado und New Mexico über den 3053 Meter hohen Cumbres Pass nach Chama und Durango – der Abschnitt von Antonito nach Chama trägt heute den Namen Cumbres & Toltec Scenic Railroad. Ein Jahr später erweiterte sie die Strecke von Durango nach Norden bis tief in die Rockys hinein zur ertragreichen Bergbauregion rund um Silverton – dieses Teilstück wird heute noch als Museumsbahn Durango & Silverton Railroad (siehe Seiten 242–247) betrieben.

Bis zum Ende des 19. Jahrhunderts wurde ein Großteil des ausgedehnten Bahnnetzes der D&RG in Colorado und Utah auf die Regelspur umgerüstet. Die übrigen Linien bildeten jedoch nach wie vor das größte Schmalspurnetz der USA.

Zu Beginn des 20. Jahrhunderts fusionierte die D&RG mit der Rio Grande Western Railroad. Allerdings geriet das vergrößerte Eisenbahnimperium durch Spekulationen in finanzielle Schwierigkeiten und wurde während des Ersten Weltkriegs von der United States Railroad Administration verwaltet. Bei Kriegsende ging die Gesellschaft in Konkurs, wurde aber bereits 1920 als Denver & Rio Grande Western Railroad (D&RGW) neu gegründet. 1935 drohte abermals der Bankrott, doch es gelang, den Betrieb bis nach dem Zweiten Weltkrieg aufrechtzuerhalten. 1947 kam es dann zur Fusion mit der Denver & Salt Lake Railroad. Diese Gesellschaft hatte 1928 eine direktere Route zwischen Denver und Salt Lake City angelegt – die »Moffat Road«, die die Reisezeit zwischen den beiden Städten deutlich reduzierte. Eine technische Besonderheit der Route ist der zehn Kilometer lange Moffat-Tunnel, der in einer Höhe von 2816 Metern die kontinentale Wasserscheide kreuzt.

In den 1950er Jahren wurden auf den normalspurigen Linien der D&RGW nach und nach alle Dampfloks durch Diesellokomotiven ersetzt. Auf dem ausgedehnten Schmalspurnetz der Gesellschaft gab zunächst noch der Dampf den Ton an, aber viele der Routen wurden ebenfalls in den 50er Jahren endgültig aufgegeben. Glücklicherweise blieben zwei der landschaftlich schönsten Strecken so lange in Betrieb – von Chama nach Antonito und von Durango nach Silverton –, bis sie an Museumsbahnbetreiber verkauft wurden. Gegen Ende der 1950er Jahre hatte sich der Güterverkehr zu den Bergbaubetrieben in der Gegend drastisch reduziert, sodass die Schließung unvermeidbar erschien. Doch dann sorgte ein Ölboom in der Nähe von Farmington in New Mexico für einen erneuten Aufschwung der Route, die nun weitere zehn Jahre genutzt wurde. In den späten 1960er Jahren war jedoch endgültig Schluss. Der Abschnitt zwischen Durango und Chama sah seinen letzten Zug 1968. Das 103 Kilometer lange Teilstück von Chama nach Antonito jedoch erwarben 1970 die Bundesstaaten Colorado und New Mexico, die es heute gemeinsam als Cumbres & Toltec Scenic Railroad betreiben. Die 72 Kilometer lange Strecke von Durango nach Silverton blieb bis 1980 in Betrieb und wurde im Jahr darauf als Durango & Silverton Narrow Gauge Railroad wiedereröffnet (siehe Seiten 242–247).

Seit 1970 gehört der Cumbres & Toltec der zweistaatlichen Gesellschaft Cumbres & Toltec Scenic Railroad Commission. Diese beauftragte über die Jahre unterschiedliche Betreiber mit der Abwicklung des Bahnverkehrs auf der Route, die 1973 in das *National Register of Historic Places* aufgenommen wurde. Sie diente unter anderem als Schauplatz für den Film *Indiana Jones und der letzte Kreuzzug*.

Abgesehen vom Triebwagen »Galloping Goose« Nr. 5 aus den 1930er Jahren werden alle Züge von Dampfloks angetrieben, die für die Denver & Rio Grande Western gebaut und ausschließlich von ihr genutzt wurden. Sie alle sind »Mikados« 1'D1' – auch die große Klasse K-37, die ursprünglich als Normalspurlokomotive gebaut worden war. Meistens kommen jedoch die K-36-Loks von 1925 aus den Baldwin Locomotive Works zum Einsatz. Neben diesen Original-Loks und dem Bahnhofsgelände von Chama machen die Gleisinfrastruktur und das Rollmaterial die Strecke zu einem der beliebtesten Reiseziele für Fans des US-amerikanischen Dampfbetriebs vor 1960.

Während der Hochsaison fahren jeden Morgen Züge von beiden Enden der Cumbres & Toltec Scenic Railroad ab und treffen sich auf halber Strecke in Osier, wo die Fahrgäste zu Mittag essen können. Dort werden auch die Lokomotiven auf einer Kehrschleife gewendet, bevor sie mit ihren Zügen zu ihrem Ausgangsbahnhof zurückkehren. Wer die Strecke an einem Tag auf ganzer Länge befahren möchte, steigt in Osier um und wird abends mit dem Bus zu seinem Ausgangspunkt zurückgebracht. Die Sitzplätze müssen rechtzeitig reserviert werden.

Entlang der Route sind Originalmeilensteine der D&RG postiert, die noch aus dem ursprünglichen Gleisnetz stammen, das einst diesen Landesteil durchzog. Die Entfernungen werden von Denver aus gemessen; der letzte Meilenstein in Chama trägt die Zahl 344.1 und der in Antonito 280.7.

Am westlichen Ende der Bahnlinie liegt in 2399 Metern Höhe Chama, eine Kleinstadt in Rio Arriba County, New Mexico, mit rund 1200 Einwohnern. Von dort begeben sich die mit zwei Dampfloks bespannten Züge auf ihren strapaziösen und spektakulären Anstieg bis zum Scheitelpunkt der Linie am Cumbres Pass auf 3053 Metern Höhe. Er macht die Cumbres & Toltec Scenic Railroad zur höchstgelegenen Eisenbahnroute der USA, auf der die Züge auf einer Strecke von 22 Kilometern 653 Höhenmeter bewältigen müssen.

Nicht weit hinter dem Pass erreicht man die Tanglefoot Curve. Diese Kehrschleife ist so eng, dass die Lokomotive den letzten Waggon zu berühren scheint. Auf ihrer kurvenreichen Weiterfahrt durch die Berge überqueren die Züge den Cascade Creek auf einer 42 Meter hohen Gerüstpfeilerbrücke, der höchsten der Strecke, bevor sie in Osier einfahren. Die rustikale Eisenbahnsiedlung auf halbem Wege wird für die Mittagspause genutzt.

Am östlichen Ende der Strecke in Conejos County liegt an einer alten spanischen Handelsroute Antonito. Die Stadt ist nicht nur der östliche Endbahnhof der Cumbres & Toltec Scenic Railroad, sondern auch der südliche Endpunkt des normalspurigen San Luis & Rio Grande Railway, der Ausflugszüge von Alamosa betreibt. Früher hieß sie San Antonio Junction und war ein Zentrum der Schafhaltung. Heute leben rund 900 Einwohner in der Eisenbahnsiedlung, in der der preisgekrönte Chicagoer Dichter Aaron A. Abeyta zur Welt kam.

***Rechts:** Die Lok Nr. 487 der Klasse K36 1'D1' überquert mit einem Zug von Chama nach Antonito die Bundesstaatengrenze zwischen Colorado und New Mexico.*

ENTER
COLORADO
487
Cumbres & Toltec

DURANGO & SILVERTON NARROW GAUGE RAILROAD

COLORADO, USA

SPURWEITE: 914 MILLIMETER • **LÄNGE:** 72 KILOMETER • **ROUTE:** VON DURANGO NACH SILVERTON

Sie wurde weltberühmt durch zahlreiche Hollywood-Western: die Durango & Silverton Schmalspureisenbahn, die noch heute komplett mit kohlebefeuerten Dampflokomotiven betrieben wird. Sie nimmt ihre Passagiere mit auf eine aufregende Reise in die Berge durch den Animas Canyon bis zu der alten Silberbergbaustadt Silverton.

Roan Plateau
Tavaputs Plateau
Book Cliffs
Dotsero
Gypsum
Eagle
Avon
Vail
Dillon
Mount Evans
4348
Rifle
Silt
New Castle
Glenwood Springs
Colorado
Minturn
Red Cliff
Frisco
Mount of the Holy Cross
4268
Breckenridge
Parachute
North Mam Peak
3403
Carbondale
Basalt
Climax
Jefferson
Bailey
De Beque
Collbran
ROCKY
Leadville
Fairplay
Mack
Fruita
Loma
Aspen
Redstone
Snowmass Mountain
4290
Elk Mountains
Mount Elbert
4398
Grand Mesa
Fruitvale
Palisade
Maroon Peak
4315
Granite
Hartsel
Cisco
Grand Junction
Orchard Mesa
Whitewater
Colorado National Monument
Sawatch Range
Mount Harvard
4395
Somerset
Cedaredge
Paonia
Crested Butte
Buena Vista
Arches National Park
Orchard City
Hotchkiss
Gunnison
COLORADO
Delta
Nathrop
Mount Antero
4349
Guffey
Uncompahgre Plateau
Crawford
Black Canyon of the Gunnison National Park
Taylor
Gateway
Olathe
Gunnison
Pitkin
Garfield
Salida
Moab
Mount Peale
3877
Spruce Mountain
3008
Parlin
Ouray Peak
4258
Poncha Springs
Texas Creek
Oak Grove
Montrose
Sapinero
Cimarron
Sargents
Coaldale
Uravan
La Sal Junction
La Sal
Bedrock
Nucla
USA
Hillside
Dolores
Naturita
3151
Villa Grove
Ridgway
Uncompahgre Peak
4363
MOUNTAINS
Norwood
Saguache
Slick Rock
Canyonlands National Park
Placerville
Mount Sneffels
4313
Ouray
Lake City
San Luis Peak
4271
La Garita Mountains
Crestone Peak
4357
Telluride
Pandora
Abajo Peak
3462
Monticello
Mount Wilson
4342
Creede
Dove Creek
Silverton
Hooper
San Juan
Rio Grande
Del Norte
Center
Great Sand Dunes National Park and Preserve
Rico
Windom Peak
4295
South Fork
Monte Vista
Blanding
Stoner
4006
Bennett Mountain
4020
Alamosa
Lewis
Canyons of the Ancients National Monument
Dolores
Hesperus Peak
4030
Summit City
Blanca
Cortez
Mancos
Hermosa
Summit Peak
4054
Mayday
Pagosa Springs
La Jara
Montezuma Creek
San Juan
Towaoc
Mesa Verde National Park
Hesperus
Durango
Bayfield
Chimney Rock
Sanford
Romeo
Navajo Peak
3453
Ignacio
Conejos
Redmesa
Bondad
Arboles
Chromo
Mogote
Antonito
Mexican Water
Costilla
Cedar Hill
Dulce
Chama
Teec Nos Pos
Monero
San Antonio Mountain
3325
Pastora Peak
2869
Flora Vista
Aztec
Shiprock
Waterflow
Farmington
Blanco
Brazos
Ensenada
Shiprock Peak
2188
Kirtland
Bloomfield
Gorbernador
Tierra Amarilla
Tres Piedras
San Cristobal
Round Rock
Chuska Mountains
Chaco
Cebolla
Canon Plaza
Arroyo Hondo
Gallina Peak
1212
Canjilon
Taos
Llaves
Ranchos de Taos
El Rito
Ojo Caliente
Newcomb
Nageezi
Abiquiu
Youngsville
Dixon
Counselor
Penasco
NEW MEXICO
Alcalde
ARIZONA
Canyon de Chelly National Monument
Crystal
Chaco Culture National Historical Park
La Jara
San Juan Pueblo
Truchas
Cuba
Espanola
Chimayo
Defiance Plateau
Chaco Mesa
Sierra Nacimiento
Los Alamos
Pojoaque
Tohatchi
White Horse
Mesa Cordada
2217
2281
Jemez Springs
Santa Fe
Tesuque
Torreon
Kasha-Katuwe Tent Rocks National Monument
Camino Real de Tierra Adentro
Thompson Peak
3217
Ganado
Window Rock
Crownpoint
Hosta Butte
2693
Glorieta
Pecos
Mesa Cortada
2337
Jemez Pueblo
Santo Domingo Pueblo
Pinedale
Jemez
Klagetoh
Black Creek
Mentmore
Gallup
Wingate
Ambrosia Lake
San Mateo Mountains
Cerrillos
Fort Wingate
Puerco
San Felipe Pueblo
Ilfeld
Lupton
Thoreau
Prewitt
Algodones

Genau wie die Cumbres & Toltec Scenic Railroad (siehe Seiten 236–241) geht die Durango & Silverton Railroad auf das Jahr 1870 zurück, als die Gesellschaft Denver & Rio Grande Railway (D&RGR) gegründet wurde – von General William Palmer, einem Soldaten, Bauingenieur und Industriellen, und William Bell, dem britischen Mediziner und Fotografen des amerikanischen Westens. Die neue Bahnlinie sollte die reichen Rohstoffvorkommen in den Rocky Mountains westlich und südwestlich der aufstrebenden Stadt Denver in Colorado erschließen. Man wählte die für amerikanische Eisenbahnlinien ungewöhnliche Spurweite von 914 Millimetern und entschied sich für die Verbrennung von Kohle statt Holz zum Antrieb der Dampflokomotiven.

Im August 1881 erreichte der D&RGR über den Cumbres Pass (in 3053 Metern Höhe) die neue Eisenbahnerstadt Durango. Fast unmittelbar danach begann man mit dem Bau der Bahnlinie durch das Tal des Animas River bis nach Silverton. Zwölf Brücken benötigte man für die Überquerung des Flusses und seiner zufließenden Gebirgsbäche. Trotz dieser Hindernisse ging es zügig voran. Der Personen- und Güterverkehr konnte am 10. Juli 1882 anlaufen und das in Silverton abgebaute Silbererz zu einer Schmelzanlage in Durango transportiert werden. Mit der Ankunft der Eisenbahn entwickelte sich die auf 2837 Metern gelegene Stadt kurzzeitig zu einem boomenden Bergbauzentrum, bis 1893 die Wirtschaftskrise (»Silber-Panik«) begann. Die Eisenbahnblase platzte, die Silberpreise fielen ins Bodenlose und über 15 000 US-amerikanische Unternehmen gingen bankrott, darunter mehrere große Bahngesellschaften und 600 Banken, viele davon im Westen. Die Arbeits- und Obdachlosenzahlen schnellten in die Höhe und viele Menschen hungerten. Trotz massiver Probleme hielt sich die Silverton-Bahnlinie bis ins 20. Jahrhundert hinein. Sie überlebte nicht nur den Niedergang des Bergbaus in der Region und die Konkurrenz durch den Straßentransport, sondern auch das schwindende Fahrgastaufkommen sowie Überschwemmungen und heftige Schneefälle im Winter.

Während des Zweiten Weltkriegs (und bis in die späten 1940er Jahre) wurde die alte Silberhütte in Durango wiederbelebt, um dort das lokal abgebaute Uran für das »Manhattan-Projekt« zu verarbeiten. Nach Kriegsende brachte der Binnentourismus die Rettung für die Bahnlinie. Denn plötzlich wuchs das Interesse an der Bahn, da sie in diversen Hollywoodstreifen der 1950er Jahre zu sehen war, wie zum Beispiel in *A Ticket to Tomahawk*, in dem auch Marilyn Monroe einen kurzen Auftritt hatte, *In 80 Tagen um die Welt* und *Die Uhr ist abgelaufen* mit James Stewart. Noch mehr Ruhm brachten die Filme *Zwei Banditen* (1969) und *Latigo* (1971).

Zu Beginn der 1950er Jahre hatte sich der Güterverkehr auf ein Minimum reduziert und wurde in gemischten Zügen fortgeführt. Diese verkehrten zu jener Zeit nur noch in den Sommermonaten, hauptsächlich für Touristen. Obwohl der D&RGR seine Flotte normalspuriger Dampflokomotiven 1956 aus dem Verkehr gezogen hatte, wurde die Zweigstrecke nach Silverton weiterhin von »Mikado«-Loks 1'D1' befahren, die in den 1920er Jahren in den Schenectady Locomotive Works und den Baldwin Locomotive Works gebaut worden waren. Die gegenwärtigen Eigentümer der Linie setzen diese nach wie vor ein und können mit Recht behaupten, dass sie zu 100 Prozent mit kohlebefeuerten Lokomotiven arbeiten.

In den 1960er Jahren erachtete der D&RGR seine übrig gebliebenen Schmalspurbahnlinien als nicht mehr zeitgemäß und wollte sie stilllegen. Allerdings wurden seine Bemühungen zur Schließung der Silverton-Linie von der Interstate Commerce Commission wegen steigender Touristenzahlen abgewiesen. Der Strecke zwischen Antonito und Durango über den Cumbres Pass kam noch eine kurze Gnadenfrist zu, als sie während eines Ölbooms Baumaterialien befördern musste. 1968 fuhr dann der letzte Zug aus dem Osten nach Durango. Das Teilstück von Antonito nach Chama übernahmen die Bundesstaaten Colorado und New Mexico zwei Jahre später als Museumsbahn (siehe Seiten 236-241).

Nachdem er damit gescheitert war, die Silverton-Route stillzulegen, stimmte der D&RGR widerwillig zu, nicht nur in die Instandsetzung der Gleisinfrastruktur und des Rollmaterials zu investieren, sondern auch die Endstation Durango und ihre Umgebung für Besucher besser zugänglich zu machen. Aber obwohl diese Maßnahmen griffen, die Passagierzahlen stiegen und die Eisenbahn als *National Historic Landmark* deklariert wurde, wollte das Unternehmen die isolierte und vorsintflutliche Bahnstrecke noch immer loswerden. Schließlich machte 1979 der wohlhabende Zitrusproduzent Charles Bradshaw aus Florida dem D&RGR ein Angebot, das er nicht ausschlagen konnte. 1981 kaufte er die 72 Kilometer lange Bahnstrecke mit allen Anlagen und Fahrzeugen.

Unter dem neuen Besitzer entwickelte sich die malerische Durango & Silverton Schmalspureisenbahn bald zu einer überaus erfolgreichen Touristenattraktion. Alte Dampflokomotiven und das dazugehörige Rollmaterial wurden liebevoll restauriert. Man baute sogar neue Waggons, überholte die Gleise und ihre

Vorige Seite: *Angeführt von der Lok Nr. 486 der Klasse K36 1'D1' fährt der Zug am Animas River entlang nach Durango zurück.*

Infrastruktur und brachte doppelt bespannte Züge auf die Strecke. Die Passagierzahlen wuchsen weiter, ebenso die Belegschaft, und der Erfolg der Bahnlinie lockte Besucher aus der ganzen Welt an. Man führte zusätzliche Züge ein, sodass 1986 auf der gesamten Route täglich vier Hin- und Rückfahrten angeboten werden konnten. 1997 verkaufte Bradshaw die Bahnlinie wieder, und seit 1998 wird sie von der American Heritage Railways betrieben. Auch zwei Museen sind an die Bahn angeschlossen: das D&SNG Museum befindet sich im Rundlokschuppen von Durango und das Freight Yard Museum im Silverton Depot.

Ihren Hauptsitz hat die Durango & Silverton Railroad in der ehemaligen Eisenbahnerstadt Durango in Colorado. Diese liegt in 1985 Metern Höhe und zählt rund 17 000 Einwohner. Sie wurde in den frühen 1880er Jahren gegründet, als die Denver & Rio Grande Railroad ihre Schmalspurlinien zu den Bergbaubetrieben der Region baute. Das Original-Eisenbahnhotel an der Endstation, benannt nach dem Gründer der Linie, General Palmer, empfängt noch immer Gäste. Die dampfbetriebenen Züge verkehren das ganze Jahr über, im Winter allerdings nur bis zum Cascade Canyon. Für die 72 Kilometer lange Reise durch das Animas Valley bis nach Silverton brauchen sie 3½ Stunden. Dort haben die Passagiere 2¼ Stunden Aufenthalt, können sich das Freight Yard Museum anschauen und zu Mittag essen, bevor es wieder zurück nach Durango geht.

Auf der Fahrt von Durango nach Silverton überwindet die kurvenreiche Bahnlinie 852 Höhenmeter. Sie fährt an Bergabhän-

Die Baldwin Nr. 473 der K28-Klasse fährt mit dem ersten Zug des Tages nach Silverton parallel zum Highway 550 nördlich von Durango und nähert sich dem Ort Trimble.

gen entlang und durch den spektakulären Animas Canyon. Da der Animas River bisher noch nicht gestaut wurde, gehört er zu den letzten frei fließenden Flüssen der USA. Am meisten Wasser führt er während der Schneeschmelze im Juni. Die dampfbetriebenen Züge fahren vom Bahnhof in Durango ab, schieben sich langsam durch die Stadt und überqueren behutsam mehrere Straßenkreuzungen, bevor sie das Tal hinauffahren bis zu ihrem ersten Halt in Hermosa, wo sie das erste Mal Wasser nachfüllen. Von dort kämpfen sie sich bergan aus dem Tal hinaus, mit scharfen Biegungen an Felswänden entlang und das erste Mal über den Animas River, bis sie nach einer halben Stunde in Rockwood eintreffen.

Hinter Rockwood gelangen die Züge in den dramatischen Animas Canyon, wo sie sich vorsichtig auf die »Highline« begeben, einen Abschnitt mit hohen Steilhängen, auf dem sie bis nach Tacoma fahren. Die nächste Station ist Tank Creek. Hier werden die Loks wieder mit Wasser versorgt, bevor sie auf einem schmalen Felssims entlang weiterfahren bis zum Tall Timber Resort und nach Cascade Canyon, wo sie im Winter auf einem Y-Gleis gewendet werden. Aufgrund der Lawinengefahr am oberen Ende des Tals ist der Zugverkehr hier von November bis Anfang Mai unmöglich.

Während sie den Animas zum dritten Mal überqueren, steigen die Züge durch scharfe S-Kurven weiter bergwärts bis nach Needleton. Von dort wird es immer steiler bis nach Elk Park, wo die Bahnlinie den Colorado Trail kreuzt. Elk Park gehört zu den Regionen, die im Winter am stärksten von Lawinen betroffen sind. Während der Jagdsaison ist es ein beliebter Lagerplatz, umgeben von bis zu 4270 Meter hohen Bergen. Nun nehmen die Steigungen ab und die Züge passieren eine enge Kurve bei Cataract, wo der Animas Canyon am schmalsten ist. Nach der letzten Überquerung des Animas drosseln die Züge ihre Geschwindigkeit für die Einfahrt nach Silverton. Hier werden sie auf einem Y-Gleis für die Rückfahrt nach Durango gewendet.

Gut 600 Einwohner zählt die frühere Silberbergbaustadt Silverton, die in einem einsamen Tal in 2840 Metern Höhe liegt. Heute gibt es hier keinen Bergbau mehr und die Stadt lebt hauptsächlich vom Tourismus. Mit ihren Häusern aus dem späten 19. Jahrhundert, dem Museum und dem Gefängnis versprüht sie noch immer jede Menge Wildwest-Charme. Außerdem werden Touren zur Old Hundred Gold Mine und Besichtigungen der Geisterstadt Animas Fork angeboten.

Rechts: Die Lok Nr. 488 der Klasse K36 1'D1' passiert mit dem Zug von Durango nach Silverton vorsichtig die »Highline« oberhalb des Animas River.

»EMPIRE BUILDER«

USA

SPURWEITE: 1435 MILLIMETER • **LÄNGE:** 3550 KILOMETER/3632 KILOMETER • **ROUTE:** VON CHICAGO NACH SEATTLE/PORTLAND

Einer der am längsten aktiven Züge der USA mit dem berühmten Namen »Empire Builder« fährt auf der nördlichen Route von Chicago durch die Prärien bis an die Westküste. 1893 weihte der Great Northern Railway die Strecke ein, die nicht nur die atemberaubende Landschaft der Rocky Mountains durchquert, sondern auch zwei der längsten Eisenbahntunnel der USA aufweist.

Baldy Mountain
831
Lake Winnipeg
Lake St Joseph
Regina
Lake Manitoba
Winnipeg
English
Lac Seul
Lake Nipigon
MANITOBA
Winnipeg
Souris
Whitemouth
ONTARIO
Lake of the Woods
Missouri
Rainy Lake
Thunder Bay
Red Lakes
Grand Forks
Lake Sakakawea
Sheyenne
Isle Royale
Lake Superior
NORTH DAKOTA
Keweenaw Bay
MINNESOTA
MICHIGAN
Bismarck
White Butte
1076
Fargo
Duluth
James
Mississippi
St Croix
U S A
Minneapolis
St Paul
Eau Claire
Green Bay
Cheyenne
Lake Oahe
WISCONSIN
Green Bay
Black Hills
SOUTH DAKOTA
Minnesota
Appleton
Rapid City
Lake Winnebago
Oshkosh
Lake Michigan
Rochester
Portage
La Crosse
Sioux Falls
Wisconsin
Milwaukee
Madison
Des Moines
Racine
Niobrara
Missouri
IOWA
Kenosha
Sioux City
Waterloo
Dubuque
Waukegan
Cedar Rapids
Chicago
North Platte
NEBRASKA
Iowa City
Davenport
Aurora
Des Moines

Im Jahr 1929 nahm die Bahngesellschaft Great Northern Railway (GNR) den »Empire Builder« in Betrieb. Er fährt heute immer noch und zählt zu den berühmtesten Zügen der Welt mit eigenem Namen. Er fährt von Chicago nach Seattle und Portland auf der nördlichsten transkontinentalen Eisenbahnlinie der USA durch die Prärien, über die kontinentale Wasserscheide hinweg bis zur Pazifikküste. Diese Linie wurde gegen Ende des 19. Jahrhunderts freigegeben.

Ein Großteil der Route folgt den Spuren der Entdeckungsreisenden Meriwether Lewis und William Clark, die als erste Amerikaner den Westen der heutigen USA durchquerten. Im Auftrag von Präsident Thomas Jefferson unternahmen sie von 1804 bis 1806 eine zweijährige Expedition und fanden eine Route nach Westen entlang des Missouri, über die kontinentale Wasserscheide hinweg, am Lauf des Columbia River entlang bis zur Pazifikküste.

An der Spitze des Great Northern Railway stand der Geschäftsmann und Unternehmer James J. Hill, der in den 1870er und 80er Jahren zum Multimillionär wurde, indem er bankrotte Unternehmen aufkaufte und sie gewinnbringend wieder verkaufte. Nach dem Börsenkrach 1873 gingen viele US-amerikanische Bahngesellschaften pleite – darunter auch die St. Paul & Pacific Railroad. Hill kaufte sie 1878 und gründete 1879 die Bahnlinie St. Paul, Minneapolis & Manitoba Railway, die er schrittweise bis nach Grand Forks und 1885 westwärts bis nach Devils Lake in North Dakota ausbaute. 1889 war die Strecke schon bis nach Fort Assiniboine (in der Nähe der heutigen Stadt Havre) im Norden von Montana vorgedrungen. 1890 wurde Hills Eisenbahnimperium, zu dem inzwischen auch der Montana Central Railway gehörte, als Great Northern Railway (GNR) bekannt.

Mit der Erweiterung der Linie von Fort Assiniboine Richtung Westen in die Berge begann man 1890. Die Route verlief durch die Lewis Range über den 1589 Meter hohen Marias Pass, der vom Vermesser der Bahngesellschaft John Stevens im Jahr zuvor entdeckt worden war. Um mehr Touristen in die Gegend zu locken, engagierte sich der GNR 1910 für die Gründung des Glacier-Nationalparks in diesem Gebiet. Hinter dem Pass folgte die Eisenbahnroute dem Middle Fork Flathead River, bis sie die Kaskadenkette im Bundesstaat Washington erreichte. Auf steilen Serpentinen überquerte die Linie die Berge, passierte den 1238 Meter hohen Stevens Pass, der seinen Namen dem Vermessungsingenieur verdankt, und führte weiter bis nach Seattle. 1893 konnte die ausschließlich aus privaten Mitteln finanzierte Bahnlinie von St. Paul nach Seattle schließlich eröffnet werden. Mit ihr kamen Tausende nordeuropäische Siedler, angelockt von den niedrigen Preisen, zu denen die Eisenbahn ihnen Grundstücke verkaufte.

Hills Imperium dehnte sich jedoch noch weiter aus. Mit dem Erwerb der Chicago, Burlington & Quincy Railroad im Jahr 1901 kam das fehlende Verbindungsstück zwischen St. Paul und Chicago hinzu. Portland im Bundesstaat Oregon erreichte man 1909 mit dem Spokane, Portland & Oregon Railway, einem Joint Venture zwischen dem GNR und seinem Erzrivalen, dem Northern Pacific Railway.

Die oft von schweren Schneefällen blockierte, steile Serpentinentrasse über den Stevens Pass ersetzte man 1900 durch einen Tunnel. Dieser erste Cascade Tunnel war zwar nur gut vier Kilometer lang, dennoch wurden Lokführer und Fahrgäste bei der Aufwärtsfahrt in östlicher Richtung oft stark vom Rauch geplagt. Um das Problem zu lösen, wurde die Strecke durch den Tunnel 1909 elektrifiziert. Schwere Züge mussten nun auf einem sechs Kilometer langen Abschnitt von bis zu vier Elektroloks gezogen werden. Damit war das Rauchproblem behoben, doch die Strecken vor und hinter dem Tunnel wurden im Winter noch immer von heftigen Schneefällen heimgesucht. Der schlimmste Vorfall ereignete sich 1910, als eine Lawine einen Zug erfasste und fast 100 Menschen in den Tod riss.

Als Ersatz für den ersten Tunnel wurde 1929 weiter unten ein zweiter Cascade Tunnel in Betrieb genommen. Mit 12,5 Kilometern ist er der längste Eisenbahntunnel der USA. Er verkürzte die Reisezeiten erheblich und war ebenfalls elektrifiziert – bis 1956 eine leistungsstarke Lüftungsanlage installiert wurde, sodass auch Diesellokomotiven durchfahren konnten.

1970 weihte man westlich von Whitefish in Montana den mit elf Kilometern zweitlängsten Eisenbahntunnel der USA auf der Route des GNR ein. Der Flathead Tunnel lag auf einer 97 Kilometer langen Umleitung der Bahnlinie um den Libby-Damm. Dieser flutete den Kootenai River und bildete dadurch den 145 Kilometer langen Lake Koocanusa, dessen eine Hälfte sich bis über die kanadische Grenze nach British Columbia erstreckt.

Der 1905 vom GNR eingeführte »Oriental Limited« verkehrte ursprünglich zwischen St. Paul und Seattle, wo er Anschluss an den Dampfschiffverkehr der Eisenbahn über den Pazifischen Ozean nach Fernost hatte. 1909 verlängerte man die Route bis

Vorige Seite: Die Route des »Empire Builder« führt durch spektakuläre Landschaften. Hier befinden sich Nr. 2726 und 2136 des BNSF mit einem Güterzug aus Quincy auf der Anfahrt nach Wenatchee im Bundesstaat Washington.

nach Chicago. Diese Strecke blieb die wichtigste transkontinentale Zugverbindung, bis ihr 1929 der »Empire Builder« den Rang ablief. Dieser Zug wurde während des Zweiten Weltkriegs in solch großem Umfang von der Armee genutzt, dass man ihn häufig in zwei Hälften teilen musste. Nach dem Krieg wurden dann 1947 die Dampflokomotiven durch stromlinienförmige Dieselelektroloks ersetzt. Den »Oriental Limited«, der an mehr Bahnhöfen hielt und eine etwas längere Route befuhr, tauschte man 1951 durch den »Western Star« aus. Doch auch dieser brauchte mit 58 Stunden deutlich länger als der »Empire Builder«, der die Strecke in 45 Stunden zurücklegte. Angesichts der stetig zunehmenden Konkurrenz durch den Flugverkehr stellte man den »Western Star« 1971 ein.

Einen Großteil der früheren GNR-Route von Chicago nach Seattle und Portland betreibt heute der BNSF Railway. Er wurde 1996 nach jahrzehntelangen Fusionen der Bahngesellschaften Great Northern, Northern Pacific, Burlington Northern und Atchison, Topeka & Santa Fe gegründet. Einzig die Abschnitte zwischen Chicago und Minneapolis werden nicht vom BNSF bedient.

Mit rund 51 500 Streckenkilometern ist der BNSF der zweitgrößte Güterzugbetreiber in ganz Nordamerika. Zu seiner Northern-Transcon-Strecke gehört die nördlichste transkontinentale Route des Landes zwischen Chicago und Seattle, die von langen, intermodalen Zügen und dem »Empire Builder« frequentiert wird.

Nach dem Gründer des GNR benannt, der diesen Spitznamen trug, fährt der »Empire Builder« heute für Amtrak, die staatlich finanzierte National Railroad Passenger Corporation. Sie wurde 1971 gegründet, um die verbliebenen, nicht gewinnbringenden Personenverkehrsrouten vor der Stilllegung zu bewahren.

Der meistgenutzte Fernverkehrszug von Amtrak ist der »Empire Builder«. Die 3550 Kilometer lange Strecke von Chicago nach Seattle legt er mit zwei P42-Diesellokomotiven der Genesis-Serie von General Electric und zwölf Reisewagen zurück. Einige Waggons, die nach Portland in Oregon fahren, werden in Spokane ab- bzw. angekoppelt. Die Passagiere sind in Superliner-Doppelstockwagen untergebracht, unter denen sich auch Schlafwagen, ein Speise- und ein Salonwagen befinden.

Seine lange Reise beginnt der »Empire Builder« an der legendären Chicagoer Union Station. Der Bahnhof, an dem noch 15 weitere Amtrak-Züge mit eigenem Namen halten, wurde 1925 erbaut und ist heute der drittverkehrsreichste Bahnhof der USA. Der »Empire Builder« fährt zunächst in nördlicher Richtung am Westufer des Lake Michigan entlang, hält in Glenview und überquert dann die Grenze nach Wisconsin. Dort macht er halt in Milwaukee und fährt nordwestwärts weiter nach Columbus, Portage, Wisconsin Dells, Tomah und La Crosse, wo er den Mississippi überquert. In Minnesota angelangt, setzt er seine Fahrt durch bewaldetes Gebiet fort bis zur Midway Station, dem restaurierten Bahnhof von St. Paul's. Von hier begibt er sich in die weiten Prärien bis nach Detroit Lakes, wo er den Red River kreuzt. Kurz darauf überquert er die Grenze nach North Dakota und erreicht schließlich den Bahnhof Fargo, einen wichtigen Verkehrsknotenpunkt.

Von Fargo aus nimmt der Zug Kurs nach Norden bis nach Grand Forks, wendet sich dann nach Westen und durchquert eine flache Präirielandschaft bis Devils Lake. Dort war die Bahnlinie früher oft vom steigenden Wasser überschwemmt worden. Doch unlängst hat man das Problem gelöst, indem man das Gleisbett drei Meter höhergelegt hat. Hinter Devils Lake behält der Zug die westliche Richtung bei und gelangt unweit des Zusammenflusses von Yellowstone und Missouri westlich von Williston nach Montana.

Nun verlässt der Zug die Prärien und beginnt seinen langen Aufstieg in den Glacier-Nationalpark, mit Halt in Malta, Havre und Shelby, bevor er am Marias Pass die Lewis Range überquert. Unterwegs passiert er die berühmte Gerüstbrücke Two Medicine Trestle Bridge, macht in der Wintersaison halt in diversen Skiorten und trifft dann am Bahnhof von Whitefish im Pseudo-Tudor-Stil ein, der zu den meistfrequentierten der Route gehört. Nach Whitefish geht es bald in den elf Kilometer langen Flathead Tunnel, danach auf einen kurzen Abstecher nach Idaho und schließlich in den Bundesstaat Washington nach Spokane, wo die Waggons nach Portland abgekoppelt werden, um ihren Weg durch die Columbia River Gorge fortzusetzen.

Der andere Teil des Zugs fährt nach Seattle – von Spokane über die Kaskadenkette, durch den 12,5 Kilometer langen Cascade Tunnel bis in die Stadt Everett mit ihrem neuen, eindrucksvollen Bahnhof. Nach dem nächsten Halt in Edmonds beendet der Zug seine lange Reise an der King Street Station in Seattle. Der 1906 eröffnete Bahnhof mit seinem imposanten Uhrenturm war ein Gemeinschaftsbauprojekt der Bahngesellschaften Great Northern und Northern Pacific und wurde kürzlich umfassend renoviert.

***Folgende Seiten:** Die dieselelektrischen Lokomotiven Nr. 19 und 85 der Klasse P42 überqueren mit dem »Empire Builder« in östlicher Richtung die Two Medicine Hat Bridge bei ihrer Ausfahrt aus dem Glacier-Nationalpark in Montana.*

WHITE PASS & YUKON RAILROAD

ALASKA/USA UND YUKON/KANADA

SPURWEITE: 914 MILLIMETER • **LÄNGE:** 109 KILOMETER • **ROUTE:** VON SKAGWAY (ALASKA) NACH CARCROSS (YUKON)

Im Zuge des Klondike-Goldrauschs entstand die schmalspurige White Pass & Yukon Railroad, die hohe Gewinne abwarf, indem sie Mineralien aus Yukon im Norden von Kanada bis zum Hafen Skagway in Alaska beförderte. Nach ihrer Stilllegung 1982 wurde sie teilweise als Touristenbahn mit Anschluss an die in Skagway anlegenden Kreuzfahrtschiffe wiedereröffnet.

YUKON
KANADA
ALASKA
USA
BRITISH COLUMBIA
GOLF VON ALASKA
Alexander Archipelago
Dawson
Rock Creek
Bear Creek
Flat Creek
Sixtymile
Boundary
Divide Mountain 1562
1877
Indian
Barlow
Elsa
Keno Hill
Mount Patterson 2088
Mayo
Stewart Crossing
Stewart
Flat Top 1636
Grey Hunter Peak 2214
Mount Joy 2235
Horn Peak 2515
Keele Peak 2972
Selwyn Mountains
Hess Mountains
Mount Armstrong 2159
Mount Selous 2176
2383
Twitya
Natla
Backbone Ranges 2353
2667
Junction
Northway Junction
Nabesna Village
White
Thistle Creek
Coffee Creek
Yukon
Pelly
Pelly Crossing
Dawson Range
1600
Apex Mountain 2022
Glenlyon Peak 2190
Tay
Anvil Range
Mount Connolly 2139
Faro
Traffic Mountain 2054
Beaver Creek
Koidern Mountain 1656
Mount Allen 2890
Koidern
Donjek
Carmacks
Fox Mountain 2404
Ross River
2572
1876
Kluane
Aishihik
Mount Natazhat 4095
Pelly Mountains
Mount Hogg 2065
2353
Lower Laberge
Red Granite Mountain 2006
2305
Kluane Lake
Burwash Landing
Destruction Bay
Mount Wood 4842
5226
Mount Lucania
Mount Queen Mary 3886
Kluane National Park
St. Elias Mountains
Mount Logan 5959
Haines Junction
Champagne
Takhini
Takhini Hotspring
Whitehorse
Mount Arkell 2209
Marsh Lake
Wolf
Cassiar
Tuchitua
Mount Murray 2162
Liard
Johnson's Crossing
Brooks Brook
Jakes Corner
Robinson
Mount Skukum 2382
Primrose
Tagish
Beloud Post
Mount St Elias 5489
Mount Vancouver 4785
Mount Hubbard 4577
Mount Cook 4194
Mount Seattle 3069
Carcross
Teslin
Teslin Lake
Meister
Rancheria
2079
Watson Lake
Upper Liard
Mt Draper 1728
Kusawa
Mount Foster 2173
Bennett
Surprise
Atlin
Stikine Ranges
Yakutat
Alsek
Klondike Gold Rush National Historical Park
Chilkoot Trail National Historic Site
Mount Bigger 2514
Klukwan
Skagway
Chilkat
Haines
Mount Nesselrode 2470
Atlin Lake
Cassiar
McDame
Cassiar Mountains
Porter Landing
Mount Lodge 3210
Mt Barnard 2504
Mount Fairweather 4670
Glacier Bay National Park and Preserve
Devils Paw 2616
Tulsequah
Stikine Plateau
Dease Lake
Mount Crillon 3871
Excursion Inlet
Gustavus
St Terese
Auke Bay
Juneau
Douglas
Mount Ogden 2268
Sheslay
Funter
Elfin Cove
Hoonah
Hawk Inlet
Pelican
Tahltan
Telegraph Creek
Stikine
Mount Edziza 2787
Glenora
Admiralty Island Nat. Monument Kootznoowoo Wilderness
Tenakee Springs
Chichagof Island
Chichagof
Admiralty Island
Mount Sumdum 2032
Sumdum
Windham
Angoon
Chatham
Cobol
Hood Bay
Chatham Strait
Mount Ratz 3136
Mount Ambition 2328
Skeena Mountains
Cape Fanshaw
Sitka National Historical Park
Baranof
Sitka
Devil's Thumb 2767
Kate's Needle 3049
Kake
Kupreanof Island
Kupreanof
Petersburg
Baranof Island
Goddard
Mount Yanovski 1064
1080
Kuiu Island
Mount Cote 1323
Wrangell
Mount Lewis Cass 2092
Point Baker
Big Port Walter
Port Alexander
Whale Pass
Mount John Jay 2286
Mount Pattullo 2729
Stewart
Hyder
Edna Bay
Coffman Cove
Clarence Strait
Bell Island Hot Springs
Meyers Chuck
Adams Mountain 2316
Misty Fiords National Monument Wilderness
Thorne Bay
Prince of Wales Island
Kasaan
Revillagigedo Island
Klawock
Portland Canal

Die Geschichte dieser abgeschiedenen Eisenbahnlinie begann 1896 mit dem berühmten Goldrausch am Klondike River. In jenem Jahr hatte man in der Klondike-Region des Territoriums Yukon im Nordwesten von Kanada Gold entdeckt. In der Folge strömten von 1897 bis 1899 100000 Schürfer in die Gegend, die hofften, hier schnell zu Reichtum zu gelangen. Doch der Weg zu den Goldfeldern in der menschenfeindlichen und unzugänglichen Region war schwierig, denn es gab weder Straßen noch Eisenbahnen. Die einzigen Zugangsrouten führten über die Häfen Dyea und Skagway im südöstlichen Alaska. Von dort mussten die »Klondiker« entweder über den White Pass oder den Chilkoot Pass nach Kanada ziehen, weiter zum Yukon River und dann mit Booten bis zum Klondike. Aber nicht nur das unwegsame Berggelände und die rauen Winter setzten den Goldsuchern zu, sondern auch die Auflage der kanadischen Regierung, Lebensmittelvorräte für ein Jahr mitzubringen. Viele schafften es nicht bis zum Ziel – nur 30000 erreichten den Klondike River und gerade einmal 4000 von ihnen fanden tatsächlich Gold. Goldgräberstädte wie Dawson City schossen entlang der Route aus dem Boden. 1899 waren allerdings schon viele Menschen in den Westen von Alaska weitergezogen. Die Goldförderung setzte man mit modernerer Ausrüstung bis ins frühe 20. Jahrhundert hinein fort, doch 1903 hatte sie ihren Höhepunkt erreicht. Und als der Goldrausch abebbte, kamen andere Unternehmen und bauten Mineralien wie Silber, Kupfer und Blei ab.

Mit dem Ziel, die riesige, rohstoffreiche Region zu erschließen, gingen 1897 drei Unternehmen an den Bau eines 523 Kilometer langen Schienenwegs von Skagway in Alaska über die Berge nach Fort Selkirk im kanadischen Territorium Yukon. Man wählte eine Spurweite von 914 Millimetern, die für engere Kurven durch das bergige Gelände geeignet war und zudem weniger kostete. Die Arbeiten an der Strecke begannen im Mai 1898, doch bald kam man mit der Mafia von Skagway in Konflikt. So wurde das Projekt im Juli von der White Pass & Yukon Railway Company (WP&YR) mit Sitz in London übernommen.

Unter der neuen Führung schritten die Bauarbeiten zügig voran und schon im Februar 1899 war der 879 Meter hohe Scheitelpunkt am White Pass erklommen. Bennett am südlichen Ende des Lake Bennett erreichte man im Juli desselben Jahres, und im August 1900 konnte man die gesamte Strecke von 177 Kilometern von Skagway nach Whitehorse freigeben. Leider war der Klondike-Goldrausch bis dahin weitgehend abgeebbt, sodass man statt der geplanten 346 Kilometer langen Erweiterung bis nach Fort Selkirk bahneigene Flussschiffe einsetzte, die den Yukon River zwischen Whitehorse und Dawson City befuhren.

Bis 1900 hatten die meisten Goldsucher Yukon verlassen. Doch stattdessen kamen professionelle Unternehmen, die andere Mineralien abbauten. Der einzige Transportweg für diese wertvollen Erze verlief über den WP&YR nach Skagway und von dort weiter per Schiff. Während des Ersten Weltkriegs machte die Eisenbahnlinie gute Gewinne und überlebte sogar die Weltwirtschaftskrise in den 1930er Jahren. Bei Ausbruch des Zweiten Weltkriegs jedoch befand sie sich bereits in einem desolaten Zustand und war ernsthaft von der Stilllegung bedroht. Doch dann rettete der japanische Angriff auf Pearl Harbor 1941 die Bahnlinie: Aus Angst vor einer japanischen Invasion in Alaska beschloss die US-Regierung, den 2736 Kilometer langen Alaska Highway zu bauen, der direkt an Whitehorse vorbeiführte. Um die gewaltigen Mengen an Material und Arbeitern zu befördern, die für den Bau der Autobahn benötigt wurden, übernahm die US Army die heruntergewirtschaftete Eisenbahn. Sie beschaffte zusätzliche Dampflokomotiven und Rollmaterial, die sie von anderen schmalspurigen Systemen wie der Denver & Rio Grande Western Railroad (siehe Seiten 236–241) anforderte. Trotz des strengen Winters nahm der Betrieb auf der Strecke drastisch zu. Bis 1943 war er um beachtliche 1000 Prozent gestiegen – an einem einzigen Tag im August gab es fast 40 Zugbewegungen auf der Strecke.

Während in den 1950er Jahren andere Schmalspurbahnlinien der USA ihrem Ende entgegensahen, wurde der WP&YR modernisiert, indem man Diesellokomotiven und Containerzüge einführte. 1969 nahm in Faro in Yukon die weltgrößte Zinkmine ihren Betrieb auf, was der Bahnlinie erneut Aufschwung brachte. Das Erz wurde auf der Straße bis nach Whitehorse transportiert und von dort mit der Bahn zum Hafen von Skagway. Als dort immer mehr Kreuzfahrtschiffe anlegten, nahm auch der Personenverkehr zu, denn die Touristen konnten (und können heute noch) vom Schiff direkt in den Zug steigen und sich auf die malerische Reise über den White Pass begeben.

Im Sommer 1982 wurde die Bahnlinie vom Glück verlassen, denn rasant fallende Metallpreise auf den Weltmärkten führten zur Schließung der Zinkmine. Damit versiegte die Haupteinnahmequelle der Bahn, die sich fortan mit Personenverkehr über Wasser zu halten versuchte, bis im Oktober die Stilllegung nicht mehr zu verhindern war.

Glücklicherweise war das nicht das Ende des WP&YR, denn die landschaftliche Schönheit der Strecke war den Kreuzfahrt-

***Vorige Seite:** Die Reisenden auf der White Pass & Yukon Railroad erleben eine atemberaubende Landschaft, wenn ihr Zug sich zwischen Skagway und Carcross seinen Weg durch die Berge bahnt.*

gesellschaften nicht entgangen. Ihrer Unterstützung verdankt die Bahnlinie ihre teilweise Wiedereröffnung als Sommertouristenbahn. Sie fuhr 1989 zunächst bis nach Fraser, 1992 bis nach Bennett und 2007 schließlich bis nach Carcross. Der noch stillgelegte Abschnitt nach Whitehorse wird möglicherweise auch bald wiederbelebt.

Die Züge auf der White Pass & Yukon Railroad fahren am Hafen von Skagway ab, nicht weit von den Kreuzfahrtriesen, sodass die Passagiere direkt umsteigen können. Um dem Anstrom von Besuchern gerecht zu werden, werden mitunter bis zu vier Züge benötigt, die nacheinander zum White Pass hochfahren. Angetrieben werden sie meist von Diesellokomotiven von Alco und General Electric aus den 1950er und 60er Jahren, aber auch restaurierte Dampfloks verkehren hier, darunter ein Modell mit der Achsfolge 1'D von 1908 und eines vom Typ 1'D1' von 1947 (beide aus den Baldwin Locomotive Works).

Zur Zeit des Klondike-Goldrauschs zählte die damals gesetzlose Stadt Skagway 10000 Einwohner; heute sind es nur noch

Ein dieselbetriebener Summit-Excursion-Zug auf der White Pass & Yukon Railroad kommt soeben aus dem 24 Kilometer langen Tunnel und hat die Holzgerüstbrücke bei Slippery Rock überquert.

920. Richtig zum Leben erwacht sie erst in den Sommermonaten, wenn die vielen Kreuzfahrtschiffe einlaufen. Am Hafen startet der WP&YR auf Meereshöhe und überwindet dann auf den 32 Streckenkilometern bis zum White Pass 873 Höhenmeter. Die ersten drei Kilometer durch die Stadt verlaufen noch relativ eben, aber gleich hinter dem Bahnbetriebswerk beginnt der Anstieg. Die Gleise folgen zunächst dem Ostufer des Skagway River, wenden sich dann Richtung Osten und überqueren den East Fork River. Dort steht ein alter Güterzugbegleitwagen, den der US Forest Service als Unterkunft vermietet. Auf der Weiterfahrt am Ostufer des Flusses eröffnen sich herrliche Aussichten auf den Mount Harding und den Harding-Gletscher. Nach dem Halt in Heney Station überquert die Strecke unweit von Glacier Station in östlicher Richtung den Fluss. Anschließend wendet sie sich nach Westen, kreuzt die Glacier Gorge und verschwindet im Tunnel Mountain. Nun verläuft sie nach Norden, vorbei am Inspiration Point und an der Dead-Horse-Schlucht bis zu einem Tunnel, der 1969 eröffnet wurde, um die Steel Bridge zu ersetzen. Als die Zinkmine bei Whitehorse in jenem Jahr öffnete, hatte man die Brücke als zu unsicher für die schwer beladenen Züge erachtet. Der White Pass Summit und die kanadisch-US-amerikanische Grenze sind nun nicht mehr weit. Dort wird die Strecke wieder flacher und bahnt sich ihren Weg zwischen kristallklaren Bergseen hindurch bis nach Fraser in British Columbia, wo kanadische Zollbeamte die Papiere der Reisenden kontrollieren.

Von Fraser geht es an einer Reihe von Seen entlang nach Nordosten und dann westwärts um die Berge herum nach Bennett an der Südspitze vom Lake Bennett. Dort trifft der Chilkoot Trail aus Dyea in Alaska auf die Bahnlinie. Bennett diente einst als Zwischenstopp für die Goldsucher, die von dort mit Flößen und Booten nach Carcross übersetzten. Doch mit der Ankunft der Eisenbahn im Jahr 1900 begann der Niedergang der Stadt. Hinter Bennett fahren die Züge am Seeufer entlang und kreuzen die Grenze nach Yukon, wo sich die derzeitige Endstation Carcross befindet. In dieser Kleinstadt wohnen knapp 300 Menschen, die in den Sommermonaten fast vollständig von den Besuchern leben, die mit dem Zug herkommen.

Die verbleibenden 72 Kilometer der Bahnlinie nach Whitehorse wurden 1982 stillgelegt. Doch die Gleise existieren noch und es gibt Pläne zur Wiederinbetriebnahme. Momentan verkehrt eine Touristenstraßenbahn auf einem anderthalb Kilometer langen Abschnitt in Whitehorse, der Hauptstadt von Yukon.

Rechts: *Die von Baldwin gebaute Lok Nr. 73 1'D1' verlässt den Tunnel und überquert die Holzgerüstbrücke auf einem 1898/99 angelegten Streckenabschnitt..*

White Pass
73
LAKE SPIRIT

ÜBER DIE KANADISCHEN ROCKY MOUNTAINS

KANADA

SPURWEITE: 1435 MILLIMETER •
LÄNGE: 2372 KILOMETER ÜBER CALGARY/2503 KILOMETER ÜBER EDMONTON •
ROUTE: VON WINNIPEG NACH VANCOUVER

Als 1867 aus drei britischen Kolonien der Bundesstaat Kanada entstand, blieb die westliche Provinz British Columbia isoliert. Erst 1871 wurde sie von der kanadischen Regierung in das Bündnis gelockt – mit dem Versprechen, binnen zehn Jahren eine Eisenbahnlinie über die Rocky Mountains anzulegen.

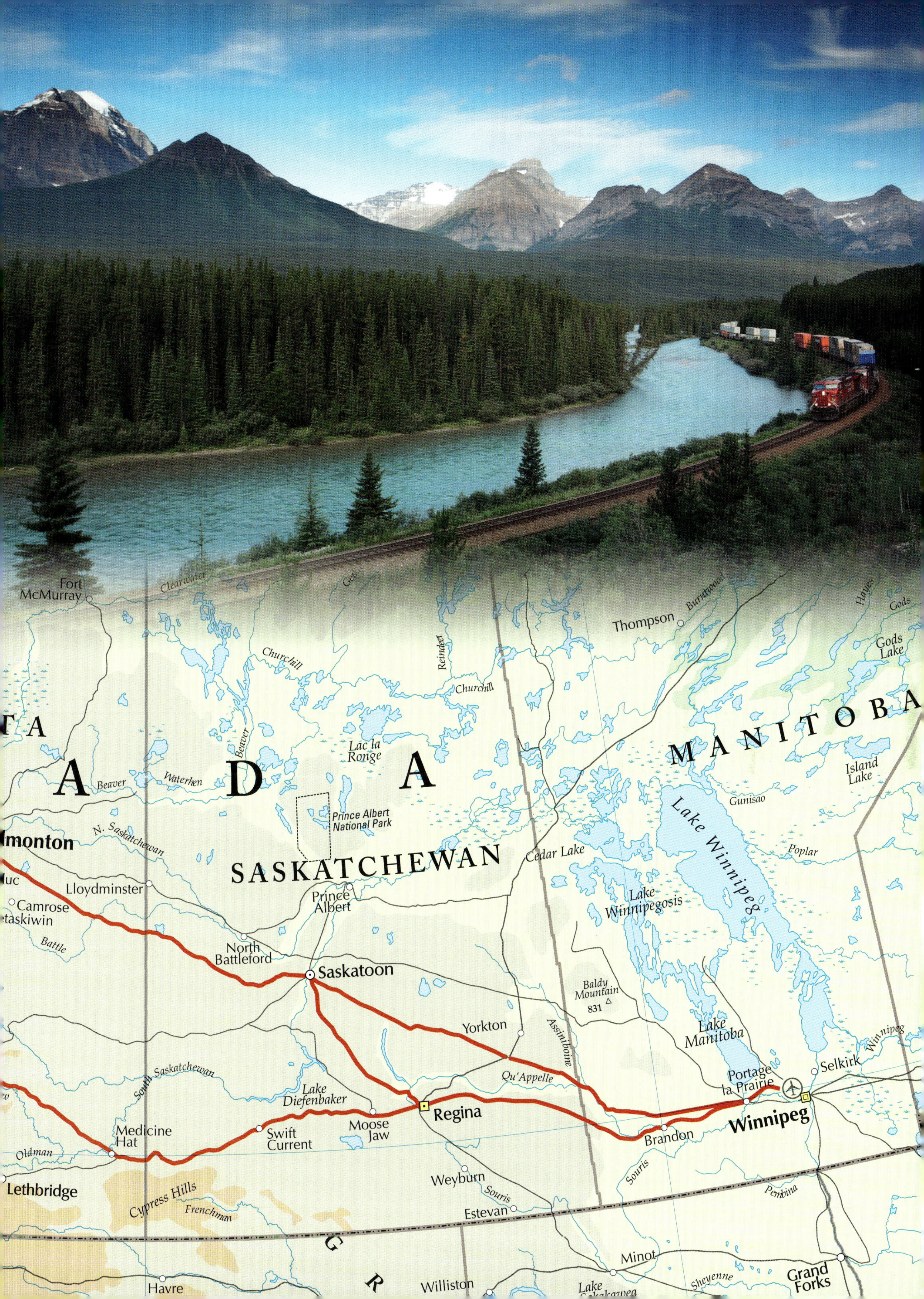

Fort McMurray
Clearwater
Thompson
Burntwood
Hayes
Gods
Gods Lake
Churchill
Reindeer
Churchill
T A
MANITOBA
Lac la Ronge
Beaver
A
D
A
Beaver
Waterhen
Island Lake
Lake Winnipeg
Gunisao
Prince Albert National Park
monton
N. Saskatchewan
SASKATCHEWAN
Cedar Lake
Poplar
uc
Lloydminster
Prince Albert
Camrose
etaskiwin
Lake Winnipegosis
Battle
North Battleford
Saskatoon
Baldy Mountain
831
Yorkton
Assiniboine
Lake Manitoba
South Saskatchewan
Selkirk
Winnipeg
Qu'Appelle
Portage la Prairie
Lake Diefenbaker
Regina
Winnipeg
Medicine Hat
Swift Current
Moose Jaw
Brandon
Oldman
Souris
Lethbridge
Weyburn
Cypress Hills
Souris
Pembina
Frenchman
Estevan
G
Minot
R
Grand Forks
Havre
Williston
Lake Sakakawea
Sheyenne

CANADIAN PACIFIC RAILWAY

Im Jahr 1871 war British Columbia der Kanadischen Konföderation beigetreten. Dazu hatte nicht unwesentlich das Versprechen der Regierung beigetragen, binnen zehn Jahren eine Eisenbahnlinie über die Rocky Mountains zu bauen.

Anfangs gingen die Bauarbeiten recht schleppend voran. Bis 1880 konnten unter staatlicher Kontrolle nur 483 Streckenkilometer eröffnet werden. In jenem Jahr bildete eine Gruppe schottisch-kanadischer Geschäftsleute ein Syndikat zur Fertigstellung der transkontinentalen Eisenbahnlinie. Mit der Hilfe der Regierung, die außer Geld auch Land beisteuerte, entstand daraus 1881 die Gesellschaft Canadian Pacific Railway (CPR). Sie übernahm auch jene Streckenabschnitte, die bereits fertiggestellt waren oder sich im Bau befanden. Dazu gehörten die Route entlang der Flüsse Fraser und Thompson von Port Moody nach Kamloops in British Columbia sowie im Osten ein Abzweig von Thunder Bay am Nordufer des Oberen Sees nach Winnipeg.

Im Osten begannen die Bauarbeiten der Bahn Richtung Westen durch die karge und seenreiche Landschaft des Kanadischen Schildes in Bonfield, Ontario. Um Zugang nach Toronto, Ottawa und Montreal zu erhalten, pachtete der CPR 1884 den Canadian Central Railway und den Ontario & Quebec Railway. Die Route führte von Bonfield nach Winnipeg in Manitoba und dann weiter durch die Prärieprovinzen bis nach Regina in Saskatchewan und Calgary in Alberta. Um von hier weiter nach Westen zu gelangen, mussten die Eisenbahningenieure die Rocky Mountains überwinden. Auf einer steil ansteigenden Route ließen sie die Gleise größtenteils von schlecht bezahlten und überarbeiteten chinesischen Tagelöhnern über den Kicking Horse Pass in 1643 Metern Höhe verlegen. Westlich des Passes, den sie 1884 erreichten, fiel die Bahnlinie mit einem Gefälle von 1:23 ab bis nach Big Hill, bevor sie den Field Hill erklomm und die Selkirk Mountains über den Rogers Pass in 1329 Metern Höhe überquerte.

Unterdessen waren auch die Arbeiten von Kamloops in östlicher Richtung über den Eagle Pass in den Monashee Mountains vorangeschritten. Dieser Abschnitt des CPR war der letzte, der fertig wurde. Am 7. November 1885 wurde in Craigellachie der symbolische »letzte Nagel« gesetzt. Damals befand sich der CPR in einer schwierigen finanziellen Lage und musste zum wiederholten Male von der Regierung gerettet werden.

Im Juli 1886 schließlich fuhr der erste transkontinentale Zug zwischen Montreal und Port Moody; er benötigte für die Reise fünf Tage und 16 Stunden. Nur ein Jahr später war der westliche Endbahnhof nach Gastown verlegt worden, das mittlerweile als Vancouver bekannt geworden war.

Der problematischste Abschnitt der gesamten CPR-Route, vielleicht sogar von ganz Nordamerika, war der Steilanstieg zum Big Hill, den man letztlich mit den 1909 eröffneten Spiral Tunnels umging. Den Anstieg zum Rogers Pass konnte man 1916 durch den acht Kilometer langen Connaught-Tunnel vereinfachen. Er wurde 1988 ergänzt durch den 14 Kilometer langen Mount Macdonald Tunnel, den längsten Eisenbahntunnel des amerikanischen Doppelkontinents.

Der CPR betrieb auch Dampfschiffe auf den Großen Seen und besaß ein großes internationales Transportunternehmen. Er beförderte zahllose europäische Einwanderer, die ein neues Leben in den Prärieprovinzen Kanadas beginnen wollten. Er unterstützte aktiv die Kriegshandlungen der Alliierten in beiden Weltkriegen und überstand die Weltwirtschaftskrise der 1930er Jahre. Obwohl der CPR das Frachtgeschäft nach dem Ende des Zweiten Weltkriegs erfolgreich fortführen konnte, hatte er mehr und mehr mit der Konkurrenz durch die Straße und den Flugverkehr zu kämpfen. In gewissem Sinne machte er sich sogar selbst Konkurrenz, indem er von 1942 bis 1987 eine eigene nationale und internationale Fluggesellschaft betrieb. Doch bereits Ende der 70er Jahre war der stark reduzierte Personenzugverkehr von Via Rail übernommen worden.

1955 setzte der CPR erstmals seinen berühmtesten Personenzug ein: »The Canadian« verkehrte zwischen Toronto und Vancouver und nahm in Sudbury Waggons aus Montreal auf. Mit seinem neuen Rollmaterial aus rostfreiem Stahl – inklusive der Panoramawagen »Vista Dome« –, das von stromlinienförmigen Diesellokomotiven gezogen wurde, ging der Zug 1978 an den neuen Betreiber Via Rail über. Anfang 1990 wurde er umgeleitet und fuhr fortan auf der nördlicheren Route von Canadian National Railways über Edmonton und ersetzte damit dessen Flaggschiff, den »Super Continental«. Das war das Ende des 100-jährigen planmäßigen Personenverkehrs auf der Strecke des CPR über Calgary. Allerdings nutzen die Züge in Richtung Osten zwischen Vancouver und Kamloops nach wie vor die CPR-Route entlang der Flüsse Thompson und Fraser.

Vorige Seite: *Ein CPR-Güterzug folgt im Banff-Nationalpark dem Flusslauf des Bow River.*

Rechts: *Weit unten in der Thompson River Gorge schlängelt sich ein langer, dieselbetriebener Kohlezug der Canadian National unter Steinschutzdächern entlang.*

CANADIAN NATIONAL RAILWAYS

Die zweite transkontinentale Eisenbahnlinie über die kanadischen Rockys war der Grand Trunk Pacific Railway (GTPR). Das Unternehmen war die westliche Abteilung des National Transcontinental Railway. Den 2881 Kilometer langen Ostabschnitt zwischen New Brunswick, Quebec, dem nördlichen Ontario und Winnipeg hatte die Regierung der Kanadischen Föderation gebaut. Der 2800 Kilometer lange westliche Abschnitt von Winnipeg aus sollte nun nicht etwa Vancouver, sondern einen neuen Tiefwasserhafen in Prince Rupert in der Nähe der Grenze zwischen Kanada und Alaska anbinden. 1905 begannen die Bauarbeiten in Winnipeg. 1907 war man bis Saskatoon gekommen und 1909 bis Edmonton. Die kontinentale Wasserscheide am Yellowhead Pass in 1131 Metern Höhe erreichte man 1911. Von dort arbeitete man sich in nordwestlicher Richtung weiter am Fraser River entlang bis nach Prince George und anschließend westwärts durch äußerst schwieriges Terrain, bis man 1914 die Strecke nach Prince Rupert eröffnete.

Für den Bau einer dritten transkontinentalen Bahnlinie über die Rocky Mountains wurde 1899 der Canadian Northern Railway (CNoR) gegründet. Dieses Unternehmen entstand durch die Zusammenlegung eines Eisenbahnnetzes, das Winnipeg mit Ontario und North Dakota in den USA verband. Als direkter Konkurrent zum etablierten CPR expandierte die neue Gesellschaft nicht nur in östlicher Richtung, sondern wollte außerdem Vancouver auf einer nördlicheren Route über Saskatoon in Saskatchewan und Edmonton in Alberta erreichen, die parallel zum GTPR verlief. 1905 wurde die neue Bahnlinie zwischen Winnipeg und Edmonton freigegeben, doch danach stoppten die Bauarbeiten in westlicher Richtung für fünf Jahre, bis die Regierung von British Columbia die finanziellen Mittel bereitstellte. Am Beginn verlief die 1910 begonnene Route durch die

Rockys parallel zum Grand Trunk Pacific Railway über den Yellowhead Pass. Dann wandte sie sich nach Süden am North Thompson River entlang bis nach Kamloops, wo auch der CPR auf seiner Route über den Kicking Horse Pass eintraf. Von dort mussten die Eisenbahningenieure einen Weg entlang der schwer zugänglichen Westufer der Flüsse Thompson und Fraser bis nach Vancouver bahnen, denn der Rivale CPR hatte für seine eigene Strecke das einfachere Ostufer gewählt. Eröffnet wurde die Bahnlinie schließlich 1915. Doch inzwischen war der CNoR mit seinem Liniennetz von Nova Scotia im Osten bis nach Vancouver Island im Westen in solch finanzielle Nöte geraten, dass er 1918 verstaatlicht und in die neu gegründeten Canadian National Railways (CNR) integriert werden musste.

Obwohl der Grand Trunk Pacific Railway seine Strecke nach Prince Rupert 1914 eröffnet hatte, wurde auch diese Gesellschaft von ernsten finanziellen Schwierigkeiten ereilt, sodass sie 1919 an die Canadian Government Railways überging und 1923 Teil der CNR wurde.

Das zwischen Montreal und Vancouver verkehrende transkontinentale Flaggschiff der CNR »Super Continental« wurde 1955 in Betrieb genommen. Obwohl der neue Zug direkt mit dem modernen »Canadian« des CPR konkurrierte, nutzte er normale renovierte Reisewagen anstatt Panoramawagen, wobei diese 1964 nachgerüstet wurden. 1978 übernahm Via Rail den Zug, zog ihn 1981 aus dem Verkehr und setzte ihn 1985 zwischen Winnipeg und Vancouver wieder ein. 1990 wurde er endgültig durch den CPR-Zug »The Canadian« ersetzt, der bis heute auf der CNR-Route zwischen Toronto und Vancouver verkehrt.

Der von Via Rail betriebene Zug »The Canadian« kommt bei seiner Anfahrt auf Jasper in der Provinz Alberta auf der nördlichen CNR-Route in westlicher Richtung an Henry House vorbei.

CN
CN

1995 wurde die Gesellschaft Canadian National Railways privatisiert. Sie verfügt heute über ein Bahnliniennetz von 32 831 Kilometern in Kanada und den USA, während dem Canadian Pacific Railway 22 531 Streckenkilometer in beiden Ländern gehören. Die verbliebenen Personenzüge in Kanada werden größtenteils von Via Rail betrieben – einem 1978 gegründeten, unabhängigen staatlichen Unternehmen, das selbst keine Bahnstrecken besitzt, sondern entweder an den CPR oder die CNR Nutzungsgebühren zahlen muss. In Westkanada betreibt es nur zwei Personenzüge: den von Mai bis Oktober dreimal wöchentlich und von Oktober bis April zweimal wöchentlich verkehrenden »Canadian« zwischen Toronto und Vancouver auf der CNR-Route und den dreimal wöchentlich verkehrenden Touristenzug zwischen Jasper und Prince Rupert mit einem Nachtaufenthalt in Prince George, der zwischen Juni und September verkehrt.

Zusätzlich zu den beiden Verbindungen von Via Rail betreibt der Bahnreiseveranstalter Rocky Mountaineer Touristenzüge auf drei Routen in Westkanada zwischen Mai und September: auf der CPR-Route von Vancouver nach Banff oder Calgary, auf der CNR-Route von Vancouver nach Jasper und auf dem CN-betriebenen Abschnitt von North Vancouver über Whistler und Quesnel nach Prince George und Jasper.

Sowohl die CNR- als auch die CPR-Route über die Rocky Mountains nach Vancouver sind bis heute wichtige Gütertransportwege. Nicht nur transkontinentale Frachten, sondern auch lokal erzeugte Güter wie Kohle und Holz werden hier transportiert. Die Häfen in Vancouver, in Robert Banks und in Prince Rupert sind Containerumschlagplätze für den Import und Export. Und die Bahngesellschaften geben sich die größte Mühe, Schifffahrtslinien davon zu überzeugen, diese Orte als erste Anlaufhäfen in Nordamerika zu nutzen, um Transportzeiten von Asien zu verkürzen. Zudem sind die Entfernungen nach Chicago vergleichbar mit denen von Seattle oder Long Beach. Die Züge nach Osten, die auf dem Weg in den Nordosten der USA von bis zu vier dieselelektrischen Lokomotiven gezogen werden, befördern Autos auf Autotransportwagen und intermodale Container auf Ganzzügen, während andere Handelswaren in gemischten Zügen transportiert werden. Die etwa 2,8 Kilometer langen Ganzzüge in westlicher Richtung, die aus bis zu 150 Waggons bestehen, befördern Kohle, Schwefel, Pottasche und Getreide für den Export. Weizen kommt aus allen Ecken der Prärieprovinzen und wird nach Westen transportiert.

Die Dieselelektroloks Nr. 5710, 5435 und 2555 des Canadian National Railway werden in Kürze Swan Landing erreichen und dort Waggons für den Transfer nach Grand Prairie abkoppeln.

ZUCKERROHR-DAMPF AUF KUBA

C.A.I.
Reynold García
1518

Great Exuma
Long Island
Deadman's Cay
Clarence Town
Mortimer's
Great Bahama Bank
Old Bahama Channel
Archipiélago de Camagüey
Cayo Romano
BAHAMAS
Crooked I. Passage
Crooked Island
Colonel Hill
Albert Town
Snug Corner
Acklins Island
Betsy Bay
Mayaguana
Abraham's Bay
Caicos Passage
Duncan Town
Columbus Bank
Blue Hills
Little Inagua I.
Turks- und Caicos-inseln (U.K.)
Great Inagua
Bahamas National Trust Park
Matthew Town
Clarion Bank
Chambas
Morón
Bolivia
Ciego de Ávila
Primero de Enero
Esmeralda
Jaronú
Gaspar
Sola
Florida
Caonao
Minas
Nuevitas
Lugareño
Camagüey
Puerto Manatí
Cabreras
Puerto Padre
Jesús Menéndez
Vertientes
Sibanicú
Hatuey
Martí
Gibara
Samá
San Pedro
Guáimaro
Las Tunas
Holguín
Rafael Freyre
Banes
Najasa
Jobabo
Antilla
Francisco
Omaja
Guatemala
Moa
Santa Cruz del Sur
Guayabal
Guamo
Salado
Cueto
Nicaro
Mayarí
Sagua de Tánamo
Cauto
Alto Cedro
Parque Nacional Alejandro de Humboldt
589
Baracoa
Golfo de Guacanayabo
Manzanillo
Jiguaní
Jamaica
Toa
Campechuela
Bayamo
Palma Soriano
San Luis
Maisí
Windward Passage
Niquero
Yara
Pico Turquino
La Maya
Guantánamo
Jauco
Sierra Maestra
Caimanera
Boquerón
1994
Parque Nacional Desembarco del Granma
Santiago de Cuba
Siboney
Daiquirí
Guantánamo Bay Naval Base (U.S.A.)
Pilón
Portillo
Port-de-Paix
St-Louis du Nord
Jean-Rabel
Le Môle St-Nicolas
Gros Morne
Baie de Henne
Plaisance
Ennery
Gonaïves
HAITI
St-Marc
Verrettes
Île de la Gonâve
Anse-à-Galets
ANTILLES

Mit 1250 Kilometern Länge ist Kuba die größte Insel der Karibik. Nachdem Christoph Kolumbus sie 1492 erreicht hatte, unterstand die Insel über 400 Jahre spanischer Kontrolle. Während dieser Zeit wurde die Bevölkerung durch eingeschleppte Krankheiten nahezu ausgerottet. Der kurze Spanisch-Amerikanische Krieg von 1898 beendete die spanische Herrschaft und 1902 erlangte Kuba seine Unabhängigkeit. In der Folge geriet das Land unter starken Einfluss der USA, bis die sozialistische Regierung unter Fidel Castro nach der Kubanischen Revolution von 1959 das korrupte Batista-Regime ersetzte. Seit 1965 ist das Land ein sozialistischer Staat, dessen Überleben bis zum Zusammenbruch der Sowjetunion im Jahr 1989 komplett von der Unterstützung aus Moskau abhing. Das US-Embargo gegen Kuba, das 1960 während des Kalten Kriegs verhängt wurde und bis heute gilt, hat das ökonomische Wachstum massiv eingeschränkt, sodass Lebensmittel und Treibstoff bis heute rationiert werden.

Kuba ist nicht nur für seine Tabak- und Zigarrenindustrie berühmt, sondern auch für seine Zuckerproduktion. Bis zur Verhängung des US-Embargos war es der weltgrößte Exporteur von Zucker. Von da an subventionierte die Sowjetunion die kubanische Zuckerindustrie durch die Zahlung überhöhter Preise, bis dieser Markt in den 1990er Jahren wegbrach.

Gegen Ende des 18. Jahrhunderts führten französische Einwanderer den Zuckerrohranbau im östlichen Kuba ein, und schon im 19. Jahrhundert hatte sich die Insel mithilfe afrikanischer Sklaven zum bedeutendsten Zuckerproduzenten der Welt entwickelt. Der fruchtbare Boden, die grünen Hügel und das Klima eigneten sich perfekt für den Anbau von Zuckerrohr. Das ganze 19. Jahrhundert hindurch hielt der Boom an und wurde gestützt durch die Einführung neuer Dampftechnologien für die Zuckerverarbeitung in den Fabriken und durch effizientere Transportmittel in Form von Dampfeisenbahnen.

Diese kamen schon sehr früh nach Kuba – die erste verkehrte bereits 1837 zwischen Havanna und Bejucal. Sie war nicht nur die erste Dampfeisenbahn von ganz Lateinamerika, sondern kam sogar der allerersten Eisenbahnlinie in Spanien zuvor. Im frühen 20. Jahrhundert wurde das größtenteils in der Standardspurweite von 1435 Millimetern angelegte Schienennetz erheblich ausgebaut, besonders im Osten der Insel. Hauptinitiator war der US-amerikanische Eisenbahnmanager William Van Horne, der zuvor mit großem Erfolg die erste transkontinentale Bahnlinie Kanadas – den Canadian Pacific Railway – gebaut hatte (siehe Seiten 260–267). Auch Kubas Zuckerrohrindustrie eröffnete mehrere Hundert Kilometer Schienenwege – vorwiegend im Normalspurmaß, aber auch einige mit Schmalspurgleisen von 762 Millimetern. Darauf wurde das begrenzt haltbare, rohe Zuckerrohr von den Plantagen zu den Zuckerfabriken befördert und der Raffinadezucker für den Export zu den Häfen. Bis zur Revolution 1959, als alle Unternehmen in ausländischem Besitz verstaatlicht wurden, gehörten viele Fabriken US-Amerikanern. Entsprechend stammte auch die Mehrheit der Dampfloks, die auf den dazugehörigen Bahnlinien unterwegs waren, aus US-Unternehmen wie Baldwin, den Vulcan Iron Works und Alco.

Vorige Seite: Die Lok Nr. 1518 1'D auf dem Weg zur Australia Mill kreuzt hier mit Waggons voller Zuckerrohr die »Schnellstraße«.

Kubas Zuckerrohrindustrie sowie das dazugehörige Eisenbahnnetz wurden nach der Revolution verstaatlicht und standen nun unter der Kontrolle des Ministeriums für Zuckerproduktion (MINAZ). In den 1970er Jahren war auf den meisten Bahnlinien der Welt – abgesehen von ein paar Ausnahmen wie etwa in China – der Dampfbetrieb durch Diesel- und Elektroloks ersetzt worden. Doch im wirtschaftlich isolierten Kuba war man nicht in der Lage, neue Ausrüstung und Treibstoff zu beschaffen. Daher blieben die Zuckerrohrbahnen in einer Art Zeitschleife stecken und arbeiteten bis zum Ende des 20. Jahrhunderts weiter mit Dampflokomotiven. Jedes Jahr zur Zuckerrohrernte (*Zafra*) zwischen Anfang Januar und Ende Mai erwachten sie zum Leben. In den ersten Jahren des 21. Jahrhunderts sanken die Nachfrage nach Zucker und damit die Preise überall auf der Welt, weshalb viele Zuckerfabriken der Insel schließen mussten. Auch die Dampfeisenbahnen wurden stillgelegt, bis sie 2005 nahezu verschwunden waren. Nur wenige dampfbetriebene Touristenzüge drehen heute noch ihre Runden wie etwa in der Australia Mill in der Provinz Matanzas östlich von Havanna.

Die prächtige Baldwin Nr. 1388 1'D von 1907 (Werksnr. 31375) aus der Zuckermühle Rafael Freyre ist in der Provinz Holguín mit einem langen, schwer mit Zuckerrohr beladenen Zug auf dem Weg zur Fabrik.

SÜD-AMERIKA

LA TROCHITA

PATAGONIEN/ARGENTINIEN

SPURWEITE: 750 MILLIMETER • **LÄNGE:** 402 KILOMETER •
ROUTE: VON ESQUEL (PROVINZ CHUBUT) NACH INGENIERO JACOBACCI (PROVINZ RIO NEGRO)

Erst 1945 wurde diese Schmalspurbahnlinie durch Argentiniens »Wilden Westen« im Regenschatten der Anden fertiggestellt. In den 1990er Jahren drohte bereits die Stilllegung. Doch auf dem südlichen Abschnitt verkehren bis heute Touristenbahnen, die von Dampflokomotiven angeführt werden.

CHILE
ANDES
ARGENTINIEN
PATAGONIA
Colico
La Laja
Curanilahue
Nacimiento
Bahía del Carnero
Los Ángeles
Antuco
Volcán Antuco
2990
Laguna de Laja
Parque Nacional Laguna de Laja
Andacollo
Chos Malal
4115
Volcán Tromen
Co Carrero
1910
Rincón de los Sauces
Salina Grande
Puelén
Limay Mahuida
Salado
Lebu
Los Alamos
Coihüe
Sta Bárbara
Cañete
Angol
Mulchén
Queuco
Volcán Copahue
2969
El Huecu
Sa de Auca Mahuida
2200
Colorado
Salitral de la Perra
25 de Mayo
Parque Nacional Nahuelbuta
Collipulli
Los Sauces
Biobío
Baños de Copahue
Neuquén
Contulmo
Purén
Ercilla
Loncopue
Chihuido Medio
1450
Auca Mahuida
Catriel
Capitán Pastene
Victoria
Termas de Tolhuaca
Parque Nacional Tolhuaca
Mocha
Traiguén
Púa
Rahue
2194
Parque Nacional Lihuel Calel
Galvarino
Volcán Lonquimay
Embalse Casa de Piedra
Casa de Piedra
Lautaro
2890
Curacautín
Lonquimay
Agrio
Añelo
Embalse Cerros Colorados
Puelches
Carahue
Vol. Llaima
Paso de Hachado
Las Lajas
Gran Bajo Salitroso
Puesto Sánchez
L. La Amarga
Pto Saavedra
Nueva Imperial
Temuco
3124
Parque Nacional Conguillío
1864
Chañar
Curacó
Freire
Paso del Arco 1401
Barda del Medio
L. Pellegrini
Cinco Saltos
Gobernador Duval
Toltén
Cunco
Zapala
Cutral-Co
Plaza Huincul
Neuquén
Cipolletti
Gorbea
Pitrufquén
Aluminé
Parque Nacional Laguna Blanca
Challacó
General Roca
Chelforó
Toltén
Villarrica
Pucón
Aluminé
Picún Leufú
Villa El Chocón
Limay
Negro
Villa Regina
Chimpay
Queule
Loncoche
Volcán Villarrica
Parque Nacional Villarrica
San José de la Mariquina
Lanco
2840
Volcán Lanín
1207
Paso Mamuil Malal
Las Colorados
Picún Leufú
Choele Choel
Panguipulli
3740
Parque Nacional Lanín
Embalse Ezequiel Ramos Mexía
Lamarque
Valdivia
Antilhue
Los Lagos
Riñihue
L. Panguipulli
Catán Lil
Isla Colonia Choele Choel
Corral
Volcán Choshuenco
Huechulafquén
Junín de los Andes
Colonia Josefa
2415
El Cuy
Paillaco
Lago Ranco
Baños de Chihuio
San Martín de los Andes
Sa Blanca de la Totora
La Unión
Sañicó
Piedra de Águila
Córdoba
San Juan de la Costa
Río Bueno
Cerro Azul
2480
Santa Rosa
San Pablo
Mencué
Volcán Puyehue
Caleufú
Osorno
2240
Limay
Ministro Ramos Mexía
Falkner
Nahuel Niyeu
Salina Gualicho
Entre Lagos
L. de Puyehue
Paso del Limay
Altiplanicie de Hakelhuincul
Ramue
L. Rupanco
Parque Nacional Puyehue
Sierra Colorada
a de San Pedro
Río Negro
Purranque
Pto Octay
Nahuel Huapí
Valcheta
Lago Llanquihue
Vol. Osorno
Monte Tronador
Comallo
Los Menucos
Gonumillo
Aguado Cecilio
Frutillar
Pilcaniyeu
Comallo
L. Carri Laufquén
Aguada de Guerra
Fresia
Petrohue
3460
Parque Nacional Nahuel Huapí
San Carlos de Bariloche
Pto Varas
Lico
Maullín
Vol. Calbuco
Anecón Grande
Maquinchao
Trayén Niyeu
Lepihue
Puerto Montt
Cochamó
2010
Maquinchao
Ingeniero Jacobacci
Golfo de los Coronados
Maullín
Parque Nacional Alerce Andino
Serrucho
Queupán
Calbuco
Seno Reloncaví
Vol. Hornopirén
2110
El Cain
Mesa Volcánica de Somuncurá
Chacao
Parque Nacional Hornopirén
Ventisquero
2300
El Bolsón
Ñorquinco
Ancud
1670
Golfo de Ancud
El Maitén
Lifi Mahuida
1718
Salado
Sierra Grande
Quemchi
Yaneque
Isla
Parque Pumalín
Co Agua
Cona Niyeo
Dalcahue
Epuyén
Sa Pire Mahuida
Nacional Chiloé
Achao
Parque Pumalín
Tres Picos
Foto Cahuel
Verde
de
Castro
I. Quinchao
2600
Cholila
Gastre
Anchán
Chonchi
Chato
Leleque
Sa Huancache
Cucao
2440
Gualjaina
Gangán
Telsen
Minchinmávida
2470
Queilén
Esquel
Paso del Sapo
Sa de Chipchihua
Sierra Rosada
Chiloé
Chaitén
Yelcho
Parque Nacional Los Alerces
Chasico
Corcovado
Volcán Corcovado
Pampa de Gangán
Quellón
Futaleufú
Trevelín
Chubut
2300
Tecka
Golfo de Corcovado
Cerro Cónico
Languiñeo
Co Yantales
2260
Perdido
Trelew
Golfo de Guafo
2050
Puerto Ramírez
Tecka
Dolavón
Gaiman
I. Queitao
Corcovado
Sa de Olte
los Chonos
Palena
Puyel
Paso de Indios
Chubut
Florentino Ameghino
Pto Melinka
Palena
Vester
Las Plumas
Las Chapas
Islas Guaitecas
Palena
Cerro Desnudo
Cabeza del Buey
I. Leucaye
Mte Melimoyu
2400
2250
Figueroa
José de San Martín
Sierra Cañadón Grande
Dos Pozos
Isla Chaffers
Canal Moraleda
Alto Nevado
Co Steffen
Sta Magdalena de Galli
2035
2108
Nueva Lubecka
Gran Laguna Salada
Meseta de Montemayor
Isla Magdalena
Mt Mentolat
Parque Nacional Queulat
Cumbre Negro
Sierra Cuadrada
Cabo Raso
I. Benjamín
1660
Tapera
Genoa
Chico
Parque Nacional Isla Magdalena
1730
Las Golondrinas
Bahía Camarones
I. James
Puerto Cisnes
Camarones
Parque Nacional de Lastarria
Senguerr
Malaspina
I. Melchor
Mt Macá
Alto Río Senguerr
Buen Pasto
Pampa Pelada
2960
Mañiuales
Nireguao
Facundo
Bahía Bustamante
I. Victoria
Coihaique Alto
L. Musters
L. Colhué Huapí
I. Leones
Puerto Chacabuco
Pto Aisén
Villa Ortega
Puerto Visser
Parque Nacional Quitralco
1830
Coihaique
Pico de Salamanca
Blanco
Mayo
Sarmiento
Valle Hermosa
Huemules
Balmaceda
Paso Río Mayo
Senguerr
Pampa del Castillo
Astra
Golfo de San Jorge
Parque Nacional Los Huemules
Co Hudson
Co Pato
2820
Guenguel
Comodoro Rivadavia
Península de Taitao
2600
Ibáñez
Puerto Ingeniero Ibáñez
Holdich
L. Buenos Aires
Altuna
Caleta Olivia
Cerro San Valentín
L. Gen. Carrera
El Pluma
4058
Chile Chico
Los Antiguos
Perito Moreno
Colonia Las Heras
Cañadón Seco
Parque Nacional Laguna San Rafael
Deseado
Koluel Kayké

Die Region Patagonien am südlichen Ende von Südamerika erstreckt sich über Argentinien und Chile und wird im Westen durch die Anden in zwei Teile geteilt. Das argentinische Ostpatagonien besteht überwiegend aus windigen, steppenartigen Ebenen (*pampas*) mit wenig Vegetation, vielen Seen und Flüssen wie dem Río Negro, der von West nach Ost aus den Anden hinunter zum Atlantik fließt. Je näher man den Ausläufern der Anden kommt, desto üppiger wird die Vegetation, und auch die Seen werden immer größer.

Zu Beginn des 20. Jahrhunderts plante die argentinische Regierung den Bau eines Eisenbahnnetzes durch Patagonien. Es sollte die Öl- und Bergbauindustrie sowie die Energie- und Landwirtschaftsbetriebe mit den Atlantikhäfen San Antonio Oeste und Puerto Deseado verbinden. Da jedoch die Wirtschaft sehr unter den Auswirkungen des Ersten Weltkriegs litt, kamen viele Linien nie zustande. Und die Strecken, die tatsächlich gebaut wurden, hatten weder Anschluss untereinander noch zum Haupteisenbahnnetz im Norden, das ihnen Zugang zur Hauptstadt Buenos Aires gewährt hätte.

Obwohl die Wirtschaft kränkelte, wurde 1916 die Breitspurhauptlinie von San Antonio Oeste an der Atlantikküste nach Ingeniero Jacobacci fertiggestellt – einem abgelegenen Außenposten, der seinen Namen dem Eisenbahndirektor Guido Jacobacci verdankte. Danach sollte es weitere 18 Jahre dauern, bis die Trasse in westlicher Richtung bis nach San Carlos de Bariloche in den Ausläufern der Anden erweitert wurde. Mit der Ankunft der Eisenbahn im Jahr 1934 entwickelte sich dieser Ort am Südufer des Nahuel-Huapi-Sees zu einem führenden Touristenzentrum mit breitem Angebot für Wintersportler, Wanderer und Bergsteiger. 130 000 Menschen leben heute in Bariloche, das dreimal wöchentlich von einem Zug aus San Antonio Oeste angefahren wird, der aus der Stadt Viedma kommt.

In Ingeniero Jacobacci begannen 1922 die Bauarbeiten an einer 402 Kilometer langen Schmalspurbahnlinie in südwestlicher Richtung nach Esquel in den Vorläufern der Anden. Laut Plan sollte sie sich mit einer Meterspurtrasse verbinden, die gerade vom Atlantikhafen Rawson durch das Chubut-Tal gebaut wurde. Dadurch sollte ein Netz von Kleinbahnen durch Patagonien entstehen. Allerdings verwendete man für die Linie von Ingeniero Jacobacci nach Esquel 750-Millimeter-Gleise, die im Ersten Weltkrieg für Militärbahnen an der französischen und belgischen Westfront verwendet worden waren. Bei einem Aufeinandertreffen der beiden Strecken hätten also Dreischienengleise verlegt werden müssen. Letzten Endes wurden die beiden Schienenwege nie miteinander verbunden und die Chubut-Tal-Linie schloss 1961. Das rollende Material bestellte man in Belgien, außerdem 50 ölbefeuerte Dampflokomotiven vom Typ »Mikado« 1'D1' aus den deutschen Henschel-Werken und später noch 25 Exemplare aus den Baldwin Locomotive Works in den USA.

Die Arbeiten an der Strecke in dem unwirtlichen Gelände zogen sich endlos hin. Zudem wurde in den frühen 1930er Jahren ein Großteil der Gleise durch Überschwemmungen zerstört. Serpentinenartig kletterte die Route nach oben und musste zwei Scheitelpunkte auf über 1200 Metern Höhe überwinden. Erst 1941 konnte die Strecke bis nach El Maitén eröffnet werden, das 240 Kilometer von Ingeniero Jacobacci entfernt liegt. 1945 traf die Linie dann endlich in Esquel ein, aber vorerst konnten dort nur Güterzüge verkehren, die riesige Mengen Wolle nach Norden transportierten für den Weitertransport zur Küste. Personenzüge durften erst 1950 auf die Strecke, und der Komfort war – gelinde gesagt – mäßig. Um die Personenwagen auf der 20-stündigen Fahrt durch Argentiniens Wilden Westen warm zu halten, hatte man sie mit Holzöfen ausgestattet. Im rauen patagonischen Winter konnte die Reise aufgrund von Schneeverwehungen durchaus mehrere Tage dauern. Die Bahn mit dem Spitznamen »La Trochita« (»Spürchen«) war eine bedeutende Güterverkehrsader und trug entscheidend zur Entwicklung der Region in den 1960er und frühen 1970er Jahren bei. Doch dann führte die zunehmende Konkurrenz durch den Straßentransport zum allmählichen Niedergang des Schienenverkehrs. Gegen Ende der 1970er Jahre erhielt er durch den zunehmenden Backpacker-Tourismus in Patagonien noch einmal unerwarteten Auftrieb. Denn das Buch *Der alte Patagonien-Express* von Paul Theroux hatte 1979 dafür gesorgt, dass die ganze Welt von »La Trochita« erfuhr.

Im Vorfeld der Zersplitterung und Privatisierung der argentinischen Staatsbahn Ferrocarriles Argentinos im Jahr 1993 galt die heruntergekommene, veraltete und abgelegene »La Trochita«, die zudem Verluste einfuhr, als nicht bewahrenswert. Und so kündigte man ihre Stilllegung an. Doch der nationale und internationale Aufschrei war so laut, dass die Provinzregierungen von Río Negro und Chubut die Bahnlinie 1994 retteten. Bereits 1995 schloss jedoch die Regierung von Río Negro den Abschnitt von Ingeniero Jacobacci nach Esquel, und obwohl er 2003 teilweise wiedereröffnet wurde, bleibt er nach wie vor außer Betrieb. 1997 wurde »La Trochita« von der argentinischen Regierung unter Denkmalschutz gestellt.

Vorige Seite: *»La Trochita« ist die südlichste Eisenbahnlinie der Welt mit dampfbetriebenen Personenzügen. Hier zieht die Henschel-Lok Nr. 135 1'D1' von 1922 einen gemischten Zug auf der Strecke zwischen Esquel und Nahuel Pan.*

Den südlichen Endpunkt der Bahnlinie bildet die Stadt Esquel (32 000 Einwohner), die 1865 von walisischen Einwanderern gegründet wurde. Sie liegt in der Nähe des Nationalparks Los Alerces und des Skigebiets La Hoya. Der kleinere Ort El Maitén (3700 Einwohner) am derzeitigen nördlichen Ende der Strecke verdankt seine Existenz der Ankunft der Eisenbahn während des Zweiten Weltkriegs.

Sechs Dampflokomotiven verkehren gegenwärtig auf der Strecke – drei deutsche Henschels und drei US-amerikanische Baldwins. Sie alle sind seit der Eröffnung auf der Linie unterwegs und werden mit Öl befeuert. Gewartet werden sie am Hauptsitz der Bahn in El Maitén, wo sich auch ein kleines Eisenbahnmuseum befindet. 16 weitere Loks dienen als Ersatzteillager für die besagten sechs. Die original belgischen Reisewagen von 1922 mit Holzöfen werden durch modernere Waggons aus den 1950er Jahren ergänzt.

Bis vor Kurzem verkehrte in der Hochsaison noch ein wöchentlicher Personenzug zwischen El Maitén und Esquel, der neun Stunden für eine Tour brauchte. Aber nun gibt es ihn nicht mehr. Im Moment fahren zwei Touristenzüge auf dem äußerst malerischen südlichen Abschnitt – einer von El Maitén in südlicher Richtung nach Desvio Thomae und einer in nördlicher Richtung von Esquel nach Nahuel Pan. Von Bahnfans gecharterte Sonderzüge wagen sich gelegentlich sogar weiter vor, und die Regierung von Río Negro betrieb (früher) auch einen unregelmäßigen Zugverkehr von Ingeniero Jacobacci nach Ojos de Agua.

Der wirtschaftliche Aufwand, den Betrieb dieser faszinierenden Bahnlinie aufrechtzuerhalten, ist gewaltig. Daher kann ihr Fortbestand angesichts der argentinischen Konjunktursorgen keinesfalls als selbstverständlich angesehen werden.

Folgende Seiten: *Die ölbefeuerte Lok Nr. 16 1'D1' von 1922 aus den Baldwin Locomotive Works befindet sich zwischen La Cancha und Nahuel Pan auf ihrer Tour von El Maitén nach Esquel.*

Mit seinem Buch Der alte Patagonien-Express *machte Paul Theroux die Dampfzüge der »La Trochita« berühmt, die im Schatten der Anden ums Überleben kämpfen. Hier zieht eine Baldwin-Lok 1'D1' einen kurzen Personenzug zwischen Norquinco und El Maitén.*

GUAYAQUIL & QUITO RAILWAY

ECUADOR

SPURWEITE: 1067 MILLIMETER • **LÄNGE:** 446 KILOMETER • **ROUTE:** VON GUAYAQUIL NACH QUITO

Der Guayaquil & Quito Railway, der sich hoch in die ecuadorianischen Anden windet, war ein durch und durch US-amerikanisches Projekt hinsichtlich technischem Know-how, finanziellen Mitteln und Ausrüstung. Im 20. Jahrhundert wurde er durch Überschwemmungen und Erdrutsche fast vollkommen zerstört. Seit seiner Wiedereröffnung 2013 zählt er wieder zu den spektakulärsten Bahnstrecken der Welt.

PAZIFIK
Isla de Malpelo
(Colombia)
K O L U M B I E N
E C U A D O R
P E R U
CORDILLERA OCCIDENTAL
CORDILLERA CENTRAL
CORDILLERA ORIENTAL
A N D E S
Punta Chirambirá
Bahía Magdalena
Buenaventura
Bahía de Buenaventura
Dagua
Isla Cajambre
Parque Nacional Farallones de Cali
Isla Ají
Naya
Isla San José
Parque Nacional Isla Gorgona
Isla Gorgona
Punta Coco
Parque Nacional Munchique
Parque Nacional Sanquianga
Timbiquí
Guapí
Mosquera
Rado de Tumaco
Tumaco
Patía
Barbacoas
Punta Manglares
Mira
Bahía de Anoón de Sardinas
Valdez
San Lorenzo
Zarzal
4250
Caicedonia
Sevilla
Bugalagrande
Tuluá
Parque Nacional las Hermosas
Buga
Cerrito
Yumbo
Palmira
Cali
Pradera
Parque Nacional Nevado del Huila
Puerto Tejado
Santander
Nev. de Huila
5750
Ibagué
Agua de Dio
Natagaima
Colombia
Aipe
Baraya
Neiva
Co Leiva
3520
Saldaña
Páez
Silvia
3012
Co Munchique
Popayán
4686
La Plata
Gigante
Parque Nacional Cordillera de los Picachos
Volcán de Puracé
Volcán Sotará
4580
Parque Nacional Puracé
Magdalena
San Timana
Agustín
Pitalito
4300
Pico de Cutanga
Cueva de los Guácharos
Picos de la Fragua
Florencia
Guayas
Caguán
L. de Chaira
La Unión
La Cruz
Buesaco
Samaniego
Sandoná
Volcán Galeras
4276
Pasto
Mocoa
Lago de la Cocha
Túquerres
Nevado de Cumbal
4764
Tulcán
Ipiales
Orteguaza
Caquetá
Putumayo
Guamués
Tres Esquinas
Esmeraldas
Punta Galera
Cabo de San Francisco
Muisne
San Gabriel
Ibarra
Puerto Asís
San Miguel
Lago de Sade
Co Cotacachi
4939
Atuntaqui
Cotacachi
Otavalo
Volcán Cayambe
5790
Nueva Loja
Parque Nacional la Paya
Quinindé
(Rosa Zárate)
Guaillabamba
Montes de Convento
Pedernales
Cayambe
Reserva Ecológica Cayambe-Coca
Aguarico
Coca
Putumayo
Volcán Guagua Pichincha
4794
Punta Ballena
Santo Domingo de los Colorados
QUITO
Sangolquí
Parque Nacional Sumaco
Volcán Sumaco
3900
Coca
(Puerto Francisco de Orellana)
Tiputini
Aguarico
Cabo Pasado
El Carmen
Co Antisana
5704
Machachi
Volcán Cotopaxi
Co Iliniza
5263
5896
Parque Nacional Cotopaxi
Napo
Yasuní
Parque Nacional Yasuní
Bahía de Caráquez
Chone
Presa Daule-Peripa
Vinces
Bahía de Manta
Cabo San Lorenzo
Quevedo
Pujilí
Latacunga
Tena
Manta
Rocafuerte
Montecristi
Portoviejo
Daule
Ambato
Píllaro
Parque Nacional Llanganates
Napo
Isla la Plata
Santa Ana
Chimborazo
6310
Baños de Agua Santa
5016
Vol. Tungurahua
Villano
Curaray
Jipijapa
Balzar
Parque Nacional Machalilla
Paján
Guaranda
Guano
Riobamba
Parque Nacional Sangay
Volcán Sangay
5230
Bobonaza
Pindoyacu
Curaray
I. Salanga
Santa Lucía
Cordillera de Colonche
Babahoyo
Conambo
Daule
Babahoyo
San Jacinto de Yaguachi
Alausí
Macuma
Pastaza
Bahía de Sta Elena
Punta Santa Elena
Guayaquil
Eloy Alfaro
Milagro
Macas
Pucacuro
Salinas
La Libertad
Santa Elena
Naranjal
Cañar
Pto Tunigrama
Tigre
Playas
Posorja
Naranjal
Azogues
Morona
Cordillera Cutucú Oeste
Andoas
Golfo de Guayaquil
Canal de Morro
Isla Puná
Cuenca
Co Soldados
4138
Gualaceo
Nanay
Canal de Jambelí
Machala
Pasaje
Isla Santa Clara
Zamora
Corrientes
Intutu
Zarumilla
Santa Rosa
Tumbes
Cordillera de Chilla
Santiago
Morona
Cordillera del Cóndor
Zorritos
Piñas
Zaruma
Cenepa
Pastaza
Loja
Zamora
Parque Nacional Cerros de Amotape
Catacocha
Puerto Máncora
L. Rimachi
Catamayo
Cariamanga
Parque Nacional Rodocarpus
Pongo de Manseriche
Borja
Cerro Campanquiz
Concordia
El Alto
Macará
Marañón
Lobitos
Cerros de Amotape
Las Lomas
Macará
Puerto America
Barranca
Reserva Nacional Pacaya Samiria
Talara
Embalse Poechos
Suyo
Ayabaca
Nieva
Negritos
Punta Pariñas
Querecotillo
Tambo Grande
Quiroz
Chinchipe
Marañón
Samiria

Das südamerikanische Land Ecuador, einst Heimat der Inkas, litt 300 Jahre unter spanischer Herrschaft, bis es 1830 eine unabhängige Republik wurde. Im Westen grenzt es an den Pazifik, im Norden an Kolumbien und im Osten und Süden an Peru. An die tiefliegenden Ebenen im Westen schließt sich die Gebirgskette der Anden an, die von Nord nach Süd mitten durch das Land verläuft. Hier befinden sich auch einige der höchsten Vulkane der Erde wie der Cotopaxi (5897 Meter) und der Chimborazo (6268 Meter). Ecuadors Hauptstadt Quito (mit 2850 Metern über dem Meeresspiegel die höchstgelegene der Welt) und die drittgrößte Stadt Cuenca gehören zum Unesco-Welterbe. Die Hafenstadt Guayaquil an der Westküste, die größte Stadt des Landes, ist Ausgangspunkt für Reisen auf die Galapagosinseln.

Ecuadors erste Eisenbahnlinie wurde 1873 zwischen Durán und Milagro eröffnet – Durán, das heute Eloy Alfaro heißt, war damals von Guayaquil aus per Fähre über den Fluss Guayas zu erreichen. Die Stadt Milagro in der Küstenebene ist ein bedeutendes Landwirtschaftszentrum, das durch Zuckerrohr- und Ananasanbau groß geworden ist. 1888 erreichte die 1067-Millimeter-spurige Bahnlinie den Ort Bucay am Fuß der Anden. Der Bau der Trasse durch die Anden bis zur Hauptstadt Quito – eine enorme ingenieurtechnische Herausforderung – begann 1879 mit der Hilfe von US-amerikanischen Ingenieuren und Investoren, insbesondere den Gebrüdern Harman. Die Hauptarbeit aber verrichteten 4000 jamaikanische Arbeiter. Beim Anstieg durch die Berge passierte die Linie das Städtchen Sibambe, wo 1902 am Felsvorsprung Nariz del Diablo (»Teufelsnase«) eine Reihe von Zickzackkehren angelegt wurden. Hier konnten die Züge mit einer Steigung von 1:18 Höhe gewinnen. Nachdem die Bahnlinie die alte Stadt Alausí erreicht hatte, wandte sie sich nach Norden und stieg noch höher bis nach Riobamba in 2754 Metern Höhe.

Von Riobamba setzte die Bahn ihren Anstieg fort bis zu ihrem höchsten Punkt in Urbina in 3609 Metern Höhe. Von dort fuhr sie wieder bergab durch die »Straße der Vulkane« und zur Hauptstadt Quito. 1908 weihte man die Linie schließlich ein. Sie verkürzte die Reise zur Küste von einer guten Woche auf zwei Tage.

Später wurden in Ecuador noch zwei weitere Eisenbahnlinien eingeweiht: Ein 145 Kilometer langer Abzweig von Chunchi südlich von Alausí nach Cuenca entstand zwischen 1915 und 1965, und eine 370 Kilometer lange Strecke zwischen Quito und der Hafenstadt San Lorenzo am Pazifik wurde 1957 in Betrieb genommen. Alle drei Strecken wurden später unter dem gemeinsamen Namen Ferrocarriles del Ecuador Empresa Pública (FEEP) verstaatlicht.

Nicht nur die Ingenieure und Investoren des Guayaquil & Quito Railway stammten aus den USA, sondern auch die leistungsstarken Dampflokomotiven der Typen 1'C und 1'D. Sie wurden in den Baldwin Locomotive Works in Pennsylvania gebaut – die letzte verließ das Werk in den frühen 1950er Jahren. 1957 führte man Alstom-Diesselloks aus Frankreich ein, von denen die letzte 1992 in Ecuador eintraf. Für Personenzüge

***Vorige Seite:** Auf einer der eindrucksvollsten Eisenbahnstrecken der Welt zwischen Guayaquil und Quito fährt die Lok Nr. 17 1'D von Baldwin aus dem Jahr 1935 mit zwei Reisewagen auf einer einsamen Serpentinentrasse entlang.*

auf kürzeren Distanzen oder Touristenzüge setzte man hingegen umgebaute Busse als Triebwagen mit Eigenantrieb, sogenannte *autoferros,* ein.

Anfangs war der Guayaquil & Quito Railway äußerst erfolgreich, und noch in den 1980er Jahren verkehrten dampfbetriebene Touristenbahnen auf einigen Abschnitten der Route. Fast der gesamte Güter- und planmäßige Personenverkehr war zu dieser Zeit jedoch bereits auf die Straße verlagert worden. Hinzu kamen die von El Niño verursachten katastrophalen Überschwemmungen und Erdrutsche, die in den frühen 1980er und späten 1990er Jahren die Linie fast völlig zerstörten. An ihrem 100. Jahrestag im Jahr 2008 funktionierten nur noch vereinzelte kurze Touristenstrecken.

Der Verkehr steht still, wenn sich die G&Q-Lok Nr. 7 1'C von Baldwin mit einem gemischten Zug vorsichtig durch die Straßen von Milagro schiebt.

Doch seither hat sich die Situation der FEEP enorm verbessert. Ehemals stillgelegte Teilstücke wurden nach und nach saniert und wiedereröffnet und Bahnhöfe erstrahlen wieder in ihrem früheren Glanz. 2008 hatte Ecuadors Präsident Correa dem ehrgeizigen 245-Millionen-Dollar-Projekt zur Wiederherstellung der Bahnlinie grünes Licht gegeben. Und am 4. Juni 2013 konnte die Wiedereröffnung gefeiert werden. Heute verkehrt der Touristenzug »Tren Crucero« auf der gesamten Strecke der Bahnlinie mit sechs restaurierten Original-Dampfloks von Baldwin und moderneren Alstom-Dieselloks auf bestimmten Strecken. Jeder Zug besteht aus vier klimatisierten roten Reisewagen aus Spanien für 54 Fahrgäste.

Für die gesamte Strecke muss man heute vier Tage einplanen. Dazu gehören Übernachtungen in traditionellen Haciendas und Busausflüge zu sehenswerten Orten – darunter der Cotopaxi-Nationalpark und lokale Märkte. Auch Zwei- und Dreitagestouren werden angeboten. Auf seiner Fahrt durchquert der »Tren Crucero« sieben verschiedene Klimazonen. Er fährt jedes Jahr an ausgewählten Tagen im Januar und Februar, von Juni bis August und im Dezember. Auch kürzere Touristenbahnen mit restaurierten *autoferros* oder von Lokomotiven gezogene Holzreisewagen mit Obergaden verkehren auf der Route. Ähnliche Züge fahren auch zwischen El Tambo und Coyoctor auf dem südlichen Abzweig nach Cuenca sowie zwischen Ibarra und Salinas auf der nördlichen Linie nach San Lorenzo.

***Rechts:** Die G&Q-Lokomotive Nr. 17 1'D nimmt behutsam die Spitzkehre an der berühmten Teufelsnase und gewinnt so an Höhe.*

Lamaland – die G&Q-Baldwin-Lok Nr. 17 1'D hält mit einem kurzen Personenzug in Urbina (in 3618 Metern Höhe).

***Folgende Seiten:** Ein dieselbetriebener Zug des Guayaquil & Quito Railway durchfährt eine Spitzkehre an der Teufelsnase. Die spektakuläre Eisenbahnlinie wurde nach schweren Überschwemmungen und Erdrutschen 2013 wiedereröffnet.*

FERROCARRIL CENTRAL ANDINO

PERU

SPURWEITE: 1435 MILLIMETER • **LÄNGE:** 534 KILOMETER • **ROUTE:** VON CALLAO UND LIMA NACH HUANCAYO/CERRO DE PASCO

Die Peruanische Zentralbahn war das Werk des US-amerikanischen Unternehmers Henry Meiggs und des polnischen Ingenieurs Ernest Malinowski. Sie vollbrachten eine technische Meisterleistung, indem sie die Anden mithilfe zahlloser Tunnel, Spitzkehren und Viadukte überwanden. Bis zur Eröffnung der Qinghai-Tibet-Bahn in China 2006 war die Bahnlinie die höchstgelegene der Welt.

PERU
BRASILIEN
PAZIFIK
CORDILLERA CENTRAL
CORDILLERA OCCIDENTAL
CORDILLERA ORIENTAL
ANDEN
Cordillera Ultraoriental (Sierra de Divisor)
Cordillera Vilcabamba
Cord. Azul
Pampa del Sacramento
Cord. Blanca
Cord. Negra
Cord. Huayhuash
Cord. de Turpicotay
Cordillera de Huanzo
Cord. de Chila
Macizo de Tocate
Cerros de la Sal
Gran Pajonal
Cajamarca
Chilete
Contumazá
Cajabamba
San Marcos
Bolívar
Huamachuco
Otuzco
Huailillas
Quiruvilca
Trujillo
Santiago de Chuco
Buldibuyo
Tayabamba
Cabana
Virú
Chao
Corongo
Sihuas
Champara
Santa
Huaylas
Chimbote
I. Santa
Nepeña
Caraz
Nev. de Huascarán
Huari
Chavín
Llata
Huaráz
Casma
Aija
Culebras
Huarmey
Cajacay
Yerupaja
Ocros
Cajatambo
Churín
Paramonga
Barranca
Puerto Supe
Supe
Sacred City of Caral-Supe
Végueta
Sayán
Huacho
Huaura
Islas de Huaura
Huaral
Ancón
Callao
LIMA
I. San Lorenzo
Lurín
Chilca
Mala
Omas
Yauyos
I. de Asia
Cerro Azul
Imperial
San Vicente de Cañete
Cañete
Chincha Alta
Tambo de Mora
Islas de Chincha
Pisco
I. San Gallan
Humay
Bahía de Independencia
I. de las Viajas
Ica
Santiago
Cordova
Caballas
Criterión
Marcona
Bahía San Nicolás
San Juan
Acarí
Lomas
Yauca
Chala
Atico
Ocoña
Caravelí
Chuquibamba
Aplao
Sta Isabel de Sihuas
Vitor
Juanjuí
Bellavista
Pachiza
Huallaga
Parque Nacional Río Abiseo
Parque Nacional Cordillera Azul
Tocache Nuevo
Uchiza
Marañón
Huacrachuco
Huacaibamba
Monzón
Parque Nacional Tingo María
Parque Nacional Huascarán
La Unión
Acomayo
Panao
Huánuco
Ambo
Pozuzo
Parque Nacional Yanachaga-Chemillén
Goyllarisquizga
Huagaruancha
Huachón
Oxapampa
L. Punrrun
Cerro de Pasco
Paucartambo
Carhuamayo
L. de Junín
Huayllay
Junín
San Ramón
La Merced
Tulumayo
Mantaro
Tarma
Canta
Morococha
La Oroya
Yauli
Jauja
Matucana
Orcotuna
Huarochirí
Huancayo
Sapallanga
Andamarca
Satipo
Perené
Puerto Prado
Ene
Pampas
Paucarbamba
Huancavelica
Chocca
Huamanrazo
Acobamba
Lircay
Huanta
Ayna
San Miguel
Apurímac
Castrovirreyna
L. Choclococha
Vinchos
Ayacucho
Cangallo
Huancapi
Huanca
Andahuaylas
Sotas
Pampachiri
Santiago de Chocorvos
Grande
Ingenio
Nazca
Puquio
Pallapalla
Coracora
L. Parinacocha
Alca
Cotahuasi
Orcopampa
Nudo Coropuna
Cabanaconde
Pampacolca
Colca
Nev. de Ampato
Volcán Sabancaya
Antabamba
Santo Tomás
Tambobamba
Cotabambas
Abancay
Pachachaca
Co Pumasillo
Machu Picchu
Huayopata
Quillabamba
Co Salcantay
Huarocondo
Anta
Calca
Pisac
Cusco (Cuzco)
Paruro
Urubamba
Fitzcarrald
Parque Nacional Manu
Parque Nacional Otishi
Pichis
Unini
Atalaya
Tambo
Puerto Victoria
Puerto Bermudez
Bolognesi
Puerto Inca
Iparía
Pachitea
Tournavista
Masisea
Pucallpa
Ucayali
Tiruntán
Contamana
ros de Canchyuaya
Moa
Cruzeiro do Sul
Ipixuna
Moura
Parque Nacional da Serra do Divisor
Juruá Mirim
Juruá
Puerto Portillo

Der Ferrocarril Central Andino (Peruanische Zentralbahn) ist eine der bemerkenswertesten Eisenbahnlinien der Welt. Sie begann ihr Leben 1851, als ein 14 Kilometer langer Abschnitt mit dem Standardspurmaß von 1435 Millimetern vom Pazifikhafen Callao zur Landeshauptstadt Lima freigegeben wurde. Doch erst als der US-amerikanische Unternehmer, Philanthrop und Eisenbahnbauer Henry Meiggs 1868 nach Peru zog, nahm das Unternehmen an Fahrt auf. Nachdem Meiggs den Bau einer Bahnstrecke in Chile abgeschlossen hatte, baute er mit der finanziellen Unterstützung der peruanischen Regierung und britischer Investoren zwei Linien zu den wertvollen Rohstofflagerstätten im Anden-Hochland. Sowohl die Südbahn (siehe Seiten 294–299) als auch die Zentralbahn sind ingenieurtechnische Glanzstücke.

Neben Meiggs verpflichtete man den berühmten polnischen Eisenbahningenieur Ernest Malinowski mit dem Ausbau der Strecke von 1851 zum Callao, Lima & Oroya Railway (später Ferrocarril Central Andino). Die Arbeiten an der Erweiterung von Lima Richtung Osten begannen 1870. Bis zum Frühling des Jahres 1873 hatte die Linie den Ticlio-Pass in 4818 Metern Höhe erreicht und war damit der höchstgelegene Schienenweg der Welt. Auf dem Weg dorthin mussten die Eisenbahnbauer 62 Tunnel durch massives Gestein ausschachten (Gesamtlänge rund sechs Kilometer) sowie 30 Brücken und Viadukte anlegen. An manchen Stellen sorgen Spitzkehren dafür, dass die Bahn an Höhe gewinnt. Elf Drehscheiben wurden installiert, damit die Lokomotiven die Richtung wechseln konnten.

Meiggs starb 1877 und der Ausbruch des sogenannten Salpeterkriegs zwischen Peru und Chile im Jahr 1879 brachte die Bauarbeiten zum Stillstand. Bei Kriegsende 1883 hatte die peruanische Regierung einen riesigen Schuldenberg angehäuft, besonders bei den britischen Investoren der Eisenbahn. Dieses Problem löste sich 1889, als in London eine neue peruanische Gesellschaft gegründet wurde, die die Eisenbahnen des Landes übernahm (siehe Seite 296).

1893 traf die Bahnlinie schließlich in La Oroya ein. Nach Malinowskis Tod im Jahr 1899 wurde sie in südlicher Richtung bis nach Huancayo verlängert und 1908 eröffnet. Westlich von Oroya durchquerte die Strecke den Galera-Scheiteltunnel, der sich durch den Berg mit dem passenden Namen Monte Meiggs gräbt und mit 4784 Metern Höhe damals der höchste Eisenbahntunnel der Erde war. Von dort führte die Route nach Galera, dem mit 4777 Metern Höhe höchstgelegenen Bahnhof der Welt. Beide Rekorde konnte die Bahnlinie bis zur Eröffnung der Qinghai-Tibet-Bahn 2006 halten.

Unterdessen war 1904 bereits eine zweite Normalspurstrecke von La Oroya Richtung Norden nach Cerro de Pasco und zu den Kohlebergwerken von Goyllarisquizga freigegeben worden, was La Oroya zur höchsten Eisenbahnkreuzung der Welt machte. Von Huancayo zum Bergbaugebiet Huancavelica wurde außerdem eine 148 Kilometer lange 914-Millimeter-Bahnlinie gebaut, die man 1926 in Betrieb nahm. Sie wurde vor Kurzem auf das Standardmaß umgespurt und 2010 wiedereröffnet.

Den Antrieb auf der anspruchsvollen Route übernahmen die leistungsstarken Dampflokomotiven der Typen 1'D, 2'D und 2'C aus den US-amerikanischen Werken Baldwin und Alco sowie die ölbefeuerten Loks der Anden-Klasse 1'D von Beyer Peacock aus Manchester. Alco-Dieselloks wurden erstmals 1963 eingesetzt und lösten die Dampfloks allmählich ab, wobei ein Exemplar der Anden-Klasse inzwischen restauriert wurde und wieder einsatzfähig ist.

1972 wurden die Eisenbahnen von Peru unter dem Namen Empresa Nacional de Ferrocarriles del Perú verstaatlicht, doch bereits 1999 wieder privatisiert. Die zentralen Streckenabschnitte von Callao und Lima nach Cerro de Pasco und Huancayo/Huancavelica übernahm die amerikanisch geführte Gesellschaft Ferrocarril Central Andino (FCCA).

Der FCCA betreibt in erster Linie den Güterverkehr zwischen dem peruanischen Bergbauzentrum La Oroya und der Küste. Kupferplatten, Zink- und Bleibarren erreichen Callao mit gewaltigen Frachtzügen aus bis zu 80 Drehgestellwagen, die jeweils 70 Tonnen fassen. In umgekehrter Richtung werden Baumaterialien, Brennstoffe und Lebensmittel nach La Oroya transportiert. Die Schmelzhütte in 3745 Metern Höhe hat der Stadt den Ruf eingebracht, zu den Orten mit der weltweit stärksten Umweltverschmutzung zu gehören.

Schon seit einigen Jahren findet auf der Linie kein planmäßiger Personenverkehr mehr statt. Allerdings verkehrt zweimal monatlich ein Touristenzug zwischen der Hauptstadt Lima und Huancayo. Zwölf Stunden dauert die Reise auf dieser spektakulären Route mit Halt in San Bartolomé, Matucana und Galera. Die Fahrgäste reisen in »Classic Cars« mit 68 Sitzplätzen, die 1950 in Großbritannien und 1982 in Rumänien gebaut wurden. Dazu kommen 48-sitzige »Turistic Cars« von 2006 aus lokaler Herstellung.

***Vorige Seite:** Hoch in den Anden treffen sich zwei Personenzüge an einer Schleife am Monte Meiggs. Durch den Berg, der nach dem amerikanischen Eisenbahnbauer Henry Meiggs benannt ist, verläuft der Galera-Tunnel auf 4784 Metern Höhe.*

1535 gründete der spanische Eroberer Francisco Pizarro die Stadt Lima und mit ihr den Hafen von Callao, der heute einer der geschäftigsten und größten Handelshäfen Südamerikas ist. Dort treffen auf dem Schienenweg Mineralien wie Silber, Zink und Kohle aus den Anden für den Export ein. Im historischen Stadtzentrum, das wegen der prächtigen spanischen Kolonialarchitektur 1988 zur Unesco-Welterbestätte erklärt wurde, liegt der Bahnhof Desamparados, der 1912 eröffnet wurde. Das prachtvolle, dreistöckige Bahnhofsgebäude im Beaux-Arts-Stil verfügt über eine Lichtkuppel mit Jugendstil-Glasmalerei.

In Lima beginnen die Züge ihren 274 Kilometer langen Anstieg aus der flachen Küstenebene Richtung Osten hinauf bis zum Scheitelpunkt der Bahnlinie auf 4764 Metern Höhe im Galera-Tunnel. Es geht so rasant aufwärts, dass jeder Touristenzug Sauerstoffflaschen für all jene Fahrgäste mit sich führt, die unter Höhenkrankheit leiden. Zwischen Lima und Huancayo durchqueren die Züge 69 Tunnel, bewältigen sechs Spitzkehren und passieren 58 Brücken. Die spektakulärste von ihnen ist die 175 Meter lange Stahl-Auslegerbrücke Viaducto de Verrugas, die in 77 Metern Höhe eine Schlucht überspannt. Nach ihrem Halt am höchsten Punkt der Strecke (Galera) beginnen die Züge mit dem Abstieg nach La Oroya und fahren von dort in südlicher Richtung durch das fruchtbare Flusstal des Mantaro über Jauja, Concepción und Huancayo. Auf den letzten 80 Streckenkilometern, die sich durchgehend in Höhen von 3050 bis 3350 Metern bewegen, durchqueren sie die wichtigste Weizenanbauregion von Peru.

Die historische Stadt Jauja diente 1534 als provisorische Hauptstadt des von den spanischen Konquistadoren gegründeten Vizekönigreichs Neu-Kastilien. Doch später verlor sie gegenüber der südlich gelegenen Stadt Huancayo an Bedeutung. Dort befindet sich die Endhaltestelle der Touristenbahnlinie aus Lima und der Startpunkt des dreimal wöchentlich verkehrenden Personenzugs auf der unlängst umgespurten Bahnstrecke nach Huancavelica. Die gemächliche, sechsstündige Tour durch die Canyons des Mantaro-Tals auf dem Ferrocarril Huancayo-Huancavelica bietet atemberaubende Ausblicke auf die Berglandschaft.

Auf dem FCCA verkehren hauptsächlich Güterzüge, die Mineralien aus La Oroya in den Anden zur Pazifikküste befördern. Hier überquert ein mit Rohstoffen beladener Zug, angeführt von zwei Dieselloks der Klasse C30-7 von General Electric, behutsam eine Stahlgerüstbrücke zwischen Rio Blanco und San Mateo.

***Folgende Seiten:** Harte Arbeit in der dünnen Luft der Anden: Die FCCA-Lok Nr. 1001 der Klasse C30-7 von GE zieht einen leeren Güterzug unweit von Galera, dem Scheitelpunkt der Bahnlinie in 4784 Metern Höhe.*

CARIPA
1001

FERROCARRIL DEL SUR

PERU

SPURWEITE: 1435 MILLIMETER • **LÄNGE:** 862 KILOMETER • **ROUTE:** VON MATARANI UND AREQUIPA NACH CUZCO UND PUNO

Von Matarani an der Pazifikküste klettert die Peruanische Südbahn hinauf in die mächtigen Anden bis zum Titicacasee. Der US-amerikanische Unternehmer und Eisenbahningenieur Henry Meiggs leitete den Bau der Bahnlinie bis zu seinem Tod. Danach brachte ihn eine britische Gesellschaft zum Abschluss. Die Strecke gehört bis heute zu den Wundern der Eisenbahnwelt.

PERU
BOLIVIEN
CHILE
PAZIFIK
CORDILLERA ORIENTAL
CORDILLERA OCCIDENTAL
ANDEN
Cordillera Vilcabamba
Cord. de Carabaya
Cord. de Vilcanota
Cordillera de Huanzo
Cord. de Chilca
Nudo de Apolobamba
Altiplano
Cord. Occidental
Cord. Real
Cerros de Bala
Macizo de Tocate
Parque Nacional Alto Purús
Parque Nacional Manu
Parque Nacional Otishi
Parque Nacional Bahuaja-Sonene
Parque Nacional Alto Madidi
Parque Nacional Ulla Ulla
Parque Nacional Sajama
Parque Nacional Lauca
Parque Nacional Isluga
Puerto Prado
Satipo
Perené
Tambo
Ene
Poyeni
Urubamba
Mishahua
Alto Yaco
Acre
Iñapari
Brasileia
Cobija
Iberia
Tahuamanú
San Lorenzo
Manuripi
Manuripe
Fitzcarrald
Camisea
Picha
Sanguantiari
Mantaro
Yavero
Manú
Madre de Dios
Río de las Piedras
Lucerna
Chive
Puerto Maldonado
Inambari
Puerto Tahuantisuyo
Tambopata
Manupari
Santiago de Pacaguaras
Guarayos
Esmeraldo
Ixiamas
Tumupasa
Astillero
Quince Mil
Lanlacuni Bajo
Paucartambo
Marcapata
Ollachea
Pampas
Paucarbamba
Ayna
Acobamba
Lircay
Huanta
San Miguel
Apurimac
Quillabamba
Huayopata
Machu Picchu
Co Pumasillo
6246
6271
Co Salcantay
Huarocondo
Calca
Pisac
Cusco (Cuzco)
Ayacucho
Choclococha
Vinchos
Cangallo
Huancapi
Hualla
Pachachaca
5652
Abancay
Andahuaylas
Cotabambas
Tambobamba
Urcos
Acomayo
6394
Nevado Auzangate
Macusani
Nevado de Quenamari
5852
Coasa
Limbani
Nevado Ariconia
Crucero
Sandia
Cuyocuyo
Palomani
5999
Lago Suches
Pata
Tuichi
Carabaya
Nevado de Sunipani
5159
Nuñoa
San José
Asillo
Azangaro
Putina
5350
Pampachiri
Soras
5211
Antabamba
Yanaoca
Sicuani
5443
Santo Tomás
L. Langui
Santa Rosa
Yauri
Ayaviri
Pucara
L. Arapa
Huancane
Aten
Turiapo
Pto Pando
Mapiri
Puquio
Pallapalla
5185
Alca
Nazca
Coracora
Marcona
Yauca
5522
L. Parinacocha
Acari
Juan
Cotahuasi
Orcopampa
Nudo Coropuna
6425
Cabanaconde
Pampacolca
Nevado Mismi
Source of the Amazon
5597
Callalli
Chivay
Colca
Volcán Sabancaya
5967
Nev. de Ampato
6310
Nevado Ananta
Nev. Mina
5641
Lampa
Juliaca
L. Lagunillas
L. Saracocha
L. Umayo
Puno
Lago Titicaca
3812
Acora
Moho
Chuma
Pto Acosta
Escoma
Sorata
Chiñijo
Tipuani
Guanay
Caranavi
Nev. de Ancohuma
6388
Coroico
Chala
Caravelí
Chuquibamba
Sumbay
Aplao
Ocoña
Atico
Sta Isabel de Sihuas
Nev. de Chachani
6075
El Misti
5822
Arequipa
Vitor
Nev. de Pichu Pichu
5486
Ubinas
Ilave
Juli
Yunguyo
Huarina
Bucarani
L. de Huiñaimarca
Desaguadero
Tiwanaku
Tiahuanaco
LA PAZ
Nev. de Illimani
6402
Guaqui
Viacha
Jesús de Machaca
Camana
Quilca
La Joya
Coralaque
Omate
Carumas
Nev. Hipocapac
5593
Mazocruz
L. Loriscota
Vol. Tutupaca
5781
Pizacoma
5213
Matarani
Mollendo
Punta de Bombón
Cocachacra
Torata
Moquegua
Candarave
Toquepala
Tarata
Berenguela
Corocoro
Umala
Charana
Mauri
Ulloma
Luribay
Ilo
Locumba
Las Yaras
Sama
Vol. Tacora
5988
General Lagos
Tacna
Nev. Sajama
6542
Cosapa
Corque
L. Chungara
Guallatiri
6060
Lauca
Arica
Azapa
Negrillos
Andamarca
Huachacalla
Sabaya
Camarones
Vol. Isluga
5530
Co Cabaraya
5869
Laguna de Coipasa
Salar de Coipasa
Sillajhuay
5995
Llica
Salinas de Garci Mendoza
Yarvicoya
5218
Iquique
Salar de Uyuni

Einst Teil des Inkareichs, befand sich Peru fast 300 Jahre lang unter spanischer Kolonialherrschaft und erlangte erst 1821 seine Unabhängigkeit. Im Westen grenzt es an den Pazifik, im Norden an Ecuador und Kolumbien, im Osten an Brasilien und Bolivien und im Süden an Chile. Das Land lässt sich in drei geografische Regionen einteilen: die schmale Küstenebene im Westen, die Anden und die tropischen Regenwälder des Amazonasgebiets im Osten. In den peruanischen Anden lagern gewaltige Rohstoffreserven, und einige der höchsten Gipfel Südamerikas ragen hier in die Höhe, darunter der 6768 Meter hohe Huascarán.

Als erste Eisenbahnlinie Perus eröffnete 1851 die Strecke zwischen dem Pazifikhafen Callao und der Hauptstadt Lima. Sie wurde später zur Peruanischen Zentralbahn (siehe Seiten 288-293) bis nach Huancayo und Huancavelica in den Anden ausgebaut. Im Süden des Landes begannen die Bauarbeiten an einer Linie von der Hafenstadt Mollendo ins Landesinnere im Jahr 1869. 1871 hatte man die Stadt Arequipa erreicht, die 2286 Meter hoch in den Vorgebirgen der Anden liegt. Sowohl die Zentral- als auch die Südbahn – beide mit der Standardspurweite von 1435 Millimetern – gehen auf Ideen des US-amerikanischen Unternehmers, Philanthropen und Eisenbahnbauers Henry Meiggs zurück. Der außergewöhnliche Eisenbahnbauer, 1811 im Bundesstaat New York geboren, hatte von 1858 bis 1867 die Bahnlinie zwischen Santiago und Valparaíso in Chile errichtet. Ein Jahr später zog er nach Peru, wo er Anteile an Silberminen erwarb und die Regierung und britische Investoren überzeugte, sich mit gewaltigen Geldsummen an Eisenbahnbauprojekten im Land zu beteiligen. Es wird sogar behauptet, dass Meiggs Politiker bestochen hätte, um die Baugenehmigungen zu erhalten.

Unter der Leitung von Meiggs gingen die Bauarbeiten an der Südbahn von Arequipa Richtung Osten in die Anden geradezu rasant voran – vor allem angesichts des gebirgigen Geländes, das es zu durchqueren galt. Hoch schwebende Stahlgerüstbrücken, unzählige Tunnel und Zickzack-Spitzkehren an den Hängen mussten errichtet werden. Schließlich kam man 1876 in Puno am Westufer des Titicacasees, 525 Kilometer von der Küste entfernt, an. Ihren höchsten Punkt erreichte die Strecke westlich von Juliaca am Bahnhof Crucero Alto in 4470 Metern Höhe. Am Titicacasee in 3810 Metern Höhe wurde auch ein bahneigener Dampfschiff- und Fährverkehr zum 193 Kilometer entfernten bolivianischen Endbahnhof Guaqui eingerichtet. Etwa zeitgleich wurde eine kurze Verlängerung entlang der Küste von der Hafenstadt Mollendo nach Matarani eröffnet. Außerdem begann man 1872 mit dem Bau einer zweiten Bahnlinie von Juliaca nördlich von Puno zur Stadt Cuzco. Doch die Fertigstellung ließ über 30 Jahre auf sich warten.

Als Meiggs 1877 starb, hinterließ er der peruanischen Regierung große Schulden bei den Bahninvestoren in Europa, vor allem in Großbritannien. Peru stand kurz vor dem Bankrott, sodass sämtliche Eisenbahnbauaktivitäten zum Stillstand kamen. 1879 wurde das Land auch noch in einen lähmenden Krieg mit seinem südlichen Nachbarn Chile verwickelt. Als dieser 1883 endete, lag Peru finanziell am Boden. Um die britischen Gläubiger zu beschwichtigen, willigte die Regierung 1889 in den »Grace Contract« ein. Im Rahmen dieser Vereinbarung wurde in London die Gesellschaft Peruvian Corporation Ltd. gegründet, die für den Zeitraum von 66 Jahren den Großteil der landeseigenen Eisenbahnen übernahm. Im Gegenzug erließ sie der Regierung einen Großteil der Schulden und garantierte die Fertigstellung verschiedener Bahnprojekte, darunter die der Strecke von Juliaca nach Cuzco.

Diese 338 Kilometer lange Linie, die in La Raya eine Höhe von 4313 Metern erreichte, konnte 1908 in Betrieb genommen werden. Kraftvolle Dampflokomotiven mit den Achsfolgen 1'D, 2'D und 2'C von Baldwin und Alco waren die Hauptstützen auf dieser schwierigen Strecke. Einige blieben bis in die 1980er Jahre hinein auf dem Gleis, doch die meisten wurden zwischen 1956 und 1963 schrittweise durch Alco-Dieselloks ersetzt. Perus Eisenbahnen wurden 1972 unter dem Namen Empresa Nacional de Ferrocarriles del Perú verstaatlicht. Doch schon 1999 endete die staatliche Kontrolle mit der Reprivatisierung. Im Zuge dessen wurde der südliche Abschnitt von Matarani nach Cuzco und Puno umbenannt in PeruRail.

Das 1999 gegründete Unternehmen PeruRail befindet sich im Besitz der Hotel- und Restaurantkette Orient-Express Hotels (heute Belmond) und einer peruanischen Holdinggesellschaft. Seine Personenzüge verkehren ausschließlich auf der 914 Millimeter breiten Schmalspurlinie von Cuzco nach Aguas Calientes und auf der Normalspurstrecke von Cuzco nach Puno am Titicacasee über den 4313 Meter hohen Scheitelpunkt in La Raya und den Knotenpunkt Juliaca. Letztere Route wird dreimal wöchentlich von dem Luxuszug »Andean Explorer« befahren. Er legt die 388 Kilometer in zehn Stunden zurück und hat in den großen Höhen Sauerstoff für die Fahrgäste parat. Das Unternehmen betreibt außerdem regelmäßige Güterzüge von der Hafenstadt Matarani nach Arequipa, Juliaca, Cuzco und Puno.

***Vorige Seite:** Auf der Fahrt zwischen Puno am Titicacasee und der Stadt Cuzco genießen die Fahrgäste prächtige Aussichten auf die Hochanden.*

VON CUZCO NACH AGUAS CALIENTES (UND MACHU PICCHU)

SPURWEITE: 914 MILLIMETER • LÄNGE: 109 KILOMETER

Im Jahr 1928 wurde zwischen Cuzco und Santa Ana eine separate Bahnlinie mit einer Spurweite von 914 Millimetern angelegt, die 1978 bis nach Quillabamba erweitert wurde. Seit sie in den 1990er Jahren schwere Schäden durch Überschwemmungen und Erdrutsche erlitt, endet sie in Aguas Calientes. Heute wird sie vor allem von Besuchern der Inkastadt Machu Picchu aus dem 15. Jahrhundert benutzt, die 1911 von dem amerikanischen Historiker Hiram Bingham entdeckt wurde. Nachdem die Bahn Cuzco verlassen hat, gewinnt sie auf einer sehr kurzen Strecke mithilfe von fünf Spitzkehren sehr viel Höhe. Dann fährt sie wieder bergab in das Heilige Tal bis nach Aguas Calientes, dem Bahnhof bei Machu Picchu. Gegenwärtig ist der erste Streckenabschnitt geschlossen, und die Züge fahren am Bahnhof Poroy ab, das eine 13 Kilometer lange Taxifahrt von Cuzco entfernt liegt. Leider ist der Anblick von Dampfzügen, die sich durch die historischen Straßen von Cuzco schieben, heute nur noch eine ferne Erinnerung. Der Luxuszug »Belmond Hiram Bingham«, der auf dieser Route verkehrt, gehört jedoch zu den beliebtesten Zügen der Welt.

Die Fahrt mit dem Zug »Belmond Hiram Bingham« auf der 914-Millimeter-spurigen Bahnlinie von Poroy etwas außerhalb von Cuzco ist die mit Abstand luxuriöseste Variante, in die Inkastadt Machu Picchu zu reisen.

***Folgende Seiten:** Der nach dem US-amerikanischen Entdecker von Machu Picchu benannte dieselbetriebene Luxuszug »Belmond Hiram Bingham« besitzt zwei Speisewagen, einen Aussichts-/Barwagen und einen Küchenwagen und bietet 84 Fahrgästen Platz.*

REGISTER

A

B

C

D

E

DANKSAGUNG

Passend zum Thema ist dies eine wirklich internationale Produktion. Als Erstes möchte ich mich bei den folgenden Personen für ihre unermüdliche Kreativität bei der Herstellung dieses Buchs bedanken: **Jethro Lennox**, **Keith Moore** und **Kevin Robbins** in Glasgow, Schottland; **Gavin James** in Queensland, Australien und **Ginny Naish** in Kent, England.

Auch den folgenden Personen und Organisationen danke ich für ihre Unterstützung bei der Erstellung dieses Buchs:

Allison Haas, White Pass & Yukon Railroad, Skagway, Alaska
Bruno Hillion, SNCF, Montpellier, Frankreich
Kaagwana Ambambi, Desert Express, Namibia
Kylie Clark, Japan National Tourism Organization, London
Melanie Reid, Great Southern Rail, Australien
Peter Hughes, Port Moody, Kanada
Simon Shimizu-Metcalfe, Kyushu Railway Company, Japan

Und nicht zuletzt ein großes Dankeschön an Gordon Edgar, den hervorragenden englischen Eisenbahnfotografen, der nicht nur viele der in diesem Buch verwendeten Bilder zur Verfügung gestellt hat, sondern auch einige Wissenslücken bei mir über die Eisenbahnen in Osteuropa und China gefüllt hat.

BILDTEXTE AUFMACHERSEITEN

INHALTSVERZEICHNIS 4–5
Mit einer TransNamib-Diesellok an der Spitze durchquert der »Desert Express« die trockene namibische Landschaft auf seiner 354 Kilometer langen Reise zwischen Swakopmund und Windhoek.

EUROPA 10–11
Hochsommer am unteren Ende der Jungfraubahn in der Schweiz. Auf ihrer Strecke befindet sich der höchstgelegene Bahnhof Europas in 3454 Metern Höhe. Der Weg zur Station Jungfraujoch führt durch Tunnel, die sich durch die Berge Eiger und Mönch graben.

AFRIKA 110–111
Von Ansaldo in Genua stammt die 1938 gebaute Mallet B'Bt Lokomotive Nr. 442-55, die sich hier dem Tunnel Nr. 11 hoch oben in den Bergen von Eritrea nähert. Die Schmalspurbahnlinie von Massaua nach Asmara wurde von den Italienern angelegt.

ASIEN 142–143
Mehrere Diesel-Elektrolokomotiven der Klasse NJ2 mit je 5100 PS führen einen Zug der Qinghai-Tibet-Bahn nach Lhasa an, der hier an den Gipfeln des Gebirges Nyenchen Tanglha in Tibet vorbeifährt.

AUSTRALIEN 220–221
Zwei dieselelektrische Lokomotiven der Klasse NR überqueren mit dem Zug »The Ghan« den Fergusson River im australischen Northern Territory. Auf seiner Fahrt zwischen Adelaide und Darwin legt er 2979 Kilometer zurück.

NORDAMERIKA 234–235
In bitterer Kälte ziehen die Diesel-Elektroloks Nr. 2587 und 5780 der Canadian National einen Getreidezug am Ufer des zugefrorenen Moose Lake entlang. Auf ihrer Fahrt Richtung Westen nähern sie sich dem Red Pass in den kanadischen Rocky Mountains.

SÜDAMERIKA 272–273
Der 2013 wiedereröffnete Guayaquil & Quito Railway in Ecuador zählt zu den spektakulärsten Bahnstrecken der Welt. Hier gewinnt ein dieselbetriebener Zug in den Anden an Höhe, indem er die Spitzkehre an der berühmten Teufelsnase passiert.

BILDNACHWEIS

Alamy: 61 (Haltmeier Herbert/Prisma Bildagentur AG); 294 (FB Fischer/imageBROKER)

Belmond/Genivs Loci: 297; 298/299

The Blue Train: 134/135

Colour-Rail: 6 (Richard Lewis); 8; 15; 58; 108/109; 158/159; 191; 192; 194; 195; 245 (Chris Milner); 86 (Malcolm Ranieri); 89 (Robert Sweet); 186; 188/189; 284; 285 (Bob Sweet); 102/103; 218/219; 234/235; 249; 252/253; 264/265; 266/267; 268 (John Chalcraft/www.railphotoprints.co.uk); 110/111; 112; 114/115; 118/119; 280 (Richard Lewis); 214; 217 (Colin Whitfield/www.railphotoprints.co.uk)

Gordon Edgar: 7; 12; 18; 20; 22/23; 24; 26; 28/29; 84/85; 90/91; 92; 94; 95; 96/97; 98; 101; 150; 152; 153; 154/155; 156; 160/161; 162/163; 164; 166; 168/169; 170; 173; 174/175; 180; 183; 184/185; 205; 207; 270/271

David Fletcher: 16/17

Getty Images: 32 (Marc Gantier/Gammo-Rapho); 70 (Frank van Groen); 148/149 (Sino Images); 196/197 (Amar Grover/AWL Images); 278/279 (Walter Bibikow)

John Goss: 236; 238; 240/241; 242; 246/247

Great Southern Rail: 220/221; 222; 226/227; 228; 230/231; 232/233; Cover

David Gubler (www.bahnbilder.ch): 291, 292/293

John Hunt: 36; 41; 50/51; 211; 277

ImageRail: 9

Jungfraubahn: 10/11

Anthony J. Lambert: 198; 201; 288

Norman McNab: 80

Milepost 92½: 136; 139

Gavin Morrison: 116; 130; 208; 212/213; 263; 274; 282/283

Rovos Rail: 4/5

Shutterstock: Endpaper Front (Oleksiy Mark); 30 (Allard One); 34/35 (lightpoet); 46 (PHB.cz, Richard Semik); 49 (PHB.cz, Richard Semik); 52 (Mildax); 54 (Denis van de Water); 55 (Dan Breckwoldt); 62/63 (Jia Li); 73 (Nikita Maykov); 74 (Oleksiy Mark); 77 (Pavel L Photo and Video): 78/79 (Anton Ivanov); 104 (Andy Poole); 107 (Jitloac); 126 (Hannes Vos); 128/129 (dirkr); 140/141 (onairda); 142/143 (Philip Yuan); 144 (Jun Mu); 147 (mamahoohooba); 202/203 (Rajesh Narayanan); 254 (Lee Prince); 267 (Jiri Slama); 286/287 (Vladimir Korostyshevsky)

SNCF: 66; 67

Christof Sonderegger: 56/57

Tim Stephens: 42; 45

Terunobu Utsunomiya: 176; 178/179

Tren Ecuador: 272/273

Keith Weil: 257

Donald Wilson: 120; 122/123; 124/125

Ken Woolley: 64; 68/69

Philip Wormald: 258/259

Umschlagvorderseite: Great Southern Rail; Umschlagrückseite: Shutterstock/Jia Li; Gordon Edgar; Colour-Rail/Robert Sweet